历·史·的·节·点

罗平汉 著

特殊的印记

生活·讀書·新知 三联书店

Copyright © 2025 by SDX Joint Publishing Company.
All Rights Reserved.

本作品版权由生活・读书・新知三联书店所有。
未经许可，不得翻印。

图书在版编目（CIP）数据

特殊的印记 / 罗平汉著. -- 北京：生活・读书・新知三联书店，2025. 3. （2025.7 重印）-- ISBN 978-7-108-08017-2

Ⅰ．D651.9

中国国家版本馆 CIP 数据核字第 2025LM8740 号

策划编辑　唐明星
责任编辑　万　春
装帧设计　康　健
责任校对　张　睿
责任印制　董　欢

出版发行　生活・讀書・新知三联书店
　　　　　（北京市东城区美术馆东街 22 号 100010）

网　　址　www.sdxjpc.com
经　　销　新华书店
印　　刷　北京隆昌伟业印刷有限公司
版　　次　2025 年 3 月北京第 1 版
　　　　　2025 年 7 月北京第 2 次印刷
开　　本　635 毫米 × 965 毫米　1/16　印张 22.25
字　　数　248 千字
印　　数　06,001－10,000 册
定　　价　59.00 元

（印装查询：01064002715；邮购查询：01084010542）

目 录

冒进、反冒进与反反冒进　　1
  一、1956年经济建设中的冒进　　1
  二、周恩来主持反冒进　　7
  三、毛泽东批评反冒进　　19
  四、毛泽东为什么要批评反冒进　　31

发动"大跃进"的南宁会议　　42
  一、"不要提反冒进这个名词"　　42
  二、"我是反反冒进的"　　52
  三、《工作方法六十条（草案）》　　58

为"大跃进"升温的成都会议　　69
  一、"马克思主义的冒进"　　69
  二、"敢想敢说敢做"　　78
  三、助长"大跃进"的几个文件　　86

八大二次会议与"大跃进"的全面发动　　93
  一、通过"多快好省"总路线　　93
  二、"速度是总路线的灵魂"　　102

三、"插红旗、拔白旗"　114
　　四、"敢于破除迷信"　123

1958年的全民大炼钢　134
　　一、1070万吨钢的由来　134
　　二、"一项头等重要的任务"　141
　　三、"钢铁元帅升帐"　150

粮食高产"卫星"升空记　159
　　一、第一批"惊人纪录"　159
　　二、"卫星"正式升空　165
　　三、"卫星"为何能上天　171

试析毛泽东对待粮食亩产万斤的态度　174
　　一、"今年一年就增加了几千亿斤"　174
　　二、毛泽东为何相信粮食能大幅度增产　177
　　三、毛泽东是否相信亩产万斤的高产"卫星"　182

"大跃进"运动中农村公共食堂的骤然兴起　187
　　一、全国农村迅速实现公共食堂化　187
　　二、经不起推敲的"优越性"　192
　　三、农村食堂为何能办起来　200

农村人民公社建立的缘由　207
　　一、"摸索出一条过渡到共产主义的具体途径"　207

二、来自苏联的影响　212

三、空想社会主义和经典作家的启示　217

四、对大同社会的向往　223

关于第一个人民公社的几点考辨　228

一、最早使用"公社"名称的大社　228

二、第一个使用"人民公社"名称的大社　232

三、嵖岈山卫星集体农庄更名时间　235

1958年人们心目中的共产主义社会　241

一、嵖岈山的"全面规划"　241

二、徐水的试点　245

三、寿张的共产主义标准　251

四、范县的"新乐园"　257

五、"究竟什么是共产主义"　264

人民公社建立之初的供给制　269

一、"吃饭不要钱，就是共产主义"　269

二、"可贵的共产主义幼芽"　276

三、"粮食多了怎么办"　284

四、"放开肚皮吃饭"　294

毛泽东是如何发现人民公社问题的　303

一、"整天只有老头对老头，行吗？"　303

二、"要了解各种人的真实想法"　307

三、"这个革命可革得厉害"　314

人民公社化运动中的"共产风"及其初步纠正　321
　　一、人民公社化运动中"共产风"的举隅　321
　　二、"共产风"产生的社会历史原因　327
　　三、对"共产风"的初步纠正　331

"大跃进"运动的是非得失　338
　　一、对"大跃进"运动的不同评价　338
　　二、应区分"大跃进"运动与"大跃进"时期　342
　　三、"大跃进"运动总体得不偿失　345

冒进、反冒进与反反冒进

针对经济建设中出现的冒进倾向，1956年中共八大前后周恩来等领导人主张开展反冒进。从1957年9月扩大的中共八届三中全会起，毛泽东对反冒进进行了尖锐批评，认为经济建设就是要冒一点、速度快一点。"冒进—反冒进—反反冒进"表露出来的领导人之间采取什么样的经济发展速度的分歧，最终统一到了毛泽东的"大跃进"思想中。

一、1956年经济建设中的冒进

1955年下半年，通过对所谓"小脚女人"即右倾保守思想的批判，我国农业、手工业和资本主义工商业的社会主义改造进入高潮，原定15年左右才能完成的社会主义改造任务即将大大提前。在这种情况下，毛泽东认为，不但社会主义改造的速度应当而且可以加快，就是各项建设事业的速度也应当如此。1955年12月5日，中共中央政治局召开有各省、市、自治区和中央党政军各部门负责人参加的座谈会，由刘少奇传达毛泽东关于召开中共八大的指示。刘少奇在讲话提纲中写道："各方面的潜力还是很大，事业的进行还可以快，事情还可以多办。""（八大）中心思想，反对右倾保守主义，提前完成社会主义建设和改造的计划。""要利用目前世界休战的时期,加快速度来完成我国总任务。那时不论和战都好办得多。未完成而战困难更多。""一切工作要求办得又多、又快、又好。""以前反盲目冒进,反贪多、贪大、贪快,是对的,但出了毛病,把干部和群众的积极性也反掉了。"[1]

据薄一波回忆,毛泽东批判经济建设领域的右倾保守思想,也是"事出有因"。

一是他感到国务院有些部门设想的长期计划指标偏低了。1955年夏,国务院在北戴河开会,按照过渡时期总路线总任务的要求,讨论编制十五年(1953—1967年)远景计划和第二个五年计划轮廓的问题,由各部汇报自己的设想。按照各部的汇报,到1967年,全国粮食产量6000亿斤,棉花产量5600万担,钢产量1800万吨,煤炭产量2.8亿吨;工农业产值平均年增长速度:"一五"计划8.6%,"二五"计划9.9%,"三五"计划10.1%,15年间平均年增长9.5%。10月5日,国家计委将有关情况汇总报告中共中央,但毛泽东对这个设想不满意。

二是他对1955年国民经济计划执行情况有看法。1955年原计划基本建设投资97.9亿元,比上年增长31.5%。执行中,经济生活中出现一些新情况,几次调整计划。在调整中,由于不适当地削减了某些非生产性(如校舍和职工宿舍等)建设项目,投资总额调减为91.7亿元。到年底,原来安排收支平衡的预算,结余资金18.1亿元。钢材、木材、水泥等物资也有较多的结余。又

---

[1] 中共中央文献研究室、中央档案馆编:《建国以来刘少奇文稿》第7册,中央文献出版社2008年版,第407、408页。

由于没有经验，还不认识保留必要储备的重要性，一度决定钢材出口，水泥减产，木材和部分器材减价出售。[1]

对于这件事，周恩来曾一再作自我批评，但毛泽东还是不大满意。时隔两年，即在1958年2月的中共中央政治会议上，毛泽东说："一九五五年十二月，八项东西（钢、铁、煤、水泥、铝、铜，还有两项）多得不得了了，以至毫无办法，只好请苏联帮忙。苏联是要订长期合同的，好，订，订了，签了字了，过一个月要毁约。过两个月毁约也好呀！跟人家订长期合同，你强迫人家订，过一个月就毁约。""讲起共产党，又是光荣的，伟大的，什么的，就这样一件事情讲，我看是幼稚的，眼光短浅的。"[2]

按照毛泽东批评右倾保守思想的精神，1956年元旦，《人民日报》发表题为《为全面地提早完成和超额完成五年计划而奋斗》的社论，明确提出"又多、又快、又好、又省"的口号。随后，毛泽东主持起草了《一九五六年到一九六七年全国农业发展纲要（草案）》（简称"农业四十条"），"要求在农业合作化的基础上，迅速地、大量地增加农作物的产量，发展农、林、牧、副、渔等生产事业"[3]。"农业四十条"要求在12年内，把粮食每亩的平均产量，黄河、秦岭、白龙江以北地区由1955年的150多斤提高到400斤，黄河以南、淮河以北地区由1955年的208

---

[1] 薄一波：《若干重大决策与事件的回顾》上卷，中共中央党校出版社1991年版，第523—524页。
[2] 薄一波：《若干重大决策与事件的回顾》上卷，中共中央党校出版社1991年版，第525页。
[3] 廖鲁言：《关于〈1956年到1967年全国农业发展纲要〉的说明》，《人民日报》1956年1月26日。

斤提高到500斤，淮河、秦岭、白龙江以南地区由1955年的400斤提高到800斤，即著名的"四、五、八"粮食增产目标。把棉花每亩的平均产量，由1955年的全国平均35斤皮棉，按照各地情况，分别提高到60斤、80斤和100斤皮棉。按照这种亩产量的水平，到1967年，全国的粮食总产量将比1955年增加1.5倍以上，棉花总产量将比1955年增加2倍。这个要求显然过高，难以实现。到1967年，全国粮食作物每亩平均产量只有244斤，棉花的平均产量只有62斤。

从批评农业合作化运动中的"小脚女人"开始，毛泽东就将克服右倾保守思想作为推进各项工作大发展的重要方式。1956年1月21日，他在中共中央召开的知识分子问题会议上所作的总结中，专门讲到了反右倾保守思想的问题，强调要采取使事业进行得快一些、好一些的方法，上层建筑必须起促进生产力发展的作用，如果不促进，就丧失了它的职能。他认为，反对右倾保守思想就是为了解决这个问题的，就是为了使上层建筑能够适应经济基础，促进社会的发展。由于社会主义改造的快速进行和"农业四十条"的制定，毛泽东感到，在农业工作和对资本主义工商业改造等方面，已经取得了主动，但在知识分子问题上，在工业生产问题上，还没有主动。他在这次讲话中又说：我国地方大，人口多，位置也不错，海岸线很长（就是没有轮船），应该成为世界上第一个文化、科学、技术、工业发达的国家。我们有社会主义制度，再加努力，是能够办到的。否则六亿人口，又是勤劳、勇敢干什么呢？几十年以后，如果还不是世界上第一个大国，是不应该的。

随着对右倾保守思想的批判和"又多、又快、又好、又省"

口号的提出，一些地方开始不顾实际情况提出一些过高的指标。例如，这年1月召开的广东省粮食生产会议要求全省1956年的粮食总产量，在1955年的220多亿斤的基础上再增产18.5%，即增产40亿斤，比原订的增产计划提高了12亿斤，并把增产56亿斤作为争取实现的目标。[1]安徽省提出，12年后，全省粮食每亩平均产量，在淮北平原地区，将由现在的200斤提高到600斤，淮南丘陵地区将由现在的280斤提高到800斤，长江两岸将由现在的600斤提高到1400斤，皖南山区将提高到900斤。农民一年生产的粮食够两年吃。全省普通的水旱灾害和地方疾病也都消灭。文盲完全扫除，一部分人还可以受到中等教育。全省建立起2000个发电站，农村初步电气化，乡乡有电灯，社社都通电话。农业合作社都有俱乐部、运动场。安徽人民将过着幸福富裕的生活。[2]甘肃省提出，1956年全省粮食要在1955年总产量78亿斤的基础上增加到103亿斤，较1955年实际产量增加31.8%；棉花要在1955年总产量9.98万担的基础上增加到25.2万担，较1955年实际产量增加152%。[3]

国务院各部门也纷纷修改1955年夏季在北戴河汇报时提出的长期计划指标。1956年1月14日，由国家计委汇总报告给中共中央、国务院。其中，1967年粮、棉、钢、煤四大指标修改如下：粮食9500亿斤（加上大豆实为1万亿斤），比1955年夏

---

[1] 吴尔祥：《广东省重新修改了粮食增产计划》，《人民日报》1956年2月4日。
[2] 于明：《未来的"千斤省"——安徽省社会主义建设积极分子大会旁听记》，《人民日报》1956年2月24日。
[3] 柳梆、燕树桂：《要改变落后的农业生产面貌——记中共甘肃省第一次区委书记会议》，《人民日报》1956年4月2日。

各部门在北戴河汇报时的 6000 亿斤提高 3500 亿斤；棉花 1 亿担，比原汇报的 5600 万担增加 4400 万担；钢 2400 万吨，比原汇报的 1800 万吨增加 600 万吨；原煤 3.3 亿吨，比原汇报的 2.8 亿吨增加 5000 万吨。不少原定 1967 年实现的指标，提早 5 年，改为 1962 年实现。[1]

2 月 22 日，国家计委向中共中央报送了《关于 1956 年度国民经济计划草案的报告》。《报告》说，1956 年度国民经济计划草案，是在国民经济全面高涨的情况下，根据中共中央关于"反对右倾保守主义"，按照既要积极又要可靠的指示和提前完成五年计划的精神编制的。1956 年度国民经济计划的主要内容是：（一）工业总产值 535.7 亿元，比上年增长 19.7%，已达到五年计划中 1957 年水平。（二）农业总产值 606.8 亿元，比上年增长 9.3%；粮食 3989 亿斤，增长 8.4%；棉花 3556 万担，增长 17%。（三）基本建设总额 147.35 亿元，增长 70.6%。（四）铁路运输增长 9.9%，内河运输增长 36.2%，海上运输增长 24.2%，汽车运输增长 35.4%。（五）国营、合作社营、公私合营企业和国家机关、文教卫生等部门工作人员总数 1782 万人，比上年增加 82 万人，上述部门工作人员的平均工资计划比 1955 年增长 8.1%。（六）高等学校招生 18.3 万人，在校学生达到 40 万人，增长 39.1%；中等专业学校招生 44.4 万人，在校学生达到 80.1 万人，增长 49.5%；普通高中计划招生 36.6 万人，在校学生达到 79 万人，增长 36.2%。

---

[1] 薄一波：《若干重大决策与事件的回顾》上卷，中共中央党校出版社 1991 年版，第 527 页。

上述国民经济计划的主要指标的增长幅度，都大大超过了以往年份。3月，国务院批准了国家计委提出的1956年度国民经济计划草案。

"反对右倾保守主义"导致的经济建设中的急躁冒进倾向，最突出的表现是基本建设投资规模一加再加。1955年10月，中共中央批准国家计委提出的1956年国民经济计划控制数字，即1956年基本建设投资112.7亿元，比1955年的预计完成数增长30.4%，比"一五"计划中规定的1956年投资多12.4%。只过了两个月，这个数字就被大大突破。1956年1月5日，国家计委在一份报告中说，各省市、部门要求的投资已达153亿元。随后，又增加到180亿元、200多亿元，比1955年预计完成数增加1倍多。第一个五年计划规定，5年内限额以上基本建设项目694个，建成的455个；1956年初召开的第一次全国基建会议将建设项目追加到745个，建成的追加到477个；不久又将建设项目追加到800个，建成项目追加到500多个。[1]基本建设规模的扩大，必然导致投资的大幅度增加，造成国家的财政赤字，同时它还致使钢铁、水泥、煤炭等原材料供不应求，造成国民经济的全面紧张。

二、周恩来主持反冒进

本来，对于在经济建设领域批判右倾保守思想，周恩来等

---

[1] 薄一波：《若干重大决策与事件的回顾》上卷，中共中央党校出版社1991年版，第531—532页。

领导人也是赞成的。在 1955 年 12 月刘少奇主持的座谈会上，周恩来说：最近政府在各方面的工作，或多或少都存在保守的倾向，反对盲目冒进是对的，但又带来了副作用。今年的生产是保守了，用框子把生产限制了。现在，我们的情况可以用这么一副对联来表示：客观的可能超过了主观的认识，主观的努力落后于客观的需要。[1]12 月 8 日，他出席北京市青年纪念"一二·九"运动二十周年和"一二·一"运动十周年大会，在演讲中又表示："毛主席说，检查过去六年的工作，主要的倾向还是保守倾向。当然保守主义倾向的主要责任又在于我们领导。这样，给了我们一个推动，也就使得我们原来设想在三个五年计划内基本上完成的工业化，有可能加快这个速度，提前完成。"[2]

1956 年 1 月 14 日召开的知识分子问题会议上，周恩来代表中共中央作了题为《关于知识分子问题的报告》的讲话，其中也对毛泽东提出的反右倾保守思想作了充分肯定，认为 1955 年取得的农业合作化运动的突飞猛进，资本主义工商业的全行业公私合营迅速发展，发展国民经济的第一个五年计划整个地将要提前和超额完成等"巨大的动人的成就，在一年以前还是不可想像的；如果不展开反对右倾保守思想的斗争，那末这些成就，到现在也还是不可能获得的"[3]。

但是，作为具体负责经济工作的领导人，周恩来十分清楚一

---

[1] 中共中央文献研究室编：《周恩来年谱（1949—1976）》上卷，中央文献出版社 1997 年版，第 524 页。

[2] 中共中央文献研究室编：《周恩来年谱（1949—1976）》上卷，中央文献出版社 1997 年版，第 526 页。

[3] 周恩来：《关于知识分子问题的报告》，《人民日报》1956 年 1 月 30 日。

味扩大基本建设规模、追加基本建设投资的后果。因此,他一方面不能不对反右倾保守表示拥护,另一方面又从1956年1月起,不断呼吁在反右倾保守的同时要注意急躁冒进。1月20日,他在知识分子问题会议上做总结讲话时就表示:经济建设中,不要做那些不切实际的事情,要"使我们的计划成为切实可行的实事求是的,不是盲目冒进的计划","这次,国务院召集的计划会议和财政会议要解决这个问题"。[1]

过了10天,在全国政协二届二次会议的政治报告中,周恩来又说:"现在,摆在全国人民面前的问题,是要把各项建设事业做得又多、又快、又好、又省,以便使各项事业的发展,适应已经变化了的情况,适应国家和人民的需要。我们应该努力去做那些客观上经过努力可以做到的事情,不这样做,就要犯右倾保守的错误;我们也应该注意避免超越现实条件所许可的范围,不勉强去做那些客观上做不到的事情,否则就要犯盲目冒进的错误。"[2]

2月6日,周恩来召集国家计委主任李富春、财政部部长李先念、国家计委副主任张玺、财政部副部长金明开会,研究在计划会议和财政会议上压缩指标的问题。周恩来指出:反右倾保守,轰轰烈烈,是社会主义的喜事,但也带来一个缺点,不小心谨慎办事,有冒进、急躁倾向,社会主义的积极性要鼓励,不能泼冷水,但各部门搞计划要实事求是,不能超过客观可能,没有

---

[1] 中共中央文献研究室编:《周恩来年谱(1949—1976)》上卷,中央文献出版社1997年版,第540页。
[2] 周恩来:《政治报告》,《人民日报》1956年1月31日。

根据地乱提计划。各部门专业会议打的计划很大,计委、财政部要压一压。[1]

2月8日,在国务院第二十四次全体会议上,周恩来再次强调经济工作要实事求是的问题。他说:"现在有点急躁的苗头,这需要注意。社会主义积极性不可损害,但超过现实可能和没有根据的事,不要乱提,不要乱加快,否则就很危险。""绝不要提出提早完成工业化的口号。冷静地算一算,确实不能提。工业建设可以加快,但不能说工业化提早完成。晚一点宣布建成社会主义社会有什么不好,这还能鞭策我们更好地努力。""各部门订计划,不管是十二年远景计划,还是今明两年的年度计划,都要实事求是。当然反对右倾保守是主要的,对群众的积极性不能泼冷水,但领导者的头脑发热了的,用冷水洗洗,可能会清醒些。各部专业会议提的计划数字都很大,请大家注意实事求是。"[2]

4月10日,国务院召开常务会议,讨论国家计委《关于1956年基本建设计划安排和要求增加部分投资的补充报告》,周恩来在讲话中指出,"搞计划必须注意实事求是","搞生产就要联系到平衡",并指定国家经委主任薄一波和计委副主任张玺负责平衡工作。[3]陈云也认为,计划应该按比例发展,而基建和生产的比例是最重要的,如基建超过了生产就不行。以后订计划应

---

[1] 中共中央文献研究室编:《周恩来年谱(1949—1976)》上卷,中央文献出版社1997年版,第545页。

[2] 中共中央文献研究室编:《周恩来经济文选》,中央文献出版社1993年版,第251—252页。

[3] 中共中央文献研究室编:《周恩来经济文选》,中央文献出版社1993年版,第253页。

该首先进行物资平衡,再进行财力平衡。[1]

当周恩来、陈云等意识到冒进问题的严重性时,毛泽东的看法却有所不同。

1956年3月5日,毛泽东听取国务院有关部门汇报手工业工作的情况,并作了一系列指示,其中第一条便说:"个体手工业社会主义改造的速度,我觉得慢了一点。今年一月省市委书记会议的时候,我就说过有点慢。一九五五年底以前只组织了二百万人。今年头两个月就发展了三百万人,今年基本上可以搞完,这很好。手工业的总产值,你们设想在三个五年计划期间平均每年增长百分之十点九,似乎低一点。第一个五年计划定低了,吃了点亏,现在可以不更改,你们要在工作中掌握。"[2]

4月下旬,毛泽东在中共中央政治局会议上主张追加20亿元的基本建设投资,但与会的大多数人不赞成。据胡乔木回忆:"会上尤以恩来同志发言最多,认为追加预算将造成物资供应紧张,增加城市人口,更会带来一系列困难等等。毛泽东最后仍坚持自己的意见,就宣布散会。会后,恩来同志又亲自去找毛主席,说我作为总理,从良心上不能同意这个决定。这句话使毛主席非常生气。不久,毛主席就离开了北京。"[3]

应当说,当时党内的民主气氛还是比较好的,虽然毛泽东追加基本建设投资的提议为政治局多数人所反对,表现出不高兴,但他并没有固执己见,这就使得反冒进能够得以继续进行。

---

[1] 中共中央文献研究室编:《陈云传》,中央文献出版社2005年版,第1011页。
[2]《毛泽东文集》第七卷,人民出版社1999年版,第11页。
[3] 中共中央文献研究室编:《周恩来传(1949—1976)》,中央文献出版社1998年版,第269页。

5月11日，国务院召开第28次国务院全体会议，周恩来在会上提出："反保守、右倾从去年八月开始，已经反了八九个月，不能一直反下去了！"[1]

这年5月，刘少奇主持召开中共中央会议，讨论为6月召开的一届人大三次会议起草文件，主要是讨论起草1956年国家预算报告问题。会议提出，我国经济发展要实行既反保守又反冒进，坚持在综合平衡中稳步前进的方针。刘少奇还要求中共中央宣传部就反对"两个主义"问题，代《人民日报》写一篇社论。[2]

6月1日，中共中央宣传部部长陆定一在部分省市委宣传部部长座谈会上宣布："反对右倾保守，现在已高唱入云，有必要再提一个反对急躁冒进。中央要我们写篇社论，把两个主义反一反。"[3]同一天，周恩来和陈云主持召开国务院常务会议，再次研究压缩1956年计划指标和编制1957年计划问题。周恩来说：今年的"基本建设投资额，去年夏天在北戴河开会时订得差不多，共一百二十一亿元，比去年已经增长百分之三十二，后来增加到一百七十亿，比去年增加将近百分之九十"，2月会议压缩后，"三月份下达的基本建设投资是一百四十七亿元，比去年增加百分之六十八。增长这么大的数字不可能完成，因此要好好计算一下"[4]。

---

[1] 中共中央文献研究室编：《周恩来年谱（1949—1976）》上卷，中央文献出版社1997年版，第575页。

[2] 中共中央文献研究室编：《刘少奇年谱（1898—1969）》下卷，中央文献出版社1996年版，第368页。

[3] 薄一波：《若干重大决策与事件的回顾》上卷，中共中央党校出版社1991年版，第534页。

[4] 薄一波：《若干重大决策与事件的回顾》上卷，中共中央党校出版社1991年版，第535页。

6月4日，刘少奇主持中共中央会议，讨论《关于一九五五年国家决算和一九五六年国家预算的报告（初稿）》，周恩来代表国务院介绍了半年来经济建设急躁冒进带来的种种矛盾和问题，提出要削减财政支出，压缩基本建设投资。根据国务院的意见，这次会议提出了既反保守又反冒进，在综合平衡中稳步前进的经济建设方针。[1]

第二天，周恩来主持召开国务院常务会议，讨论1956年预算报告草案。会议决定削减预算5%，投资总额由147亿元减少到140亿元。周恩来在讲话中指出："右倾保守应该反对，急躁冒进现在也有了反映。这次人大会上要有两条战线的斗争，既反对保守，也反对冒进。"[2]

6月12日，周恩来和陈云联合主持国务院第三十次全体会议，讨论通过《一九五五年国家决算（草案）和一九五六年国家预算（草案）》。周恩来在发言中再次讲到了既反保守又反冒进的问题。他说：从去年反保守到现在，注意了发掘群众的积极性，所以各方面都出现了高潮。农业、手工业和资本主义工商业的三大改造高潮，推动了工作，迎来了整个社会主义建设高潮。但反保守也带来了一些不实际的主观主义的要求，带来了急躁冒进。去年12月以后冒进就冒了头，因此，现在的情况和去年不同了，已经不是预防而是需要反对冒进了！如果冒进继续下去，又会脱离实际，脱离群众，脱离今天的需要和可能。不能向群众

---

[1] 中共中央文献研究室编：《周恩来年谱（1949—1976）》上卷，中央文献出版社1997年版，第585页。

[2] 中共中央文献研究室编：《周恩来经济文选》，中央文献出版社1993年版，第262页。

泼冷水，但也不能把少数积极分子的要求当成群众的要求。今年的收入不能打得太冒，要打在稳妥可靠的基础上。[1]

6月15日，李先念在一届人大三次会议上作了《关于1955年国家决算和1956年国家预算的报告》。《报告》强调："在当前的生产领导工作中，必须着重全面地执行多、快、好、省和安全的方针，克服片面地强调多和快的缺点。""生产的发展和其他一切事业的发展都必须放在稳妥可靠的基础上。在反对保守主义的时候，必须同时反对急躁冒进的倾向，而这种倾向在过去几个月中，在许多部门和许多地区，都已经发生了。急躁冒进的结果并不能帮助社会主义事业的发展，而只能招致损失。"[2] 1958年1月南宁会议时，这段话成为批评反冒进的靶子之一。

6月16日，《人民日报》发表社论《读1956年国家预算报告》，认为这年的预算报告一个最值得注意的特点，就是在反对保守主义的同时，提出了反对急躁冒进的口号，并且说，这是总结了过去半年中执行国民经济计划的经验得来的结论，而急躁冒进这种倾向在过去几个月中，在许多部门和许多地区，都已经发生了。社论还列举了急躁冒进倾向的具体表现：许多农业合作社的增产计划过大，而且片面地看重粮棉而忽视副业，生产和非生产的投资都过多，一部分合作社的规模过大，对社员的干涉过多，要求过高，对社员收入的增加和女社员的健康注意不够；许多建设部门的计划过大，超过了材料和设备供应的限度，而准

---

[1] 中共中央文献研究室编：《周恩来经济文选》，中央文献出版社1993年版，第263—264页。

[2] 李先念：《关于1955年国家决算和1956年国家预算的报告》，《人民日报》1956年6月16日。

备工作又单纯地偏重了施工力量,并且在工程中片面地要求多和快,而忽视好、省和安全;许多企业在生产过程中片面地追求多和快,忽视好、省和安全。在其他方面,例如商业和文化教育事业的某些方面,也有类似的情形。社论认为,这种急躁冒进的倾向并不符合反保守主义的正确的要求,因为反保守主义是要求充分利用客观的可能,并不是要求做不可能做的事情,当然更不是要求做不应该做的事情。因此,反对急躁冒进,也决不是容许保守主义。在实际工作中应正确地进行两条战线的斗争——既反对保守主义,又反对急躁冒进。

6月20日,《人民日报》发表由中宣部起草、经刘少奇审改的社论《要反对保守主义,也要反对急躁情绪》。社论指出:在反对保守主义之后,发生了一种值得严重注意的新情况,这就是最近一个时期中在有些工作中又发生了急躁冒进的偏向,有些事情做得太急了,有些计划定得太高了,没有充分考虑到实际的可能性。

社论尖锐地指出:急躁情绪所以成为严重的问题,是因为它不但是存在在下面的干部中,而且首先存在在上面各系统的领导干部中,下面的急躁冒进有很多就是上面逼出来的。全国农业发展纲要四十条一出来,各个系统都不愿别人说自己右倾保守,都争先恐后地用过高的标准向下布置工作,条条下达,而且都要求得很急,各部门都希望自己的工作很快做出成绩来。中央几十个部,每个部一条,层层下达,甚至层层加重,下面就必然受不了。

为什么在反对了右倾保守之后,在有些工作中又发生了盲目冒进的偏向呢?社论认为,这主要是由于思想方法上的片面性造成的。由于没有运用辩证的方法，没有从事物的复杂的矛盾和联系中去全面地观察问题，只从一个方面、一个角度去看问题，就把许多问题看得太死，太绝对化。又由于缺少深入的调查研究工作，对实际情况了解得不够，心中无数，有盲目性，在这种情况下，处理事情当然就容易偏于一面，发生片面性。在反保守主义之后，特别是中央提出"又多、又快、又好、又省"的方针和发布《全国农业发展纲要（草案）》之后，在许多人的头脑中就产生了一种片面性，以为既然要反对保守主义，既然方针是"又多、又快、又好、又省"，既然要执行"农业四十条"，于是一切工作，不分缓急轻重，也不问客观条件是否可能，一律求多求快，百废俱兴，齐头并进，企图在一个早晨即把一切事情办好。这样由一个极端到另一个极端，当然免不了要犯错误。

这篇社论不但指出了急躁冒进的危害，同时也分析了急躁冒进产生的原因，在当时产生了很大的影响。

不难看出，这篇社论提出的观点与毛泽东当时的主张，并不完全一致。因为社论表面上看，对急躁冒进和右倾保守两种观点都作了批评，但从字里行间不难看出，文章的重心是在强调反冒进。当时，中宣部将起草好后的稿子交给了刘少奇。刘少奇改完后批示："主席审阅后交乔木办"。但毛泽东接到此稿后，批了3个字："不看了"。后来毛泽东曾说：那篇社论写好后曾送给我看，我在清样上写了"不看了"三个字，骂我的东西我为什么要看。[1]

虽然当时毛泽东对这篇社论的观点乃至整个反冒进的做法，都有所保留，但在此后一段时间，并没有对反冒进加以直接干

---

[1] 吴冷西：《回忆领袖与战友》，新华出版社2006年版，第63页。

预，因而随后在"二五"计划的编制过程中，周恩来等人按照反冒进的思想，领导了《关于发展国民经济的第二个五年计划（1958—1962）的建议（草稿）》的起草。7月下旬，《建议（草稿）》基本写成。在起草"二五"计划建议的同时，周恩来也组织了计划建议报告的起草。

在这两个文件的初稿中，曾多次提到"多、快、好、省"的问题。对于这个口号，周恩来在最初修改的时候，曾给予了保留，但又在后面加写了"又安全"三个字。但在反冒进的过程中，周恩来感到，自从"多、快、好、省"的口号提出后，人们往往只注重"多"与"快"，而忽视"好"与"省"，变成了片面追求高速度和高指标。经过再三考虑，他把两个稿子中多次出现的"以多、快、好、省的精神"等字句删掉了。在此后的一年多时间里，也没有再提"多、快、好、省"。1957年底至1958年上半年批评反冒进时，这竟成为批评周恩来的一条理由。[1]

1956年9月，中共八大召开，周恩来代表中共中央作了《关于发展国民经济的第二个五年计划的建议的报告》。《报告》强调："经验还证明，我们在编制年度计划的时候，在有利的情况下，必须注意到当前和以后还存在着某些不利的因素，不要急躁冒进；相反地，在不利的情况下，又必须注意到当前和以后还存在着许多有利的因素，不要裹足不前。这就是说，我们应该对客观情况作全面的分析，同时尽可能地把本年度和下年度的主要指标作统一的安排，以便使每个年度都能够互相衔接和比较均衡地

---

[1] 中共中央文献研究室编：《周恩来传（1949—1976）》，中央文献出版社1998年版，第279页。

向前发展。"[1]这实际上重申了在经济建设中必须坚持"既反保守又反冒进"的方针。

"既反保守又反冒进"的经济建设方针，得到了中共八大的认可。大会通过的《中国共产党第八次全国代表大会关于政治报告的决议》指出：如果对于高速度地发展我国的生产力这种可能性估计不足，或者不努力把这种可能性变为现实性，那就是保守主义的错误。但是，也必须估计到当前的经济上、财政上和技术力量上的客观限制，估计到保持后备力量的必要，而不应当脱离经济发展的正确比例。如果不估计到这些情况而规定一种过高的速度，结果就会反而妨碍经济的发展和计划的完成，那就是冒险主义的错误。党的任务，就是要随时注意防止和纠正右倾保守的或"左"倾冒险的倾向，积极地而又稳妥可靠地推进国民经济的发展。[2]

由于贯彻了"既反保守又反冒进"的方针，从而保证了1956年国民经济的健康发展。这一年，全国工业总产值达到1286亿元，比上年增长28.2%，超过了"一五"计划规定的1957年水平。钢产量为447万吨，比上年增长了56.8%，煤1.1亿吨，比上年增长12.2%。生铁、钢材、纯碱、水泥等27种产品的产量已经达到或者超过"一五"计划规定1957年的水平。粮食产量达到了3855亿斤，比上年增长了4.8%，棉花产量为2890万吨，比上年下降了4.8%，基本建设实际投资148亿元，比上年增加了59.1%。

---

[1] 周恩来：《关于发展国民经济的第二个五年计划的建议的报告》，《人民日报》1956年9月19日。

[2]《中国共产党第八次全国代表大会关于政治报告的决议》，《人民日报》1956年9月28日。

三、毛泽东批评反冒进

1956年5月刘少奇主持中共中央会议，确定"既反保守又反冒进"的方针时，毛泽东在外地不在北京。《人民日报》那篇题为《要反对保守主义，也要反对急躁情绪》的社论，他只批了"不看了"三个字，这说明他对于周恩来、刘少奇等人主张的反冒进，是有所保留的，但由于中央领导层中赞成反冒进者占多数，他不便公开反对反冒进。此后一段时间，他的主要精力放在中共八大的筹备上，亲自审改了一系列的重要文件，其中也包括刘少奇的政治报告、周恩来关于"二五"计划建议的报告和邓小平关于修改党章的报告。这些报告都贯彻了"既反保守又反冒进"的方针，对此他"服从了政治局的大多数，服从了中央已定的决议，赞成这样写，并对这些报告作了较高的评价"，对这个方针没有提出异议。[1]

中共八大刚刚结束，社会主义阵营又发生了波兰事件和匈牙利事件。这两个事件都与苏联有关，而事件发生后苏共中央及其领导人一时慌了手脚，多次急电中共中央请求帮助。为此，中共中央派出了刘少奇、邓小平等人组成的代表团，前往莫斯科协助苏共中央处理波匈事件，毛泽东本人也对此给予了高度关注。因此八大之后至1957年初，毛泽东的主要注意力和精力，都放在国际形势的观察和社会主义阵营事务的处理上，没有更多地顾及国内的反冒进问题。尽管如此，毛泽东对于反冒进一事始终有着自己的看法。

---

[1] 石仲泉：《我观周恩来》，中共党史出版社2008年版，第244页。

1956年11月，中共八届二中全会召开。11月10日，周恩来在会上作了关于1957年国民经济计划的报告，其中提出过去设想的远景规划、发展速度是不是可以放慢一点的问题。他说："经过八大前后的研究，我们觉得可以放慢一点。比如，原来设想钢产量在第三个五年计划的最后一年要达到年产三千万吨，肯定地说，照现在这个速度是不可能实现的。八大的建议已经把这个要求改变了。我们设想第三个五年计划的指标定在二千万到二千五百万吨上，将来如果执行得好，有可能超过，但是现在不能定到三千万吨。因为定到三千万吨，其他就都要跟上去。那就会象我们常说的，把两脚悬空了，底下都乱了，不好布局，农业、轻工业也会受影响，结果还得退下来。要达到原来远景规划设想的生产指标，肯定时间要更长一些，有可能要四个五年计划，或者在第四个五年计划期间。""这样一个大国，数量上的增长稍微慢一点，并不妨碍我们实现工业化和建立基本上完整的工业体系。"[1]

报告中，周恩来还提出八大关于"二五"计划数字和《1956年到1967年全国农业发展纲要》两个文件的修改问题。他说：八大建议的数字只是个建议，有某些达不到的指标是不是可以修改？我觉得是可以的。过去说计划就是法律，这实际上行不通。当然，计划成为废纸也不对。计划不合实际就得修改，实际超过了计划也得承认，计划不能一成不变。建议中有些数字当时觉得是恰当的，现在发现还有矛盾需要解决，那就应该解决，我想这是许可的。

---

[1]《周恩来选集》下卷，人民出版社1984年版，第233页。

关于《全国农业发展纲要（草案）》问题，周恩来说，《纲要（草案）》现在执行快一年了，事实证明有些是需要重新研究的，这些并不是不可以修改的。比如扩大耕地面积，要求12年内开垦1.4亿亩显然是有困难的。如果每年开垦1000万亩，就要投资5亿元。这5亿元的投资，明年无论如何也挤不出来，今后也不是每年都可以挤出来的。

周恩来接着说："这两个文件经过我们研究以后觉得可以修改。上不去，就不能勉强，否则把别的都破坏了，钱也浪费了，最后还得退下来。凡是不合实际的都可以修改，这样就把我们的思想解脱了，不然自己圈住了自己。"[1]

周恩来在讲话中还认为，第一个五年计划基本上是正确的，成绩很大，但是错误不少。1953年小冒了一下，1956年就大冒了一下。冒了的，就要收缩一下，使整个国民经济协调发展，不然就站不稳，就会影响我们的货币、物价、劳动工资等各方面。应该认识到，不要使中国也发生"波兹南事件"，几万人或者几十万人站在街上请愿，那问题就大了。[2]

五天后，毛泽东在会上也发表了讲话，并且一开始就讲"上马"与"下马"的辩证法问题。他说："我们对问题要作全面的分析，才能解决得妥当。进还是退，上马还是下马，都要按照辩证法。世界上，上马和下马，进和退，总是有的。哪有上马走一天不下马的道理？我们走路，不是两个脚同时走，总是参差不齐的。

---

[1]《周恩来选集》下卷，人民出版社1984年版，第234页。
[2] 中共中央文献研究室编：《周恩来传（1898—1976）》，中央文献出版社2008年版，第1130页。

第一步，这个脚向前，那个脚在后；第二步，那个脚又向前，这个脚在后。看电影，银幕上那些人净是那么活动，但是拿电影拷贝一看，每一小片都是不动的。《庄子》的《天下篇》说：'飞鸟之景，未尝动也。'世界上就是这样一个辩证法：又动又不动。净是不动没有，净是动也没有。动是绝对的，静是暂时的，有条件的。"[1] 表面看，毛泽东在谈哲学问题，其实用意并不在此。

毛泽东还说：我们的计划经济，又平衡又不平衡。平衡是暂时的，有条件的。暂时建立了平衡，随后就要发生变动。上半年平衡，下半年就不平衡了，今年平衡，到明年又不平衡了；净是平衡，不打破平衡，那是不行的。我们应当告诉干部，告诉广大群众：有进有退，主要的还是进，但不是直线前进，而是波浪式地前进。虽然有下马，总是上马的时候多。我们的各级党委，各部，各级政府，是促进呢？还是促退呢？根本还是促进的。社会总是前进的，前进是个总的趋势，发展是个总的趋势。

毛泽东在上述讲话中，没有直接批评反冒进，但他与周恩来在冒进与反冒进问题上的态度显然是有差异的。在1958年1月的南宁会议上，毛泽东说，1956年1月至11月反冒进。二中全会我讲了七条，是妥协方案，解决得不彻底。

1957年1月，中共中央召开各省、自治区、直辖市党委书记会议。1月18日，陈云在会上作题为《建设规模要和国力相适当》的发言，其中讲到1956年的经济建设时，认为成绩是主要的，但也发生了一些缺点错误，这主要表现在财政和信贷方面

---

[1]《毛泽东著作选读》（战士读本），中国人民解放军战士出版社1978年版，第1044—1045页。

多支出了近30亿元,生产资料和生活资料的供应都紧张。陈云在讲话中着重提出,建设规模的大小必须和国家的财力物力相适应。像我们这样一个有6亿人口的大国,经济稳定极为重要。建设的规模超过国家财力物力的可能,就是冒了,就会出现经济混乱;两者合适,经济就稳定。当然,如果保守了,妨碍了建设应有的速度也不好。但是,纠正保守比纠正冒进,要容易些。因为物资多了,增加建设是比较容易的;而财力物力不够,把建设规模搞大了,要压缩下来就不那么容易,还会造成严重浪费。他还说,1956年安排基本建设的时候,只和当年财力物力勉强平衡,既没有瞻前也没有顾后,结果造成基本建设投资猛长,在1957年不得不减下来。这是1956年计划执行的重要教训之一。[1]

同一天,毛泽东也在会上发言,直接对1956年的反冒进作了批评。他说:"农业合作化究竟是有希望,还是没有希望?是合作社好,还是个体经济好?这个问题也重新提出来了。""我们的农村政策是正确的,我们的城市政策也是正确的。所以,像匈牙利事件那样的全国性大乱子闹不起来。""前年反右倾,去年反冒进,反冒进的结果又出了个右倾。我说的这个右倾,是指在社会主义革命上,主要是在农业社会主义改造问题上的右倾,出来这么一股风。"[2]话语之中,不难看出毛泽东对反冒进是不满意的。

1957年9月,中共扩大的八届三中全会在北京召开。会议的最后一天,毛泽东作题为《做革命的促进派》的讲话,在讲话中

---

[1]《陈云文选》第3卷,人民出版社1995年版,第49、52、54页。
[2] 中共中央文献研究室编:《毛泽东年谱(1949—1976)》第3卷,中央文献出版社2013年版,第67页。

对反冒进作了措辞较为严厉的批评。他说：

"做事情，至少有两种方法：一种，达到目的比较慢一点，比较差一点；一种，达到目的比较快一点，比较好一点。一个是速度问题，一个是质量问题。不要只考虑一种方法，经常要考虑两种方法。"

"去年这一年扫掉了几个东西。一个是扫掉了多、快、好、省。不要多了，不要快了，至于好、省，也附带扫掉了。好、省我看没有哪个人反对，就是一个多、一个快，人家不喜欢，有些同志叫'冒'了。本来，好、省是限制多、快的。好者，就是质量好；省者，就是少用钱；多者，就是多办事；快者，也是多办事。这个口号本身就限制了它自己，因为有好、省，既要质量好，又要少用钱，那个不切实际的多，不切实际的快，就不可能了。""去年下半年一股风，把这个口号扫掉了，我还想恢复。有没有可能？请大家研究一下。"

"还扫掉农业发展纲要四十条。这个'四十条'去年以来不吃香了，现在又'复辟'了。""还扫掉了促进委员会。我曾经谈过，共产党的中央委员会，各级党委会，还有国务院，各级人民委员会，总而言之，'会'多得很，其中主要是党委会，它的性质究竟是促进委员会，还是促退委员会？应当是促进委员会。""至于某些东西实在跑得快了，实在跑得不适合，可以有暂时的、局部的促退，就是要让一步，缓一步。但是，我们总的方针，总是要促进的。"[1]

---

[1] 中共中央文献研究室编：《建国以来重要文献选编》第10册，中央文献出版社1994年版，第604、605—606页。

毛泽东还讲到如何对待苏联经验及争取比苏联更快的经济建设速度问题。他说:"苏联的建设经验是比较完全的。所谓完全,就是包括犯错误。不犯错误,那就不算完全。学习苏联,并不是所有事情都硬搬,教条主义就是硬搬。我们是在批评了教条主义之后来提倡学习苏联的,所以没有危险。在革命这方面,我们是有经验的。在建设这方面,我们刚开始,只有八年。我们建设的成绩是主要的,但不是没有错误。错误将来还要犯,希望少犯一点。我们学习苏联,要包括研究它的错误。研究了它错误的那一方面,就可以少走弯路。我们是不是可以把苏联走过的弯路避开,比苏联搞的速度更要快一点,比苏联的质量更要好一点?应当争取这个可能。"

讲话中毛泽东提出,要通过精耕细作,使中国"变成世界第一个高产的国家"。他说:"有的县现在已经是亩产千斤了,半个世纪搞到亩产两千斤行不行呀?将来是不是黄河以北亩产八百斤,淮河以北亩产一千斤,淮河以南亩产两千斤?到二十一世纪初达到这个指标,还有几十年,也许不要那么多时间。我们靠精耕细作吃饭,人多一点,还是有饭吃。我看一个人平均三亩地太多了,将来只要几分地就尽够吃。"[1]

扩大的八届三中全会通过了《一九五六年到一九六七年全国农业发展纲要(修正草案)》,这个修正草案是以1956年1月最高国务会议通过的纲要草案为基础,经过修改、补充后形成的。与原草案相比,基本内容没有太多的变化,但由于已经在全国实

---

[1] 中共中央文献研究室编:《建国以来重要文献选编》第10册,中央文献出版社1994年版,第600—601页。

现了农业合作化，故而删除了合作化速度的要求，增加了巩固合作社的内容。《纲要（修正草案）》在序言中强调："在农业发展的道路上，困难还是会继续出现的。但是，事在人为。对于我们解放了的人民来说，没有什么困难不能克服。不怕困难，是我们劳动人民本来的伟大性格。"[1]

10月13日，毛泽东在最高国务会议第十三次会议上的讲话中，专门讲到了修改后的全国发展纲要问题。他说：经过两年的实践，基本要求还是那个四、五、八，就是粮食亩产黄河以北四百斤，淮河以北五百斤，淮河以南八百斤。十二年要达到这个目标，这是基本之点。农业发展纲要四十条是比较适合中国国情的，不是主观主义的。原来有些主观主义的东西，现在我们把它改掉了。总的说来，实现这个纲要是有希望的。我们中国可以改造，无知识可以改造得有知识，不振作可以改造得振作。纲要里头有一个除四害，就是消灭老鼠、麻雀、苍蝇、蚊子。如果我们动员全体人民来搞，搞出一点成绩来，我看人民的心理状态是会变的。[2]他还说：我们要使这个民族振作起来。我们要做的事情很多，包括扫盲，也包括有计划的生育，那四十条里头有很多事情，这仅是农业计划，还要有工业计划和文教计划。三个五年计划完成以后，我们国家的面貌是会有个改变的。

10月26日，中共中央发出《关于组织全民讨论〈一九五六年到一九六七年全国农业发展纲要（修正草案）〉的通知》，要求

---

[1]《一九五六年到一九六七年全国农业发展纲要（修正草案）》，《人民日报》1957年10月26日。
[2] 中共中央文献研究室编：《毛泽东年谱（1949—1976）》第3卷，中央文献出版社2013年版，第228页。

各级党委就纲要四十条"在全民中进行一次讨论，即在农村、工厂、机关、学校、部队和街道居民中展开一次大辩论，目的在认识方向，坚定信心，人人努力，改造中国"。同一天，《纲要（修正草案）》在《人民日报》全文发表。

第二天，《人民日报》发表题为《建设社会主义农村的伟大纲领》的社论。社论肯定纲要是"建设我国社会主义农村的伟大纲领，它给我国五亿农民指出了今后十年的奋斗目标，规定了实现这些目标的基本方法"，要求"有关农业和农村的各方面工作在十二年内都按照必要和可能，实现一个巨大的跃进"。这是中共中央第一次通过报刊正式发出"大跃进"的号召。社论要求在开展围绕纲要四十条组织大辩论时，应该集中力量彻底打破粮食产量已经到顶的保守思想，采取必要和适当的措施，能够进一步提高单位面积产量。社论明确提出要肃清"右倾保守思想"，认为"在去年秋后刮起一阵邪风，放松甚至放弃了四十条纲要的目标，结果是消极因素上升，右倾思想抬头，农业生产就吃了亏。这是值得我们牢牢记住的教训"。

11月13日，《人民日报》又发表题为《发动全民，讨论四十条纲要，掀起农业生产的新高潮》的社论，对反冒进进行公开的批评。其中说道："有些人害了右倾保守的毛病，像蜗牛一样爬行得很慢，他们不了解在农业合作化以后，我们就有条件也有必要在生产战线上来一个大的跃进。这是符合于客观规律的。1956年的成绩充分反映了这种跃进式发展的正确性。有右倾保守思想的人，因为不懂得这个道理，不了解合作化以后农民群众的伟大的创造性，所以他们认为农业发展纲要草案是'冒进了'。他们把正确的跃进看成了'冒进'。他们不了解所谓'冒进'是没有实际条件,因而是没有成功可能的盲目行动。而我们在1956年的跃进却完全不是这样,是有很多可以实现的条件,因而取得了巨大的成绩。否则,就无法说明,为什么1956年我国遭受了严重的自然灾害,而粮食产量却超过了大丰收的1955年一百多亿斤。"

这篇社论中关于"跃进""大的跃进"的表述,得到了毛泽东的充分肯定。1958年5月26日,毛泽东重看了这篇社论,并随即给正在此间参加中共中央政治局扩大会议的与会人员写了一封信,其中说:"重看1957年11月13日人民日报社论,觉得有味,主题明确,气度从容,分析正确,任务清楚。以'跃进'一词代替'冒进'一词从此篇起。两词是对立的。自从'跃进'这个口号提出以后,反冒进论者闭口无言了,'冒进'可反(冒进即左倾机会主义的代名词),当然可以振振有词。跃进呢?那就不同,不好反了。要反那就立刻把自己抛到一个很不光彩的地位上去了。此文发表时,我们一些人在莫斯科,是国内同志主持的,其功不在禹下。如果要颁发博士头衔的话,我建议第一号博士赠与发明这个伟大口号(即:'跃进')的那一位(或者几位)科学家。"[1]

其实,"跃进"一词过去在报刊上也是经常出现的。1949年至1956年的《人民日报》,这个词每年都有几十篇文章使用,有时甚至偶有"大跃进"的表述。在重要文件中首次使用"跃进"一语,是1957年6月26日周恩来在一届人大四次会议上所作的政府工作报告。当时正值反右派斗争进入高潮之时,周恩来在报

---

[1]《建国以来毛泽东文稿》第7册,中央文献出版社1992年版,第254页。

告中批评了认为我国国民经济计划"在一九五六年全面冒进了,在一九五七年又全面冒退了"的观点,指出:"我国1956年的计划,是在改造和建设的高潮中拟定的。社会主义革命的基本胜利,大大鼓舞了劳动人民建设社会主义的积极性,他们纷纷要求增加生产,提高工作定额。……1956年的计划就是适应这种情况,采取了跃进的步骤,而且在各方面取得了如前所说的巨大成就。""而1956年,伴随着社会主义改造的高潮的到来,我国的社会主义建设有了一个跃进的发展"。[1]这也是党和国家领导人第一次明确地用"跃进"一词。当然,"大跃进"作为一个特殊的用语,还是这篇社论以后的事情。

12月12日,《人民日报》又发表题为《必须坚持多快好省的建设方针》的社论。这篇社论是毛泽东亲自主持起草的,据他自己讲,社论是他在11月访苏前就开始写的,因为没有写完,带到莫斯科去了。"闲来无事江边望",有点闲工夫,就在代表团中间先读一读。回来又经过斟酌,政治局还有一些人看过才发表的。[2]

社论再次对反冒进作了措辞严厉的批评,认为"又多、又快、又好、又省"的发展国民经济的方针,对于我国的社会主义建设事业起了巨大的积极作用。1956年我国国民经济的跃进的发展,证明这个方针是完全正确的、必需的和行之有效的。总的说来,实行"一五"计划的过程中,基本上是按照"多快好省"的方针进行建设的,但也有少数有保守思想的人实际上在反

---

[1] 周恩来:《政府工作报告》,《人民日报》1957年6月27日。
[2] 中共中央文献研究室编:《毛泽东传(1949—1976)》,中央文献出版社2003年版,第766页。

对这个方针。"在去年秋天以后的一段时间里，在某些部门、某些单位、某些干部中间刮起了一股风，居然把多快好省的方针刮掉了。有的人说，农业发展纲要四十条订得冒进了，行不通；有的人说，1956 年的国民经济发展计划全部冒进了，甚至第一个五年计划也冒进了，搞错了；有的人竟说，宁可犯保守的错误，也不要犯冒进的错误；等等。于是，本来应该和可以多办、快办的事情，也少办、慢办甚至不办了。这种做法，对社会主义建设事业当然不能起积极的促进的作用，相反地起了消极的'促退'的作用。"这篇社论不但给曾主张反冒进的各级干部以巨大的压力，而且向全社会发出一个信号：凡是主张稳步前进、不赞成冒进的就是右倾保守，搞社会主义只能冒进而不能反冒进，冒进就是跃进。右倾是人们普遍不敢戴上的帽子，至于右倾机会主义就成为两条路线斗争的另一方了。因而这篇社论的发表，对"大跃进"的发动起到了直接的推动作用。

　　随后，毛泽东在不同的场合一再对反冒进提出批评，并且措辞一次比一次严厉。在 1957 年 12 月的杭州会议上，毛泽东对周恩来的反冒进作了点名批评。1958 年 1 月，毛泽东主持召开为发动"大跃进"做准备的南宁会议。在会上，毛泽东多次讲到反冒进问题，说反冒进使"六亿人泄了气"，明确表示"我是反反冒进的"。在同年 3 月的成都会议上，毛泽东对反冒进又一次作了批评，说反冒进是方针性的错误，并且说，一种是马克思主义的冒进，一种是非马克思主义的反冒进，究竟采取哪一种，应该采取冒进。1958 年 4 月，毛泽东在武汉主持的一次汇报会上说，1956 年下半年和 1957 年来了一个反冒进，搞得人不舒服，是个马鞍形，是两个高潮间的一个低潮，并对"稳妥可靠"的提法提出批评，说我们这样大的国家，稳、慢就会出大祸，快一点，就会好些，"反冒进"是稳妥派反对跃进的口号。我们要用"跃进"代替"冒进"，使他们不好反对。

面对毛泽东对反冒进的一系列批评和责难，周恩来等人从维护党的团结、维护毛泽东的威信出发，只得违心地一再作检讨，承认反冒进错了。此时，毛泽东认为批评反冒进的目的已经达到，此后，便由批评反冒进转入发动和领导"大跃进"。

四、毛泽东为什么要批评反冒进

毛泽东之所以要批评反冒进，原因是多方面的。总的来说，他的动机正如他自己所说的"我的目的，不是整人"，而是希望中国经济能快速发展。通过加快经济建设速度来巩固社会主义制度，是毛泽东批评反冒进的最主要的目的。

早在1954年6月，毛泽东就曾指出："我们的总目标，是为建设一个伟大的社会主义国家而奋斗。我们是一个六亿人口的大国，要实现社会主义工业化，要实现农业的社会主义化、机械化，要建成一个伟大的社会主义国家，究竟需要多少时间？现在不讲死，大概是三个五年计划，即十五年左右，可以打下一个基础。到那时，是不是就很伟大了呢？不一定。我看，我们要建成一个伟大的社会主义国家，大概经过五十年即十个五年计划，就差不多了，就像个样子了，就同现在大不一样了。现在我们能造什么？能造桌子椅子，能造茶碗茶壶，能种粮食，还能磨成面粉，还能造纸，但是，一辆汽车、一架飞机、一辆坦克、一辆拖拉机都不能造。牛皮不要吹得太大，尾巴不要翘起来。当然，我不是讲，能造一辆，尾巴就可以翘一点，能造十辆，尾巴就可以翘得高一点，随着辆数的增加，尾巴就翘得更高一些。那是不行的。就是到五十年后像个样子了，也要和现在一样谦虚。如果到那时候骄傲了，看人家不起了，那就不好。一百年也不要骄傲。永远也不要翘尾巴。"[1]虽然这里毛泽东所说的，50年或者100年后中国即使变得强大，已经建成为一个伟大的社会主义国家，也要谦虚谨慎不要翘尾巴，但其中所表露出的赶超思想也是很明显的。

1955年3月，在中国共产党全国代表会议上，毛泽东更是明确提出了追赶发达资本主义国家的问题。他说："我们现在是处在新的历史时期。一个六万万人口的东方国家举行社会主义革命，要在这个国家里改变历史方向和国家面貌，要在大约三个五年计划期间内使国家基本上工业化，并且要对农业、手工业和资本主义工商业完成社会主义改造，要在大约几十年内追上或赶过世界上最强大的资本主义国家，这是决不会不遇到困难的，如同我们在民主革命时期所曾经遇到过的许多困难那样，也许还会要遇到比过去更大的困难。但是，同志们，我们共产党人是以不怕困难著名的。"[2]不须说，这里的"最强大的资本主义国家"，指的就是美国。

1955年10月29日，在中共中央召开的一次关于工商业社会主义改造问题座谈会上，毛泽东讲话中更是明确指出："我们的目标是要赶上美国，并且要超过美国。"他说："不是说赶上美

---

[1]《毛泽东文集》第六卷，人民出版社1999年版，第329页。
[2]《毛泽东文集》第六卷，人民出版社1999年版，第392—393页。

国不要一百年吗？这个看法我也赞成。究竟要几十年，看大家努力，至少是五十年吧，也许七十五年，七十五年就是十五个五年计划。哪一天赶上美国，超过美国，我们才吐一口气。现在我们不像样子嘛，要受人欺负。我们这么大一个国家，吹起来牛皮很大，历史有几千年，地大物博，人口众多，但是一年才生产二百几十万吨钢，现在才开始造汽车，产量还很少，实在不像样子。所以，全国各界，包括工商界、各民主党派在内，都要努力，把我国建设成为一个富强的国家。我们在整个世界上应该有这个职责。世界上四个人中间就有我们一个人，这么不争气，那不行，我们一定要争这一口气。"[1]

在1956年8月30日的中共八大预备会议上，毛泽东在讲话时又表达了同样的意思。他说，中国共产党人有义务把国家建设起来，建成一个伟大的社会主义国家，完全改变过去一百多年落后的那种情况，被人家看不起的那种情况，倒霉的那种情况，赶上世界上最强大的资本主义国家美国。他还说："美国只有一亿七千万人口，我国人口比它多几倍，资源也丰富，气候条件跟它差不多，赶上是可能的。应不应该赶上呢？完全应该。"他还分析说，中国现在钢的年产量是四百万吨，相当于美国60年前的水平，也就是中国比美国落后了60年。他表示："我们这个国家建设起来，是一个伟大的社会主义国家，将完全改变过去一百多年落后的那种情况，被人家看不起的那种情况，倒霉的那种情况，而且会赶上世界上最强大的资本主义国家，就是美国。""假如我们再有五十年、六十年，就完全应该赶过它。这是一种责

---

[1]《毛泽东文集》第六卷，人民出版社1999年版，第500页。

任。你有那么多人，你有那么一块大地方，资源那么丰富，又听说搞了社会主义，据说是有优越性，结果你搞了五六十年还不能超过美国，你像个什么样子呢？那就要从地球上开除你的球籍！所以，超过美国，不仅有可能，而且完全有必要，完全应该。如果不是这样，那我们中华民族就对不起全世界各民族，我们对人类的贡献就不大。"[1]

1957年5月4日，毛泽东在接见来访的缅甸联邦国会民族院议长萧恢塔时说：我们要好好干五十年，把工业建起来，要有美国那样多的钢铁。[2]同年7月，在青岛召开的省市委书记会议上，毛泽东再次表示：中国的社会主义现在还未建成，还差十年至十五年的时间。"十年至十五年以后的任务，则是进一步发展生产力，进一步扩大工人阶级知识分子的队伍，准备着逐步地由社会主义过渡到共产主义的必要条件，准备以八个至十个五年计划在经济上赶上并超过美国。"[3]

1957年11月，毛泽东到莫斯科参加十月革命胜利40周年庆典及各国共产党和工人党代表会议。会议期间，苏联领导人赫鲁晓夫告诉毛泽东，苏联将在今后15年内主要工业产品赶上并超过美国。这给毛泽东以很大的鼓舞，也产生了很大的压力，认为中国也应该急起直追，在社会主义同资本主义的较量中发挥更大的作用。这时，毛泽东在同英国共产党负责人波立特、高兰谈话中了解到，再过15年，英国的钢产量可能从现在的2000万吨增

---

[1]《毛泽东文集》第七卷，人民出版社1999年版，第89页。
[2] 中共中央文献研究室编：《毛泽东年谱（1949—1976）》第3卷，中央文献出版社2013年版，第146页。
[3]《建国以来毛泽东文稿》第6卷，中央文献出版社1996年版，第550页。

长到3000万吨，而按钢产量每5年翻一番计算，中国再过15年可达到4000万吨。因此，毛泽东认为，作为主要工业产品的钢产量中国赶上或者超过英国是可能的。11月18日，毛泽东在各国共产党和工人党代表会议上的讲话中，公开表示：中国今年有了520万吨钢，再过5年，可以达到1000万吨到1500万吨；再过5年，可以达到2000万吨到2500万吨；再过5年，可以达到3500万吨到4000万吨。他还表示：15年后，在我们阵营中间，苏联超过美国，中国超过英国。这是中国领导人第一次正式公开宣布15年后钢产量赶上并超过英国。

12月2日，刘少奇在中华全国总工会第八次全国代表会议上，代表中共中央正式宣布："我国工人阶级和我国人民在今后十年到十五年内的基本任务，就是要在优先发展重工业的基础上，实行工农业同时并举的方针，把我国建成为一个具有现代工业、现代农业和现代科学文化的社会主义强国。"刘少奇接着强调："在十五年后，苏联的工农业在最重要的产品的产量方面可能赶上或者超过美国，我们应当争取在同一期间，在钢铁和其他重要工业产品的产量方面赶上或者超过英国。那样，社会主义世界就把帝国主义国家远远地抛在后面。"[1]刘少奇的这个讲话，第二天即在《人民日报》公开发表，等于向全国人民公开了"超英"的计划。

1958年元旦，《人民日报》发表题为《乘风破浪》的社论，强调："在我国建立一个现代化的工业基础和现代化的农业基础，

---

[1]《在中国工会第八次全国代表大会上刘少奇同志代表中共中央致祝词》，《人民日报》1957年12月3日。

从现在算起，还要十年到十五年的时间。"到这时，超英赶美和实现共产主义都有了明确的时间表，"超英赶美"也成为"大跃进"中响遍全国的口号。

中国是一个大国，人口数量世界第一，国土面积世界第三，被认为地大物博，加以又建立了社会主义制度。可是，中国经济文化落后的状况并未随着新制度的建立而根本改变，这使中国领导人认为，如果中国不能在较短的时间里赶上和超过英美这些发达的资本主义国家，实在不像个样子，就无法体现社会主义制度的优越性。同时，中国领导人又认为，中国有6亿勤劳勇敢的人民，自然资源丰富，又有了先进的社会制度，在不长的时间内超英赶美是可能的。按照中国生产力水平的原有基础，要在如此短的时间内实现"超英赶美"的目标，按常规显然是无法实现的，必须是前所未有的高速度。在毛泽东看来，搞建设就是要冒一点，即比常规速度快一点。如果老是四平八稳，总是那样慢腾腾，就始终无法赶超发达资本主义国家。反冒进挫伤了干部群众快速建设社会主义的积极性，实际上是右倾保守的表现，是与高速度对立的。因此，要在较短的时间内实现赶超目标，就必须进一步克服右倾保守思想，使主张反冒进者的思想认识统一到冒进即跃进上来。

除了强烈的赶超思想外，1957年的反右派斗争也对毛泽东批评反冒进产生了直接影响。

改变中国贫穷落后的面貌，把中国建设成为一个伟大的社会主义强国，一直是中国共产党人孜孜以求的目标，不论是毛泽东，还是周恩来，这一点是共同的。毛泽东作为党和人民的领袖，更为中国经济落后的现状感到焦虑不安，尽管他以诗一般的语言说过，中国一穷二白，如一张白纸，可以画最新最美的图画，但在他心里，根本不希望中国老是一穷二白，而是衷心希望画出最新最美的图画来。在毛泽东看来，中国地大人多，应该对人类作出较大的贡献，但这种贡献，在过去一个时期里，太少了。强烈的使命感和责任感，强烈的忧患意识，使他感到必须加快新中国的经济建设速度。

1956年发生的波兰、匈牙利事件和1957年的反右派斗争，进一步刺激了毛泽东加快中国经济发展的迫切心情。他在反右派斗争进入高潮时写作的《一九五七年夏季的形势》一文中说："必须懂得，在我国建立一个现代化的工业基础和现代化的农业基础，从现在起，还要十年至十五年。只有经过十年至十五年的社会生产力的比较充分的发展，我们的社会主义的经济制度和政治制度，才算获得了自己的比较充分的物质基础（现在，这个物质基础还很不充分），我们的国家（上层建筑）才算充分巩固，社会主义社会才算从根本上建成了。"[1] 在毛泽东看来，波兰、匈牙利之所以发生反革命事件，右派之所以在这时向共产党和社会主义制度发动进攻，表明社会主义制度还没有巩固。没有巩固的原因，关键在于经济不发展，物质基础不牢固。要发展经济，四平八稳不行，一般速度也不行，唯有较高速度，唯有在相对短的时间里超过英美。如果仍是低速度，形势就会危急，社会主义制度能否巩固就成问题。

1957年9月18日《人民日报》发表社论《这是政治战线上和思想战线上的社会主义革命》，对毛泽东的这种思想作了充分

---

[1]《建国以来毛泽东文稿》第6卷，中央文献出版社1992年版，第549—550页。

的发挥。社论说:"在经济战线上,在生产资料所有制方面的社会主义革命的胜利,使我们有更好的条件来进行政治战线上和思想战线上的社会主义革命;而政治战线上和思想战线上的社会主义革命的胜利,又将反过来促进和加强经济战线上的社会主义革命,加速现代化的工业基础和现代化的农业基础的建立。目前我国社会主义的物质基础还很不充分,这是右派还敢于进攻和中间派还在动摇的一个客观原因。只有建立了比较充分的物质基础,我们的国家,我们的社会主义经济制度和政治制度,才算充分巩固。争取整个社会主义革命的全面胜利,这是我国人民在整个过渡时期的伟大历史任务,它将还需要经过十年至十五年之久。"[1]

毛泽东批评反冒进表明,从此时起,在他的思想意识里,急于求成的思想已开始流露,开始背离他自己长期倡导的实事求是原则,追求不切实际的高速度。之所以如此,除了上面所分析的中国经济落后会危及社会主义制度的强烈的忧患意识外,社会主义改造的顺利完成,使他认为经济的高速发展既是必要的,又是可能的。应该说,三大改造虽然不是尽善尽美,也有一些缺点和后遗症,有的后遗症甚至还相当严重,但它在如此短的时间里,在社会基本没有大的震荡的前提下,以和平的方式得以顺利完成,不能不说这是中国共产党的一大杰作和创举,这杰作的总设计师当然是毛泽东。在胜利面前,毛泽东感到中国工业化的规模和速度,科学、教育、文化、卫生等事业的规模和速度,都不能按原来设想的那样做,同样可以加快。同时,三大改造的快速完成,也进一步增进了毛泽东的自信。他不相信"搞工业、农

---

[1]《这是政治战线上和思想战线上的社会主义革命》,《人民日报》1957年9月18日。

业，比打仗还厉害"。对中国经济落后的忧患与对中国经济能快速发展的自信相结合，使毛泽东确信，中国经济的超常规发展是可行的，因而1956年的反冒进是错误的，有必要进行反反冒进，通过反反冒进，破除迷信，解放思想，实现超英赶美的目标，使中国的生产力和中国人民的精神面貌真正得到解放。应该说，毛泽东批评反冒进的主观动机是好的，问题在于他过分地追求超越生产力发展水平的高速度，对反冒进作了不切实际的批评，并把反冒进同右派的进攻相联系，对当时的国际国内形势作了过于严重的估计，认为要迅速巩固刚刚建立的社会主义新制度，只能追求经济建设的高速度。而高速度既是必要的，又是可能的，因此反反冒进也就十分迫切了。

毛泽东批评反冒进，亦同他思想理论上的一些认识有关。这主要体现在关于冒进的性质，怎样对待群众的积极性，如何看待成绩与缺点的关系，以及平衡与不平衡规律的认识问题上。

毛泽东认为，冒进是马克思主义的，不用说，反冒进则是非马克思主义的，最多也是庸俗马克思主义的。在1958年3月的成都会议上，他对冒进与反冒进的性质作了定性，说一种是马克思主义的冒进，一种是非马克思主义的反冒进，应该采取冒进。他还说反冒进这个口号打击了群众，以后要提反右倾保守主义，因为反右倾保守可以打掉一些人的官气、暮气、骄气、娇气，打掉一些人的主观主义、官僚主义、宗派主义。实际上，他自己从批评反冒进开始，在采取什么样的经济发展速度上不自觉地陷入主观主义。

毛泽东是一位善于发动群众、调动群众积极性的大师。他一贯主张群众的劲儿"可鼓而不可泄"，他把反冒进提到怎样对待群众路线的高度，认为反冒进给6亿人民泼了冷水，使6亿人民泄了气。当时，社会主义制度建立不久，刚刚翻身的农民、工人，从新旧两种社会制度的对比中，深切地感受到新政权建立后社会发生的深刻变化，衷心感到共产党和人民政府是为人民服务的，确实表现出非凡的社会主义革命和建设的积极性。冒进与反冒进的分歧，并不在于是否走群众路线，是否保护群众的积极性上，而是选择什么样的经济发展速度适当的问题。毛泽东把反冒进同给群众泼冷水、打击群众积极性等同起来，反冒进也就只能偃旗息鼓，转而赞同冒进了。实际上，冒进不过是反映了人民群众中一时过急的情绪，毛泽东批评反冒进则是把群众运动绝对化，试图以群众运动的方式来搞经济建设，对群众中出现的急躁情绪没有进行冷静的分析和正确的引导。实践证明，脱离实际、违背客观规律的高速度，表面上体现了群众急切改变中国贫穷落后面貌的要求，顺应了群众的积极性，实际上是对群众积极性的严重损害，从根本上损害了群众的利益。

在中国这样人口多、经济文化又很落后的国家进行大规模的经济建设，对经济规律的掌握并非轻而易举，毛泽东当然也不例外。在批评反冒进问题上，他对平衡与不平衡规律的认识就发生了偏差，把哲学上的平衡与不平衡关系硬套在经济建设上，过分强调不平衡是绝对的、无条件的，平衡是相对的、有条件的，反过来认为反冒进没有处理好二者的关系，只强调平衡，结果被平衡束缚住了手脚。他在1958年1月所写的《工作方法六十条（草案）》中说："不平衡是普遍的客观规律。从不平衡到平衡，又从平衡到不平衡，循环不已，永远如此，但是每一循环都进到高的一级。不平衡是经常的，绝对的；平衡是暂时的，相对的。"[1]毛泽东在批评反冒进中一再强调不平衡论，只看到不平衡在事物发展中的作用，而没有看到平衡在事物存在和发展中同样是不可缺少的。从一般原理上讲，不平衡是绝对的并没有错，但如果离开平衡而只讲不平衡，就带有片面性了。对经济建设中一些规律的不正确认识，毛泽东根本没有意识到自己认识上的误区，而是自信真理掌握在自己手里，结果不自觉地陷入了主观主义。

批评冒进成为发动"大跃进"的前奏。对反冒进进行错误批评的南宁会议、成都会议，实际上也是"大跃进"的动员会。在批评反冒进的过程中，毛泽东夸大主观意志和主观努力的作用，把平衡规律人为地划分为积极的平衡与消极的平衡，到后来，"平衡"成了反冒进的代名词，连"积极的平衡"也不要了。毛泽东把对不平衡的绝对化和对群众热情不能泼冷水的观点相结合，导致了许多部门和地区不断拔高工农业生产的指标，在经济建设中不按客观规律办事的现象，在对反冒进的指责和批评中不断出现。"大跃进"的发生当然有深刻的社会原因，但是，没有毛泽东的冒进与反反冒进，就不会有"大跃进"的发动，这是毫无疑问的。所以说，批评反冒进为"大跃进"的发动做了思想准备。

---

[1]《建国以来毛泽东文稿》第 7 册，中央文献出版社 1992 年版，第 54 页。

发动"大跃进"的南宁会议

1958年在共和国历史上是著名的"大跃进"之年,这年1月11日至22日召开的南宁会议,又是发动"大跃进"的一次重要会议。这次会议上,毛泽东对1956年的反冒进作了措辞严厉的批评,使党内思想统一到"冒进"即"跃进"上来;提出了生产计划"三本账"的问题,为"大跃进"中各种高指标的提出开了绿灯。对于这次会议的情况,尽管以往关于"大跃进"的著述有所记述,但往往比较简略,笔者拟就此作点略为详细的介绍。

一、"不要提反冒进这个名词"

1957年9月,扩大的中共八届三中全会在北京召开,在这次会议上,毛泽东对1956年经济建设的反冒进方针首次作了公开批评,认为搞社会主义建设不能慢腾腾而是应该冒一点,"大跃进"运动由此拉开序幕。同年11月,毛泽东率中国党政代表团前往苏联参加十月革命胜利40周年庆典活动并出席各国共产党和工人党代表会议。在莫斯科期间,他明确提出中国用15年时间工业产品产量赶超英国的目标,作为"大跃进"运动重要口号的"超英赶美"由此发端。

1958年是第二个五年计划的开局之年,也是实现15年赶超英国目标的头一年。新年伊始,《人民日报》照例发表元旦社论,题为《乘风破浪》。社论在回顾1957年的国际形势和国内的主要工作后,强调指出:"第一个五年计划的完成,仅仅是把我国建设成为社会主义强国的万里长征中的第一步。在我国建立一个现代化的工业基础和现代化的农业基础,从现在算起,还要十年到十五年的时间。只有经过十年到十五年的社会生产力的比较充分的发展,我们的社会主义经济制度和政治制度,才算有了自己的比较充分的物质基础(这个基础现在还很不充分),我们的国家(上层建筑)才算充分巩固;社会主义社会才算从根本上建成。"社论向全国人民提出一个"超英赶美"的具体时间表:"在十五年左右的时间内,在钢铁和其他重要工业产品产量方面赶上和超过英国;在这以后,还要进一步发展生产力,准备再用二十年到三十年的时间,在经济上赶上并且超过美国,以便逐步地由社会主义社会过渡到共产主义社会。"

现在看来,提出这样的时间表是多么的不现实,建成社会主义和实现共产主义必然要经过一个相当长的历史过程,但那是一个充满激情和充满自信的年代,人们相信有了"一五"计划胜利完成的经验,有了先进的社会制度,有了整风运动后6亿人民冲天的干劲,再加上地大物博的优越条件,这个目标是完全能够实现的。而这个目标的提出,又进一步激发了人们的"大跃进"热情,并以更加急切的心情盼望这个目标的早日实现。"大跃进"运动固然给历史留下了许多的遗憾与深刻的教训,但这场运动的发生与发展,的确也反映了领袖与群众迅速改变我国贫穷落后面貌,把中国建设成世界上最先进最强大的国家,尽早实现美好的共产主义社会的强烈愿望。

作为"大跃进"运动的主要发动者，毛泽东此时的心情很好，他于这年1月写作的《工作方法六十条（草案）》序言中的一段话，便是很好的说明。他说："我国人民，在共产党领导下，一九五六年在社会主义所有制方面取得了基本的胜利，一九五七年发动整风运动，又在思想战线和政治战线方面取得了基本的胜利，就在这一年，又超额地完成了第一个五年建设计划。这样，我国六亿多人民就在共产党的领导下，认清了自己的前途、自己的责任，打击了从资产阶级右派分子方面刮起来的反党反人民反社会主义的妖风，同时也纠正了和正在继续纠正党和人民自己从旧社会带来的和由于主观主义造成的一些缺点和错误。党是更加团结了，人民的精神状态是更加奋发了。党群关系大为改善。我们现在看见了从来没有看见过的人民群众在生产战线上这样高涨的积极性和创造性。全国人民为在十五年或者更多一点时间内在钢铁及其他主要工业生产品方面赶上或者超过英国这个口号所鼓舞。一个新的生产高潮已经和正在形成。"[1]毛泽东认为，反右派斗争和仍在进行的整风运动，不但取得了社会主义革命的胜利，而且改变了人民群众的精神状态和各级干部的工作作风，带来了干部群众空前的社会主义建设积极性，中国经济上的落后和被动局面一定能够很快改变。

为了进一步克服党内的右倾保守思想，将"大跃进"引向高潮，进入1958年后，毛泽东先后主持召开了一系列的以批评反冒进为中心内容的会议。

1958年1月3日和4日，毛泽东在杭州召集部分省、市委

---

[1]《毛泽东文集》第七卷，人民出版社1999年版，第344页。

书记参加的工作会议，主要讨论领导生产建设的方法问题、敌我矛盾与人民内部矛盾问题、政治与业务的关系问题和技术革命的问题等。在此前的1957年12月16日至18日，毛泽东曾在杭州召集过一次类似的工作会议，但那次会议据他自己讲，是无结果而散，没有议出什么名堂。[1]

在1月初的杭州会议上，毛泽东的两次讲话都涉及反冒进问题。他说：治淮（河）原来计划低了，后来超过了，批评了右倾保守，就很舒服，愈批评愈高兴。（农业发展纲要）四十条到第二个五年计划第三、四、五年就要修改，愉快地批判右倾。1956年的工业产值增31%，没有1956年的突飞猛进，就不能完成五年计划。今年3月比一次，夏季比一次，到10月开党代表会再比一次。

杭州会议刚刚开完，毛泽东于1月6日又来到了广西省会（广西省于1958年3月改设广西壮族自治区）南宁，并准备在这里召开一次规模更大一些的中央工作会议。他亲自起草了一份会议通知，确定了参加会议的人员名单。毛泽东手写的名单是这样的："吴冷西，总理，少奇，李富春，薄一波，黄敬，王鹤寿，李先念，陈云，邓小平，彭真，乔木，陈伯达，田家英，欧阳钦，刘仁，张德生，李井泉，潘复生，王任重，杨尚奎，陶铸，周小舟（已到），史向生，刘建勋，韦国清，毛泽东，共二十六人，于十一日、十二日两天到齐，在南宁开十天会，二十号完毕

---

[1] 中共中央文献研究室编：《毛泽东传（1949—1976）》，中央文献出版社2003年版，第767页。

（中间休息二天到三天，实际开会七天到八天）。"[1]

  毛泽东拟定的这份名单没有按职务高低排列。其中，除刘少奇、周恩来、陈云、邓小平是中央政治局常委，彭真是中央政治局委员和中央书记处书记，李富春、李先念、薄一波是分管计划、财政、经济工作的国务院副总理外，吴冷西是新华社社长兼《人民日报》总编辑，黄敬是国家技术委员会主任、第一机械工业部部长，王鹤寿是国家建设委员会主任、冶金工业部部长，胡乔木是中共中央书记处候补书记，陈伯达是中共中央政治局候补委员、中央政治研究室主任，田家英是中共中央政治研究室副主任，胡、陈、田三人同时还是毛泽东的秘书。欧阳钦是中共黑龙江省委第一书记，刘仁是中共北京市委第二书记，张德生是中共陕西省委第一书记，李井泉是中共四川省委第一书记，潘复生是中共河南省委第一书记，王任重是中共湖北省委第一书记，杨尚奎是中共江西省委第一书记，陶铸是中共广东省委第一书记，周小舟是中共湖南省委第一书记，史向生是中共河南省委书记处书记，刘建勋是中共广西省委第一书记，韦国清是中共广西省委书记处书记。

  据薄一波回忆，毛泽东原本只打算找部分省市委第一书记参加南宁会议，但周恩来对毛泽东说，1月份要召开一届人大五次会议，时间已经迫近，是否先在党的会议上讨论一下1958年的预算和年度计划。这样，毛泽东同意陈云、李富春和薄一波也到

---

[1] 中共中央文献研究室编：《毛泽东年谱（1949—1976）》第3卷，中央文献出版社2013年版，第276页。

会，但陈云因病未出席会议。[1]因故没有到会的还有邓小平和潘复生。

南宁会议于 1 月 11 日召开，会议由毛泽东亲自主持，主题原本是讨论 1958 年的预算和经济计划，以及正在酝酿形成的《工作方法六十条（草案）》。

会议一开始，就印发了二十二个参考文件，其中有三个文件是作为多快好省的对立面即反冒进的材料而印发的。这三个材料分别是：李先念 1956 年 6 月 15 日在一届人大三次会议的报告中关于反冒进的一段话，1956 年 6 月 20 日《人民日报》的社论，以及周恩来 1956 年 11 月 10 日在中共八届二中全会上《关于 1957 年计划的报告》的节录。这三个材料一印发，就预示会议的主题已经变成了反冒进了，会议的气氛也就紧张起来。

果不其然，11 日晚，毛泽东第一次讲话，一开始就对国务院的工作和反冒进作了批评。毛泽东说：国务院向全国人大的报告，我有两年没有看了（为照顾团结，不登报声明，我不负责）。章伯钧说国务院只给成品，不让参加设计，我很同情，不过他是想搞资产阶级的政治设计院，我们是无产阶级的政治设计院。有些人一来就是成品，明天就开会，等于强迫签字。只给成品，不给材料，不行。要离开本子讲问题，把主题思想提出来，进行交谈。说明为什么要这样办，不那么办？财经部门不向政治局通情报，报告也一般不大好谈，不讲考据之学、辞章之学和义理之学。前者是修辞问题，后者是概念和推理问题。党委方面的同

---

[1] 薄一波：《若干重大决策与事件的回顾》下卷，中共中央党校出版社 1993 年版，第 637 页。

志，主要危险是"红而不专"，偏于空头政治家，脱离实际，不专，也就会慢慢地褪色了。我们是搞"虚业"的，你们是搞"实业"的，"实业"和"虚业"应当结合起来。搞"实业"的，要搞点政治；搞"虚业"的，要研究点"实业"。搞"实业"的人不同政治结合，脱离了政治，那就会成为灰色的或白色的，就会成为迷失方向的实际家、科学家、经济家或文艺家。思想政治是统帅，是灵魂。红安县搞试验田的报告，是一个很重要的文件，我读了两遍，请你们都读一遍。红安县报告中所说的"四多""三愿三不愿"（"四多"是指骑自行车的多，打篮球的多，穿大衣的多，吃食堂的多；"三愿三不愿"是指愿坐在屋里开会办公，不愿下乡领导生产；愿到先进社，不愿到落后社；愿和乡、社干部打交道，不愿做深入的群众工作——引者注），是全国带普遍性的毛病。就是对"实业"方面的事不甚了解，而又要领导。这一条不解决，批评别人专而不红，就没有力气。党委领导要有三条：工业、农业、思想。省委也要搞点试验田，如何？不然，空头政治家也就会变色。[1]管"实业"的人，当了大官、中官、小官，自己早以为自己红了，钻到那里边去出不来，义理之学也不讲了。如反冒进。1956年冒进，1957年反冒进，1958年又恢复冒进。看是冒进好，还是反冒进好？他还举例说：河北省1956年兴修水利工程1700万亩，1957年兴修水利工程2000万亩，1958年2700万亩。治淮河，解放以后七八年花了12亿人民币，只做了12亿土方，今年安徽省做了16亿土方，只花了几

---

[1] 李锐：《"大跃进"亲历记》，上海远东出版社1996年版，第70—71页。

千万元。[1]

毛泽东还用带着警告的语气说：不要提"反冒进"这个名词，这是政治问题。一反就泄了气，六亿人民一泄了气，不得了。十个指头问题要搞清楚，伸出手看看，究竟有几个指头生了疮？不过一个指头有毛病，不过多用了一些钱，多用了一些人；就"库空如洗"呀，"市场紧张"呀。只讲一个指头长了疮，就不会形成一股风。吹掉了三个东西：一为多快好省，二为四十条纲要，三为促进委员会。这些都是属于政治问题，而不属于业务。一个指头有毛病，治一下就好了，原来"库空如洗"，"市场紧张"，过了半年不就变了吗？钱多花了，计划大了，要批评，我也批评过，如广东、河北通县专区产量定得过高。我是"抱着石头打泡泅"（湖南方言，游泳之意——引者注），做事历来是稳当的。

毛泽东还讲到如何看待工作的成绩与缺点的问题，他将之比喻为九个指头与一个指头的关系，认为这是关系六亿人的问题。他说：对于我们共产党，对于我们的事业来讲，总是九个指头是好的，不过一个指头有毛病。那就是究竟成绩是主要的，还是错误是主要的？是保护热情，鼓励干劲，乘风破浪，还是泼冷水，搞泄气，使整个工作受到很大损失的问题。这一点被右派抓住了，来了一个全面"反冒进"。陈铭枢批评我"好大喜功，偏听偏信，喜怒无常，不爱古董"。张奚若（未划右派）批评我"好大喜功，急功近利，轻视过去，迷信将来"。陈叔通也讲过：

---

[1] 中共中央文献研究室编：《毛泽东传（1949—1976）》，中央文献出版社2003年版，第768—769页。

"我看方针是冒进为主，保守为副。"过去北方亩产一百多斤，南方二三百斤；蒋委员长积二十年之经验，只给我们留下四万吨钢（年产）。"好大喜功"，看什么大，什么功，是反革命的好大喜功，还是革命的好大喜功。不好大，难道好小？中国这样大的革命，这样大的合作社，这样大的整风，都是大，都是功。[1]

12日，毛泽东第二次发表讲话，并对反冒进再作批评。他说："在杭州会议上，我当着恩来发了一通牢骚。《中国农村的社会主义高潮》一书的序言，对全国发生了很大的影响，是'个人崇拜'，'崇拜偶像'？不管什么原因，全国各地的报纸、大小刊物都登载了，发生了很大的影响。这样，我就成了'冒进的罪魁祸首'。""财经工作有很大成绩，十个指头只有一个不好，讲过一万次不灵。工作方法希望改良一下子。这一次，千里迢迢请同志们来一趟，是总理建议的。本来我不想多谈，有点灰心丧志。"[2]他还说：（八届）三中全会，我讲去年砍掉了三个东西，没人反对，我得彩了，又复辟了，就又有勇气找部长谈话了。右派一攻，把我们一些同志抛到和右派差不多的边缘，只剩五十米，慌起来了，什么"今不如昔"，"冒进比保守损失大"。我们要注意，最怕的是六亿人民没有劲，抬不起头来就很不好。要有群众观点，从六亿人口出发，看问题要分清主流和支流、本质和现象。[3]

---

［1］李锐：《"大跃进"亲历记》，上海远东出版社1996年版，第62—63页。
［2］中共中央文献研究室编：《毛泽东传（1949—1976）》，中央文献出版社2003年版，第769页。
［3］中共中央文献研究室编：《毛泽东年谱（1949—1976）》第3卷，中央文献出版社2013年版，第278页。

毛泽东接着说：我要争取讲话。1956年1月至11月反冒进。二中全会我讲了七条，是妥协方案，解决得不彻底。省市委书记会议，承认部分钱花得不当，未讲透，那股反冒进的风就刮普遍了。廖鲁言（农业部部长）向我反映，（全国农业发展纲要）四十条被吹掉了，似乎并不可惜。对此可惜的人有多少？一口气的人有多少？一下吹掉了三个东西。有三种人：第一种人说："吹掉了四十条，中国方能得救"；第二种人是中间派，不痛不痒，蚊子咬一口，拍一巴掌就算了；第三种人叹气。总要分清国共界限，是国民党是促进的，还是共产党是促进的？

毛泽东还说：反冒进的人为党为国，忧虑无穷，脱离了大多数部长和省委书记，脱离了六亿人民。请看一篇文章，宋玉的《登徒子好色赋》，此文使登徒子两千年不得翻身。宋玉的方法是，攻其一点，不及其余。九个指头不说，只说一个指头，就是这种方法。我们就怕六亿人民没有劲。不是讲群众路线吗？六亿人民泄了气，还有什么群众路线？看问题，要从六亿人民出发，要分别事情的主流、支流，本质、现象。[1]

南宁会议召开时，周恩来因为工作关系，留在北京没有参加会议，没有直接听到毛泽东上面那些批评分散主义和反冒进的讲话。1月13日，周恩来乘飞机到达南宁。当天晚上，毛泽东同刘少奇、周恩来谈话，直到深夜。

1月14日，会议继续举行，毛泽东作第三次讲话，主要讲工作方法问题，总共讲了二十四条，并继续对反冒进和国务院的工作作了措辞比较尖锐的批评。他指出，说反冒进就是讲平衡，

---

[1] 李锐：《"大跃进"亲历记》，上海远东出版社1996年版，第64—65页。

"却不知道反冒进伤了许多人的心,兴修水利、办社、扫盲、除四害都没劲了"。他再次强调,要注意九个指头与一个指头的区别,不要采取"攻其一点,不及其余"这种做法,历史上教条主义这样搞过,因小失大。[1]

二、"我是反反冒进的"

从1月15日起,南宁会议的主要内容是听取各省市委第一书记和国务院分管经济工作的负责人汇报1958年的工作安排。当天,负责经济工作的副总理(兼国家经济委员会主任)薄一波在会上作了《关于一九五八年计划(草案)的汇报提要》的发言。

薄一波说,1958年计划的中心是调动一切可能调动的积极因素,大力组织工农业生产高潮,迎接新的大跃进的一年,为第二个五年计划高速度地发展生产建设铺好道路。积极发展重工业,主要是增加燃料原材料、化学肥料、重型机械、农用动力机械和电力设备的产量,为工业生产进一步高涨准备条件,为农业的技术改革准备条件,按照物力、财力的可能,尽可能地首先扩大基本建设投资,在继续保持市场物价的基础上,适当改善人民的物质生活,并且稳步地发展文化、教育、卫生等项事业。工业生产总产值有较大的增长,计划为747.47亿元,比上年增长15.1%,其中主要是:发电量达到220亿度,比上年增长15%多;煤炭1.5亿吨,增长16%弱;生铁720万吨,增长22%弱;钢

---

[1] 中共中央文献研究室编:《毛泽东传(1949—1976)》,中央文献出版社2003年版,第770页。

620万吨,增长17%弱;水泥765万吨,增长12%;木材2850万立方公尺,增长9.4%;金属切削机床2600台,增长3.2%;等等。农业生产总值642.5亿元,比上年增长6.5%。粮食生产3920亿斤,比上年增加220亿斤,增长5.9%;棉花生产3500万担,比上年增长220万担,增长6.7%。都超过往年增长水平。

上述1958年工农业生产的主要计划指标,不但不保守,而且已经有"跃进"的成分了,但为了避免计划指标被说成保守,薄一波在讲话中特地提出了"两本账"的问题。他说:工业增长速度我们认为还可以更提高一些。因为有高涨的群众生产积极性,材料上大体有保证,国家也需要。经委一直在和各部、省、市、自治区商量增产指标,现在定15.1%的速度,已经比去年12月计划会议上所定的10.4%的速度提高了。现在还在继续商量。因此,准备实行两本账的办法:国家一本账,这是必成数;企业一本账,这是期成数。但毛泽东对他的这个发言并不太满意,批评薄是"中间派","假使不是偏右的话"。[1]

此前,1957年12月25日,中共上海市委第一书记柯庆施在中共上海市第一届代表大会第二次会议上,作了题为《乘风破浪,加速建设社会主义的新上海》的长篇报告。柯在报告中用大段文字说明干社会主义革命,干社会主义建设,干这种前无古人的事业,干这种同帝国主义争时间、比速度的事业,那就必须有一股革命的干劲,应该坚决贯彻执行多、快、好、省的勤俭建国方针,"好"社会主义之"大","喜"社会主义之"功",批

---

[1] 薄一波:《若干重大决策与事件的回顾》下卷,中共中央党校出版社1993年版,第638页。

判右倾保守观点，改正各种不正常现象，以便迎接新的建设高潮，促进建设事业的新高涨。报告根据"十五年赶超英国"的目标，提出了上海关于提高和超额完成第二个五年计划的十二条任务，其中包括：第一，大力发展工业生产，上海工业总产值，在第二个五年计划期末，比第一个五年计划期末增长100%以上，其中一般轻工业、纺织工业、机电工业、化学工业部门要根据具体情况，争取若干质量较低的主要产品在第二、第三两个五年计划期间逐步地赶上或者超过英国或美国同类产品的质量水平。第二，争取《全国农业发展纲要（修正草案）》的提前实现，在5年内，粮食每亩平均年产量达到1500斤到2000斤，皮棉每亩平均年产量达到150斤到200斤；争取在5年内，高级知识分子中的左派和中左分子能占60%以上；争取在5年内，基本上普及小学教育，扫除青壮年文盲，在10年内培养出一批又红又专的技术干部、科学家、文学家、艺术家、编辑、记者、教授、教员和马克思主义理论家，在5年内能够培养出300个有实际斗争经验的、有大学讲师以上水平的社会科学工作者；争取3年内使上海市区和郊区基本上无蚊、无蝇、无鼠、无麻雀、无臭虫、无蟑螂、无钉螺，5年内彻底做到，并坚持到子孙万代；等等。

毛泽东对柯庆施的这个报告十分欣赏，他在1月15日听取一些省市负责人汇报时说：上海搞出那篇报告，这一下把中央许多同志比下去了，中央工作同志不用脑筋，不下去跑跑，光在那里罗列事实。[1] 1月16日的会上，他又说："这一篇文章把我

---

[1] 中共中央文献研究室编：《毛泽东年谱（1949—1976）》第3卷，中央文献出版社2013年版，第281页。

们都压下去了。上海的工业总产值占全国的五分之一，有一百万无产阶级，又是资产阶级最集中的地方，资本主义首先在上海产生，历史最久，阶级斗争最尖锐，这样的地方才能产生这样一篇文章。这样的文章，北京不是没有也，是不多也。"[1]他在会上当众对周恩来说："恩来同志，你是总理，你看，这篇文章你写得出来写不出来？"周恩来回答说："我写不出来。"毛泽东接着说，上海是中国工人阶级集中的地方，没有工人阶级建设社会主义的强烈激情，是写不出这样的好文章的。"你不是反冒进吗？我是反反冒进的！"[2]

1月25日，《人民日报》发表了柯庆施的这个报告，并加按语说："柯庆施同志的这个报告，虽然大部分是关于上海的情况和问题，但是这些情况和问题的性质，特别是报告的第一部分和第四部分，是具有普遍意义的。柯庆施同志在报告的第一部分中，根据党中央的指示，对于国内的主要矛盾，对于人民内部矛盾及其正确的处理，都作了详细的分析和阐明。这一部分中还谈到了对1956年工作的评价，批判了那种认为1956年各项工作都'冒进'了的错误的说法，说明了多、快、好、省勤俭建国的方针的正确性。这是值得大家重视的。报告的第四部分分析了党内干部的思想状况，提出了发扬革命朝气，打掉官气，实行劳动锻炼、深入基层、联系群众的制度，以及培养又红又专的红色专家等重要措施。"

---

[1] 中共中央文献研究室编：《毛泽东传（1949—1976）》，中央文献出版社2003年版，第771页。
[2] 薄一波：《若干重大决策与事件的回顾》下卷，中共中央党校出版社1993年版，第639页。

毛泽东一方面借柯庆施的报告批评周恩来，另一方面又表扬了周恩来在1957年6月一届人大四次会议的政府工作报告，认为这个报告"是一篇马克思主义的文章"，"问题是如何说成绩与缺点。省委书记要研究理论，培养秀才，都要研究文法、考据、词章，一人每年搞个把篇文章，事情就好办了"[1]。

在1月16日的讲话中，毛泽东批评许多省委、部委整天忙于事务性工作，昼夜奔忙，考据之学、词章之学、义理之学不搞，也不下去跑一跑，思想僵化。他提出领导干部要学理论，读点书，还要学习一点外文。毛泽东说：没有理论，凭什么做领导工作？领导干部要自己动手，集体创作，开动脑筋，不搞出点理论问题不行。他还要求破暮气，讲朝气。他说：暮气，就是官气，我们都相当地有一些。世界大发明家，往往不是大知识分子，都是青年。现在我们这一班人，容易压制新生力量。要讲革命朝气，保持旺盛的斗志。[2]

陈云曾积极参与了1956年的反冒进，南宁会议虽然他因病未能出席，但也受到了毛泽东的批评。薄一波回忆说："当时，大家心里在纳闷，这到底是批评谁？少奇同志说：主席的批评是针对管经济工作的几个人的。1月17日晚上，毛主席约富春、先念同志和我谈话，明确讲到批评主要是对陈云同志的。"[3]

---

[1] 中共中央文献研究室编：《毛泽东传（1949—1976）》，中央文献出版社2003年版，第771页。

[2] 中共中央文献研究室编：《毛泽东传（1949—1976）》，中央文献出版社2003年版，第772页。

[3] 薄一波：《若干重大决策与事件的回顾》下卷，中共中央党校出版社1993年版，第639页。

1月17日，会议听取了李先念的汇报，毛泽东又对反冒进作了批评。他拿着《人民日报》那篇题为《要反对保守主义，也要反对急躁情绪》的社论，念一段，批一段，说：这是一篇反冒进的社论，既要反右倾保守，又要反急躁冒进，好像"有理三扁担，无理扁担三"。实际重点是反冒进的。[1]

由于周恩来是1956年反冒进的主要领导人，而刘少奇对反冒进亦采取了支持的态度，毛泽东在南宁会议上对反冒进再三批评后，在19日召开的全体大会上，两位领导人都不得不在会上就此进行自我批评。

周恩来检讨说："反冒进这个问题，是一段时间（一九五六年夏季到冬季）带方针性的动摇和错误。反冒进是由于不认识或者不完全认识生产关系改变后生产力将要有跃进的发展，因而在放手发动群众进行社会主义革命和建设中表示畏缩，常常只看见物不看见人，尤其是把许多个别现象夸大成为一般现象或者主要现象。这是一种右倾保守思想。""反冒进的结果损害了三个东西——促进会、农业四十条、多快好省，使一九五七年的工农业生产受到了一些影响，基本建设也减少了一些项目，而最重要的是群众和干部的劲头得不到支持，反而受到束缚，使我们建设走群众路线这一方针受到某些损害。""这个方针是与主席的促进方针相反的促退方针。实行这个方针，不管你主观想法如何，事实上总是违背主席方针的。""这一反冒进的错误，我要负主要责任。"[2]

---

[1]李锐：《"大跃进"亲历记》，上海远东出版社1996年版，第64页。
[2]刘武生：《周恩来与共和国重大历史事件》，人民出版社2005年版，第123页。

刘少奇说:《人民日报》反冒进的社论,基本方针上是错误的,经过我发表的,我负主要责任。对于当时社会主义建设方针有所动摇,没有感到是方针问题。有这个错误感到沉重,对主席的意图体会不深,感到很难过。沉重又高兴,看到群众高潮高兴了。解放以来,我们党领导革命领导建设,右倾是我们的主要危险。[1]

三、《工作方法六十条(草案)》

通过批评反冒进和提出"十五年赶超英国"的口号,毛泽东感到全国人民的"大跃进"热情正在高涨,一个新的生产高潮正在形成,而中央和地方各级领导干部的工作方法,还有许多与"大跃进"不相适应的地方。为指导各级干部的工作,使他们掌握正确的工作方法,毛泽东在杭州会议期间,就工作方法问题作了一些思考,初步形成了十七条内容。在南宁会议期间,他在发表讲话和听取别人汇报作插话时,又多次讲到工作方法问题。1月21日,毛泽东亲自写了《南宁会议上的结论提纲》共42条,并在这一天作总结讲话,集中讲解工作方法问题。1月下旬,他根据讲话提纲、会议记录等,形成了《工作方法六十条(草案)》。

对于《工作方法六十条(草案)》的形成情况,毛泽东说:"这里所说的几十条,并不都是新的。有一些是多年积累下来的,

---

[1] 中共中央文献研究室编:《毛泽东传(1949—1976)》,中央文献出版社2003年版,第774页。

有一些是新提出的。这是中央和地方同志一九五八年一月先后在杭州会议和南宁会议上共同商量的结果。这几十条，大部分是会议上同志们的发言启发了我，由我想了一想写成的；一部分是直接记录同志们的意见；有一个重要条文（关于规章制度）是由刘少奇同志和地方同志商定而由他起草的；由我直接提出的只占一部分。"他还说："我们现在的主要目的，是想在工作方法方面求得一个进步，以适应已经改变了的政治情况的需要。"[1]2月19日，中共中央将《工作方法六十条（草案）》作为中央文件下发。

《工作方法六十条（草案）》曾是一个对1958年"大跃进"运动产生了重大影响的文件。当然，其中有许多的内容即使在今天看来，也是正确的或比较正确的。例如：

——关于红与专、政治与业务的关系。毛泽东认为，一定要批判不问政治的倾向。一方面要反对空头政治家，另一方面要反对迷失方向的实际家。他强调，政治和经济的统一，政治和技术的统一，这是毫无疑义的，年年如此，永远如此。这就是又红又专。将来政治这个名词还是会有的，但是内容变了。不注意思想和政治，成天忙于事务，那会成为迷失方向的经济家和技术家，很危险。思想工作和政治工作是完成经济工作和技术工作的保证，它们是为经济基础服务的。思想和政治又是统帅，是灵魂。他还说，政治家要懂些业务。懂得太多有困难，懂得太少也不行，一定要懂得一些。不懂得实际的是假红，是空头政治家。要把政治和技术结合起来，农业方面是搞试验田，工业方面是抓先进典型，试用新技术、试制新产品。

---

[1]《毛泽东文集》第七卷，人民出版社1999年版，第344—345页。

——关于以真正平等的态度对待干部和群众。毛泽东说，必须使人感到人们互相间的关系确实是平等的，使人感到你的心是交给他的。人们的工作有所不同，职务有所不同，但是任何人不论官有多大，在人民中间都要以一个普通劳动者的姿态出现。决不许可摆架子，一定要打掉官风。对于下级所提出的不同意见，要能够耐心听完，并且加以考虑，不要一听到和自己不同的意见就生气，认为是不尊重自己。这是以平等态度待人的条件之一。他要求全党要鼓起干劲，打掉官风，实事求是，同人民打成一片，尽可能地纠正一切工作上、作风上、制度上的缺点和错误。

——关于抓两头带中间。毛泽东说，任何一种情况都有两头，即是有先进和落后，中间的状态又总是占多数。抓住两头就把中间带动起来了。这是一个辩证的方法，抓两头，抓先进和落后，就是抓住了两个对立面。

——关于开会的方法。毛泽东认为，开会的方法应当是材料和观点的统一。把材料和观点割断，讲材料的时候没有观点，讲观点的时候没有材料，材料和观点互不联系，这是很坏的方法。只提出一大堆材料，不提出自己的观点，不说明赞成什么反对什么，这种方法更坏。要学会用材料说明自己的观点。必须要有材料，但是一定要有明确的观点去统率这些材料。

——关于概念、判断、推理的形成过程。他说：概念的形成过程，判断的形成过程，推理的过程，就是调查和研究的过程，就是思维的过程。人脑是能够反映客观世界的，但是要反映得正确很不容易。要经过反复的考察，才能反映得比较正确，比较接近客观实际。有了正确的观点和正确的思想，还要有比较恰当的表达方式告诉别人。概念、判断的形成过程，推理的过程，就是"从群众中来"的过程；把自己的观点和思想传达给别人的过程，就是"到群众中去"的过程。任何英雄豪杰，他的思想、意见、计划、办法，只能是客观世界的反映，其原料或者半成品只能来自人民群众的实践中，或者自己的科学试验中，他的头脑只能作为一个加工工厂而起制成完成品的作用，否则是一点用处也没有的。人脑制成的这种完成品，究竟合用不合用，正确不正确，还得交由人民群众去考验。

——关于如何形成文章与文件。毛泽东说，文章和文件都应当具有这样三种性质：准确性、鲜明性、生动性。准确性属于概念、判断和推理问题，这些都是逻辑问题。鲜明性和生动性，除了逻辑问题以外，还有辞章问题。现在许多文件的缺点是：第一，概念不明确；第二，判断不恰当；第三，使用概念和判断进行推理的时候又缺乏逻辑性；第四，不讲究辞章。看这种文件是一场大灾难，耗费精力又少有所得。一定要改变这种不良的风气。重要的文件不要委托二把手、三把手写，要自己动手，或者合作起来做。

——关于秘书的使用。毛泽东说，不可以一切依赖秘书，或者"二排议员"。要以自己动手为主，别人帮助为辅。不要让秘书制度成为一般制度，不应当设秘书的人不许设秘书。一切依赖秘书，这是革命意志衰退的一种表现。

在《工作方法六十条（草案）》中，还提出了要从1958年起，将党的工作重点放到技术革命上去的重要观点。毛泽东说："这八年中（指新中国成立以来——引者注），革命一个接着一个，大家的思想都集中在那些问题上，很多人来不及学科学，学技术。从今年起，要在继续完成政治战线上和思想战线上的社会主义革命的同时，把党的工作的着重点放到技术革命上去。这个问题必须引起全党注意。各级党委可以在党内事先酝酿，向干部讲清楚，但是暂时不要在报上宣传，到七月一日以后我们再大讲特讲，因为那时候基层整风已经差不多了，可以把全党的主要注意力移到技术革命上面去了。"[1]他要求各级干部"要学新本领，要真正懂得业务，懂得科学和技术"，还要求县以上各级党委要抓社会主义建设工作，抓社会主义的工业工作，抓社会主义的农业工作，这实际上要求全党将工作重点再次转移到社会主义建设上来，在当时是具有积极意义的。

但是，由于《工作方法六十条（草案）》是在反保守、批评反冒进、发动"大跃进"的特殊背景下形成的，其中自然也有许多不切实际的内容。例如，第五条说："五年看三年，三年看头年，每年看前冬。这是一个掌握时机的方法。时机上有所侧重，把握就更大了。"第十三条提出："十年决于三年，争取在三年内大部分地区的面貌基本改观。其他地区的时间可以略为延长。口号是：苦战三年。方法是：放手发动群众，一切经过试验。"第十二条要求在今后五年内或者六年内，或者七年内，或者八年内，完成《农业发展纲要四十条》的规定，并要求"各省委、直属市委、自治区党委对于这个问题应当研究一下"，认为就全国范围来看，五年完成"四十条"不能普遍做到，六年或者七年可能普遍做到，八年就更加有可能普遍做到。这样的要求显然过急过高，难以实现。但既然中央有了这样的要求，而一旦提出异议又很有可能被看作右倾保守，因而导致各级层次加码，想当然

---

[1]《毛泽东文集》第七卷，人民出版社1999年版，第350—351页。

提出更高也更难实现的目标。"大跃进"浪潮就是在这些过高过急任务的压力下，一浪高过一浪形成大潮的。

《工作方法六十条（草案）》还提出了生产计划"三本账"的问题。这"三本账"包括中央两本账，其中第一本账是必成的计划，这本账公布；第二本账是期成的计划，这本账不公布。此外，地方也有两本账，其中地方的第一本账就是中央的第二本账，这在地方是必成的；第二本账在地方是期成的。如此一来，一级一级地将工农业生产指标拔高，1958年"大跃进"的一个显著特点就是高指标，而高指标很大程度上是这三本账造成的。当那些不切实际的高指标提出后，按照《工作方法六十条（草案）》要求的"组织干部和群众对先进经验的参观和集中地展览先进的产品和作法"，普遍组织各种各样的检查评比，使浮夸风和形式主义作风迅速滋长起来。

毛泽东还在《工作方法六十条（草案）》中讲到平衡与不平衡的关系问题，认为不平衡是普遍的客观规律。他说：从不平衡到平衡，又从平衡到不平衡，循环不已，永远如此，但是每一循环都进到高的一级。不平衡是经常的，绝对的；平衡是暂时的，相对的。我国现在经济上的平衡和不平衡的变化，是在总的量变过程中许多部分的质变。从哲学意义上，这个观点是有道理的，但在实际运行过程中，由于片面强调不平衡的普遍性，只看到不平衡在事物发展中的作用，而没有看到平衡在事物存在和发展中同样是不可缺少的，忽视国民经济的综合平衡，甚至提出"以钢为纲"的口号，为了全力保钢不惜让其他工作"停车让路"，造成国民经济比例的严重失调。

在《工作方法六十条（草案）》中，毛泽东还提出了一个重要的思想,这就是第二十一条所论述的"不断革命"。他说:"我们的革命是一个接一个的。从一九四九年在全国范围内夺取政权开始,接着就是反封建的土地改革,土地改革一完成就开始农业合作化,接着又是私营工商业和手工业的社会主义改造。社会主义三大改造,即生产资料所有制方面的社会主义革命,在一九五六年基本完成,接着又在去年进行政治战线上和思想战线上的社会主义革命(指 1957 年的整风运动与反右派斗争,由于反右派斗争是从整风运动引发出来的,所以 1957 年秋季反右派斗争基本结束后,中共中央决定继续进行整风运动,只不过中共八届三中全会后的整风运动重心已放在批判右倾保守,发动"大跃进"上——引者注),这个革命在今年七月一日以前可以基本上告一段落。但是问题没有完结,今后一个相当长的时期内每年都要用鸣放整改的方法继续解决这一方面的问题。现在要来一个技术革命,以便在十五年或者更多一点的时间内赶上和超过英国。中国经济落后,物质基础薄弱,使我们至今还处在一种被动状态,精神上感到还是受束缚,在这方面我们还没有得到解放。"[1]

毛泽东发动"大跃进",就是他"不断革命"思想的体现,认为这是一场在政治上和思想上的社会主义革命取得决定性胜利之后进行的技术革命。他说:"要鼓一把劲。再过五年,就可以比较主动一些了;十年后将会更加主动一些;十五年后,粮食多了,钢铁多了,我们的主动就更多了。我们的革命和打仗一样,在打了一个胜仗之后,马上就要提出新任务。这样就可以使干部

---

[1]《毛泽东文集》第七卷,人民出版社 1999 年版,第 349—350 页。

和群众经常保持饱满的革命热情，减少骄傲情绪，想骄傲也没有骄傲的时间。新任务压来了，大家的心思都用在如何完成新任务的问题上面去了。"[1]可见，毛泽东发动"大跃进"运动的目的，就是要求干部群众始终保持饱满的革命热情，利用现在的和平时间，把钢铁生产搞上去，把粮食生产搞上去，也就是把中国的生产力提高上去，改变中国经济文化还很落后的现状。

应当说，毛泽东主张"不断革命"的出发点，是希望干部群众在社会主义革命取得胜利后不要松劲，始终保持旺盛的革命斗志，及时将重心转移到技术革命也就是经济建设上来，使中国迅速强大起来。问题是，毛泽东将发展生产力，开展各种建设工作，也作为一场革命运动看待，于是决定用群众运动的方式来进行技术革命。这不但没有看到社会主义建设的长期性，也没有认识到用运动的方式搞建设，虽然表面可以轰轰烈烈、万马奔腾，实际上违背了客观经济规律，必然造成一哄而起的混乱局面。

毛泽东在《工作方法六十条（草案）》中还讲到了改革规章制度的问题。这一条是刘少奇提出的，为毛泽东所采纳。其中说："政府各部门所制定的各种规章制度是上层建筑的一部分。八年来积累起来的规章制度许多还是适用的，但是有相当一部分已经成为进一步提高群众积极性和发展生产力的障碍，必须加以修改，或者废除。""应该作出这样一个总的规定，即是在多快好省地按计划按比例地发展社会主义事业的前提下，在群众觉悟提高的基础上，允许并且鼓励群众的那些打破限制生产力发展的规章制度的创举。""中央各部门，各省、市、自治区党委，还应

---

[1]《毛泽东文集》第七卷，人民出版社1999年版，第350页。

当派遣负责同志到各地的基层单位去，发现那里有些什么规章制度已经限制了群众积极性的提高和生产力的发展，根据那里的实际情况，通过基层党委和群众的鸣放辩论，保存现有规章制度中的合理部分，修改或者废除其中的不合理部分，并且拟定一些新的适合需要的规章制度"。[1]这样的原则要求，原本也是对的，但改革规章制度是一项很复杂的工作，而且改革旧的规章制度必须相应地建立新的规章制度，否则就会出现无政府状态。结果在"大跃进"中，由于一味强调破除旧的规章制度，把许多本来合理的规章制度也废除了，而新的规章制度并未相应地建立起来，致使大量不遵循客观规律的现象随处可见，违背客观实际的胡搞蛮干盛行。

毛泽东在《工作方法六十条（草案）》中还提出了一个重要的观点，即十个指头的问题，也就是九个指头与一个指头的关系问题。他说："人有十个指头，要使干部学会善于区别九个指头和一个指头，或者多数指头和少数指头。九个指头和一个指头有区别，这件事看来简单，许多人却不懂得。要宣传这种观点。这是大局和小局、一般和个别、主流和支流的区别。我们要注意抓住主流，抓错了一定翻筋斗。""说一个和九个指头，这种说法比较生动，也比较合于我们工作的情况。我们的工作，除非发生了根本路线上的错误，成绩总是主要的。"[2]用这样的方法去处理和对待工作中的成绩与缺点，在一定的情况下是合理的，但如果将其在所有问题上都去套用，实际上就是将问题绝对化，特别是后

---

[1]《毛泽东文集》第七卷，人民出版社1999年版，第353—354页。
[2]《毛泽东文集》第七卷，人民出版社1999年版，第357页。

来用它去对待"大跃进"问题，造成了只能肯定"大跃进"的成绩，而不能批评"大跃进"缺点的局面，致使许多本来已经发现并造成严重后果的问题也不能及时纠正，使这场运动延续了三年之久。

《工作方法六十条（草案）》中还介绍了一部分高产典型，例如：湖北孝感县的联盟农业社，一部分土地每年种一造，亩产2130斤；四川仁寿县的前进农业社，一部分土地一造亩产1680斤；陕西宜君县的清河农业社，这个社在山区，一部分土地一造亩产1654斤；广西百色县的拿坡农业社，一部分土地一造亩产1600斤。并且提出"这些单季高产的经验，各地可以研究试行"。其实在当年的生产条件下，这样高的产量基本上不可能有。1957年全国粮食作物每亩的平均产量只有196斤，稻谷平均每亩的产量较高（因为南方有的地方稻谷可产两季，即两造），也只有360斤，而小麦只有114斤。这些高产典型的亩产量，超过了全国平均产量的好几倍，其真实性是有折扣的。但由于《工作方法六十条（草案）》曾作为中共中央文件下发，于是"各地研究试行"的结果，导致了1958年大放各种各样离奇的高产"卫星"。

南宁会议在"大跃进"运动史上，有着重要的地位。正如中共中央文献研究室编写的《毛泽东传（1949—1976）》一书所评价的："南宁会议是一次重要的会议，它对中国后来的发展产生过重大影响。这次会议继承了中共八大以经济建设为中心的正确路线，并且提出要努力开创一个社会主义建设的新局面，迅速改变中国的落后面貌，把中国早日建设成为强大的社会主义国家。在南宁会议上表现出来的毛泽东与中央其他几位领导人的分歧，不是在是否要以经济建设为中心这个问题上,而是在建设速度的问题上。由于毛泽东严厉批评了反冒进,又提出一些超过实际可能性的高指标而被会议一致通过,这就直接导致'大跃进'的开始发动。"[1]南宁会议之后,"大跃进"运动在全国迅速展开。

---

[1] 中共中央文献研究室编:《毛泽东传(1949—1976)》,中央文献出版社2003年版,第780页。

为"大跃进"升温的成都会议

谈及"大跃进"运动的历史,1958年3月的成都会议不能不提及,这是一次助推"大跃进"运动的重要会议。会上,毛泽东对1956年的"反冒进"再次作了措辞严厉的批评,强调要"敢想敢说敢做"。会议通过了一系列旨在进一步推动"大跃进"的文件,这次会议后,"大跃进"运动迅速波及全国。

一、"马克思主义的冒进"

经过1958年1月的南宁会议和2月的中共中央政治局扩大会议,以"反浪费、反保守"为内容的"双反"运动如火如荼地开展。随后,中共中央又于3月9日至26日,在成都召开有中央有关部门负责人和各省、市、自治区党委第一书记参加的工作会议,即成都会议。

3月9日,会议正式召开,毛泽东首先讲话。他提出了二十几个问题,这些问题主要是:协作问题、中心工作与非中心工作如何结合问题、税制和价格问题、地方工业中的劳动法问题、第二本账问题、究竟多久完成十年农业计划和工业计划问题、招工问题、平衡问题、平衡理论问题、粮食包干问题、地方分权问题、上层建筑与经济基础的关系问题、两种方法的比较问题、农具改革运动问题、整风问题、国际形势与外交政策问题等。

在讲话中,毛泽东再次对反冒进作了批评。他说:两种方法的比较,一种是马克思主义的冒进,一种是非马克思主义的反冒进。南宁会议批判了反冒进的错误。究竟采取哪一种?我看应采取冒进。很多问题都可以这样提。如除"四害",一种是老办法,不除(苏联不除);一种是要除掉。如何除?也有两条路线,有快有慢。一说快除就能除掉,越慢越除不掉。如执行计划,一种方法是十年计划二十年搞完,一种是二三年搞完。又如肥料,1956年比1957年多一倍,1958年要超过1956年一倍。湖北今年积160亿担(1957年70亿担),平均每亩6600斤。肥料多好,还是少好?去年搞"马克思主义",生产不起劲;今年搞冒进,还要超过1956年。哪种办法好?1957年的"马克思主义"好,还是1958年的冒进好?办任何事情都有两种方法比较。苦战三年,改变面貌,但"一天消灭四害","苦战三天",当然不行。这就不是马克思主义了。

关于整风问题,毛泽东肯定了正在进行的"双反"(反浪费、反保守)运动,认为"双反"抓到题目了。他说:知识分子"红透专深",这个口号好。刘备招亲,弄假成真。他们有部分人是真的,多数是半真半假,有小部分是假的,可以发展突变的。有去年整风反右为基础,今年又有生产高潮,使资产阶级知识分子有突变可能。他还说:基层整风如何作法?要大鸣大放,大整大改。群众中一些思想错误也要解决,不论工厂或农村。

毛泽东还提出:建国以来八年的经验,应加以总结。反冒进是个方针性的错误问题,南宁会议提出的这个问题,有许多同志紧张,现在好了。谈清楚的目的是使大家有共同语言,做好工作，而不是不好混，我绝无要哪个同志不好混之意。

在讲完这些问题之后，毛泽东最后讲到规章制度问题，对经济工作的教条主义作了尖锐的批评。他说：少奇同志在南宁会议谈了规章制度问题。规章制度从苏联搬来了一大批，如搬苏联的警卫制度，害死人，限制了负责同志的活动，前呼后拥，不许参观，不许上馆子，不许上街买鞋。陈云同志让他亲戚煮饭，警卫部门认为不得了。这是讲公安部。其他各部都有规章制度问题，搬苏联的很多，害人不浅。那些规章制度束缚生产力，制造浪费，制造官僚主义。这也是拿钱买经验。建国之初，没有办法，搬苏联的，这有一部分真理，但也不是全部真理，不能认为非搬不可，没有其他办法。政治上、军事上的教条主义，历史上犯过，但就全党讲，犯这错误的只是小部分人，多数人并无硬搬的想法。建党和北伐时期，党比较生动活泼，后来才硬搬。

应当说，毛泽东对有些规章制度的批评，还是很有意义的。"大跃进"的发动，无疑有许多想当然的成分。这场运动中诸多问题的发生，都与脱离实际脱离群众、没有认真调查研究有着密切的关系。但从毛泽东本意来说，他对那种官僚主义、主观主义作风也是极为反感和反对的。由于执政之后我们将苏联对领导人的那一套严密的警卫制度搬了过来，正如毛泽东所说，确实"限制了负责同志的活动"，使领导人不那么容易接触群众了解实际了，即使进行调查研究，有关部门从领袖安全的角度考虑，也往往事先做了精心的安排，这样的调查也就很难了解到真实情况。

毛泽东还说："规章制度是繁文缛节，都是'礼'。大批的'礼'，中央不知道，国务院不知道，部长也不一定知道。工业和教育两个部门搬得厉害。农业部门搬的也有，但是中央抓得紧，几个章程和细则都经过了中央,还批发一些地方的经验,从实际出发,搬得少一些。农业上见物也见人,工业上只见物不见人。商业好像搬得少一点,计划、统计、财政、基建程序、管理制度搬得不少。基本思想是用规章制度管人。""苏联的经验只能择其善者而从之,其不善者不从之。"[1]

用中共中央文献研究室编写的《毛泽东传(1949—1976)》中的话说:"成都会议期间,毛泽东的心情极为舒畅。一方面,周恩来、陈云等都对反冒进问题作了检讨,承认了错误。另一方面,各地区正在制定新的跃进指标,人民群众的劳动热情被激发起来,一个空前规模的社会主义生产高潮看起来已在各行各业普遍出现。他感到,经过杭州会议、南宁会议,到这次成都会议,情况已经根本扭转过来,'大跃进'已成定局。这使他始终处于亢奋之中。"[2]

毛泽东讲完后,由内蒙古自治区党委第一书记乌兰夫和山西省委第一书记陶鲁笳发言,其间毛泽东有一些插话。当陶鲁笳谈到山西提出实行基本农田制度,改广种薄收为少种多收,山西1550万人,有6800万亩地时,毛泽东插话说:要破除迷信,"人多了不得了,地少了不得了"。多年来认为耕地太少,其实每人2.5亩就够了。宣传人多,造成悲观空气,应看到人多是好事,发展到7.5亿到8亿时,再控制不迟。现在还是人口少,少数民族和人少地区不节育,其他地方可逐步控制。到赶上英国时,人

---

[1]《毛泽东文集》第七卷,人民出版社1999年版,第365—366页。
[2] 中共中央文献研究室编:《毛泽东传(1949—1976)》,中央文献出版社2003年版,第791页。

民有了文化就会控制了。

陶鲁笳在发言中谈到，县办综合工厂要有什么办什么，可充分利用当地资源和季节性人力，可培养技术力量，节约干部和资金等，并且介绍该省县办工厂的经验。毛泽东说，现在的中心问题是要大办地方工业，一为农业服务，二为大工业服务，三为城市生活服务，四为出口服务。化肥厂，南宁会议谈到统一由专区办，现在看每县都可办。要全党全民办工业，文章做在全民。过去县以下无人管工业，总是靠城市援助，投资靠国家，要发动群众大办工业，不要搞正规工业那一套。这样，三年或四年产值超过农业，变为工业省。大跃进主要是劳动力和技术两个问题。

3月10日，会议继续举行，毛泽东第二次讲话，主题是关于坚持原则与独创精神，进一步批评教条主义。他一开头就说，发表规章制度是一个问题，借此为例，讲一讲思想方法问题。题目暂定为：坚持原则与独创精神。

他接着说，学习外国一切长处，永远是原则。但是，学习有两种方法，一种是专门模仿，一种是独创精神。学习应和独创相结合，硬搬苏联的规章制度，就是缺乏独创精神。

在回顾民主革命时期教条主义的情况后，毛泽东讲到1949年以后的教条主义问题时说：全国解放后（1950年至1957年），在经济工作和文教工作中产生了教条主义，军事工作中搬了一部分教条，但基本原则坚持了，还不能说是教条主义。经济工作中的教条主义，主要表现在重工业工作、计划工作、银行工作和统计工作方面，特别是重工业和计划方面，因为我们不懂，完全没有经验，横竖自己不晓得，只好搬。统计几乎全部是抄苏联的。教育方面搬得也相当厉害，例如五分制、小学五年一贯制等，甚至不考虑解放区的教育经验。卫生工作也搬，害得我三年不能吃鸡蛋，不能喝鸡汤，因为苏联有一篇文章说不能吃鸡蛋和喝鸡汤，后来又说能吃了。不管人家的文章正确不正确，中国人都听，都奉行，总是苏联第一。商业搬得少些，因为中央接触较多，批转文件较多。轻工业工作中的教条主义也少些。社会主义革命和农业合作化未受教条主义影响，因为中央直接抓。

毛泽东认为1956年后，中国开始摆脱教条主义的束缚，独立探索自己的社会主义建设道路。他说：1956年4月搞出"十大关系"，开始提出自己的建设路线，跟苏联有同与不同，具体方法有所不同，有我们的一套。我们的同志应当认识到，老祖宗也有缺点，要加以分析，不要那么迷信。对苏联经验，一切好的应接受，不好的应拒绝。现在我们已学会了一些本领，对苏联有了些了解，对自己也了解了。1957年，在"正确处理人民内部矛盾"的报告中，提出了工、农业同时并举，中国工业化的道路，还有农业合作化，节约等问题。这一年发生了一件大事，就是全民整风反右派，广大群众对我们工作中错误的批评，思想的启发很大。1958在杭州开小型会，在南宁，现在在成都开中型会，前两次会大家提了很多意见和问题，开动脑筋，总结五年的经验，对思想有很大启发。

毛泽东关于破除迷信、摆脱教条主义的论述，无疑有其合理的地方。中国革命之所以胜利，一个很重要的原因，就在于中国共产党人没有拘泥于十月革命的模式，并在一定程度上破除了对苏联革命经验的迷信，解放了思想，找到了一条适合自己国情的革命道路。中国共产党在全国执政之后，由于建设经验不足，因而也难免在一些工作中出现了照搬苏联经验的情况，所以1956

年苏共二十大后,毛泽东提出了"以苏为戒",走自己的工业化道路问题。在这个意义上讲,毛泽东是中国特色社会主义道路的最早探索者。但是,由于当时提出解放思想、破除迷信主要是为了发动"大跃进",并且一味地强调要发扬敢想敢干的精神,对客观规律重视不够,结果一度使解放思想在某些地方变成了胡思乱想,敢想敢干变成了盲目蛮干。

在这次讲话中,毛泽东还提出了关于两种个人崇拜的观点。他说:"个人崇拜有两种,一种是正确的崇拜,如对马克思、恩格斯、列宁、斯大林正确的东西,我们必须崇拜,永远崇拜,不崇拜不得了。真理在他们手里,为什么不崇拜呢?我们相信真理,真理是客观存在的反映。另一种是不正确的崇拜,不加分析,盲目服从,这就不对了。反个人崇拜的目的也有两种,一种是反对不正确的崇拜,一种是反对崇拜别人,要求崇拜自己。"[1]

毛泽东关于两种个人崇拜的观点,虽然用意在于提醒人们服从真理,但从根本上讲,个人崇拜本身就是错误的,不存在正确与不正确之分。正由于他将个人崇拜作了这样两种划分,使得本已出现的个人崇拜现象不但未能及时消除,反而使一些人在所谓"正确的个人崇拜"名义下,强化对毛泽东本人的个人崇拜,造成消极的后果。所以在这次会议上,就有人说:对主席就是要迷信,对主席就是要盲目服从。[2]

从3月10日至19日(其中16日休会),会议主要是听取各省、市、自治区党委负责人的发言,其间毛泽东或长或短地插

---

[1]《毛泽东文集》第七卷,人民出版社1999年版,第369页。
[2]李锐:《"大跃进"亲历记》,上海远东出版社1996年版,第216页。

话。毛泽东在插话中涉及的主要问题有：

（一）关于社会主义建设总路线问题。他说：中国的社会主义建设路线，是在八年内逐步形成起来的。八年不算长，还不能算形成，再有五年就差不多了，苦战三年也可能形成。过去革命中损失很大，八年建设中也受了一些损失，但损失不大。同时这个时期也顾不上、抽不出手来抓建设，如去年春季到夏季右派进攻，1950年到1953年抗美援朝，大部分力量在朝鲜，1955年合作化高潮，也难抓建设。对事物的认识，对客观规律的认识，是在实践中才能认识清楚。现在切实抓一下，苦战三年，建设路线就可以形成。没有陈独秀主义、王明路线，就没有比较。1956年下半年，斯大林问题发生，我们每天开会，一篇文章写了一个月，又发生了波匈事件，注意力又集中到国际方面。现在才有可能抽出时间来研究建设，开始摸工业。现在要苦战三年，形成一条中国社会主义建设的路线。又说：社会主义建设路线也是逐步形成，现在还不能说已经形成，至少还要五年，苦战三年再加二年。如工农业不出大乱子，路线就差不多，就可以说形成了。五年加八年，共十三年，付出一部分代价，无非是浪费一点，群众痛苦，时间延长，苦闷一点，但成绩总是主要的。

（二）关于苦战三年基本改变面貌和"超英赶美"问题。他说，苦战三年，基本改变本省面貌；在七年内实现"农业四十条"；实现农业机械化，争取五年完成。各省可不可以这样提？特别是农业机械化问题，各省可以议一下。实现"四十条"，辽宁三年，广东五年，是左派。三年恐怕有困难，可以提三年到五年。十五年赶上英国，二十年赶上美国，那就自由了。对工业化不要看得太神秘了，对农业机械化也不要看得太神秘了。插话中，还讲到了中国实现共产主义的时间问题，他说：中国实现共产主义不要一百年，可以五十年。个别行业可以试办，取得一些办法和经验。他还提出了这样一个问题：可不可以由一个省先进入共产主义？

（三）关于农业社的合并问题。毛泽东对此也很关注，在插话中几次提出并社问题。他说：搞农业机械化，小社势必要合并一些；合并后仍然不能搞的，可以搞联社。为了水利综合利用，使用大型机械，会合并一些社。除了地广人稀的地区外，五年之内逐渐合并。"二五"计划期间，平原地区合作社的规模大一些为好，可以办小学，办工厂。

（四）关于农民自留地和家庭副业问题。毛泽东说：三年内不要减少自留地和个人养猪。增加合作社的积累，分得少了，应该让农民发展一些副业，增加一些收入。自留地减少，又不要多养猪，两头堵死不好。可惜这一点在后来的人民公社化运动中，并没有坚持下来，而是将社员个人私养的猪羊鸡鸭及自留地，全部收归公社所有，大刮"共产风"。

（五）关于深翻土地问题。毛泽东说：应普遍提高人工翻地，一年翻一部分，三五年翻完，可保持三到五年丰收，这是改良土壤的基本建设。《人民日报》应该把土壤学宣传一下。改良土壤有二法：一为深翻，一为调换。可四至五年轮流深翻一遍。山东莒（南）县大山农业社就是如此。

此外，毛泽东还讲到整风运动中的大字报、地方工业发展、外行与内行的关系、勤工俭学、大社办工厂、知识分子改造、人民内部矛盾、工农业并举、农业机械化、领导干部读书、教育与文化工作、"兴无（无产阶级思想）灭资（资产阶级思想）"

等问题。尤其值得一提的是，毛泽东一面提倡破除迷信，反对右倾保守，一面对那些难以实现的高指标又提出疑问。在谈到辽宁三年将实现亩产400斤时，他说：不要吹得太大，还是五年计划争取三年完成，这么个快法，我有点发愁。可以提得活动一点，留有余地，再看一看，以免被动。又说：计划不合实际，很值得注意。去年粮食3700亿斤，今年4700亿斤，靠（得）住靠不住？对那些（指标过高的）也需要压缩空气。

二、"敢想敢说敢做"

3月20日，毛泽东第三次在会议上讲话。主要内容有：

一是关于改良农具的群众运动。毛泽东说：应将这个运动推广到一切地方去，它的意义很大，是技术革命的萌芽，是一个伟大的革命运动。以车子代替肩挑，就会大大增加劳动效率，由此而进一步机械化，机械化与改良农具运动要同时进行。又说：群众的积极性起来了，每天有新的创造，将来还会有各种新巧发明。现代化、机械化与改良农具是对立的统一，两者应同时进行，请各省市迅速推进。群众性的创造是无穷无尽的，河南、河北已形成群众运动，是自下而上搞起来的。我们发现了好的东西，就要加以总结推广。

二是关于建设的速度问题。他说：河南提出一年实现"四、五、八"（指黄河以北粮食亩产400斤，黄河以南亩产500斤，淮河长江以南亩产800斤），水利化，除"四害"，消灭文盲。可能有些能做到，即使全部能做到，也不要登报，两年可以做到，也不要登报，内部可以通报。像土改一样，开始不要登报，告一段落再登。大家抢先，会搞得天下大乱，实干就是了。各省不要一阵风，说河南一年，大家都一年，说河南第一，各省都要争个第一，那就不好。总有个第一，"状元三年一个，美人千载难逢"。可以让河南试验一年，让河南当状元。如果河南灵了，明年各省再来一个运动，大跃进，岂不更好。如果在一年内实现"四、五、八"，消灭文盲，当然可能缺点很大，起码是工作粗糙，群众过分紧张。我们做工作要轰轰烈烈，高高兴兴，不要寻寻觅觅，冷冷清清。他还说，建设的速度，是个客观存在的东西，凡是主观、客观能办到的，就鼓足干劲，力争上游，多、快、好、省，但办不到的不要勉强。

　　三是关于社会主义建设的总路线。毛泽东说：只要路线正确——鼓足干劲，力争上游，多、快、好、省，那么晚一年、二年、三年乃至五年完成"四十条"，那也不能算没有面子，不能算不荣誉，也许还更好一些。搞社会主义有两条路线：是冷冷清清、慢慢吞吞好，还是轰轰烈烈、高高兴兴的好？十年、八年搞个"四十条"，那样慢一些，人人都不舒畅，那样搞社会主义也不会开除党籍。苏联四十年才搞得那么点粮食和东西。假如我们十八年能比上四十年当然好，也应当如此。因为我们人多，政治条件不同，比较生动活泼，列宁主义比较多。

　　3月22日，毛泽东第四次发表讲话，主要是讲要有势如破竹、高屋建瓴的气概，要破除迷信，敢想敢说敢做。他说：要提高风格，讲真心话，振作精神，要有势如破竹（破几节之后，迎刃而解）、高屋建瓴的气概。要做到这一点，必须抓住工作中的基本矛盾，同时还要掌握马克思主义的基本理论。但我们的同志并不想势如破竹，反而精神不振，这很不好，是奴隶状态的表现,像贾桂(京剧《法门寺》中的人物,明朝宦官刘瑾的手下,在刘瑾面前奴颜婢膝,别人让他坐,他说站惯了——引者注)一样,站惯了,不敢坐。经典著作要尊重,但不要迷信。要尊重马恩列斯,但不可迷信,当作神明,不敢触动。马克思主义本身就是创造出来的,要用点思想,不能抄书照搬。一有迷信,就把我们脑子镇压住了,不敢跳出框子想问题。学习马列主义,没有势如破竹的风格,那很危险。斯大林后期有这点风格,也可称势如破竹,只是破得不好,有些破烂了。

　　接着,毛泽东讲了一大段有创新思想的都是学问不足的青年人的话,意在进一步破除对权威的迷信。他说:怕教授,进城以来相当怕,我也有一点怕;不是藐视他们,而是有无穷的恐惧。看人家一大堆学问,自己好像很少,什么都不行。马克思主义者恐惧资产阶级知识分子,不怕帝国主义,而怕教授,这也是怪事。我看这种精神状态也是源于奴隶制度"谢主隆恩"的残余。我看此事再不能容忍了,当然不是明天就去打他们一顿,而是接近他们,教育他们,交朋友。他还说:从古以来,创新思想、新学派的人,都是学问不足的青年人。他一口气举了孔夫子、释迦牟尼、孙中山、马克思、章太炎、康有为、刘师培、王弼、颜渊、李世民、秦叔宝、岳飞、梁启超为例,说明他们取得成就时,年纪都不甚大,学问都不甚多,但年轻人抓住一个真理,就所向披靡,所以老年人是比不过他们的。毛泽东在讲话中一口气举出这么多历史名人,可见他对于历史之熟悉。

　　会议期间,冶金工业部部长王鹤寿写了《钢铁工业的发展速度能否设想更快一些》一文。这篇文章着重谈到了能否设想钢铁工业的发展速度更快些,10年赶上英国,20年或稍长一点时间赶上美国的问题，认为钢铁工业苦战三年超过八大提出的指标（1050万—1200万吨）、10年赶上英国、20年或稍多一点时间赶上美国，是可能的。理由是：英国现在的钢产量为2200万吨左右，即使它以后每年增长4%，1967年也只能达到3300万吨左右，而且一般看其年增长速度还达不到4%。美国现在的钢铁产量是1.02亿吨。它的这一水平，估计在今后多年可能不会有大的改变。不论是英国还是美国，如果没有战争，增长速度是很小的，因为在资本主义制度之下，其国内市场需要不可能迅速增长，而且在经济危机的年代，其工业品产量还会低下一个时间。而中国的钢产量1962年可达到1500万—1700万吨，而且有可能争取达到2000万吨，因此到1967年超过3500万吨，也就是超过英国是可靠的。

3月21日，化学工业部部长彭涛就发展有机合成化学工业问题，也给毛泽东并中共中央写了一份报告。报告介绍了我国有机合成化学工业的构成和建设构想，认为我国可以在有机化学产品上也来一个"大跃进"，并提出从我国的具体情况出发，应走以电石为主的发展合成化学工业的道路。此前的3月4日，彭涛给毛泽东并中共中央的一份报告中，提出为了适应农业发展的需要和到1962年实现化学肥料生产700万吨的规划，除在中央和省两级办化肥厂外，还准备在专署和县两级开办化肥厂，这样，四级同时举办化肥厂，到1962年氮肥产量可达到1800万—2000万吨，再加上500万—700万吨磷肥和部分钾肥，就可以在数量上把英国远远地抛在后面，在每亩施肥量上，10年内赶上英国，也就大有希望了。

王鹤寿和彭涛的这两份报告，得到了毛泽东的肯定，在这天的讲话中，他特地提到了这两篇文章，说王鹤寿的文章好，敢于批评教条主义；彭涛的文章也好，有说服力，只是尖锐性差一点。

为了鼓励各级干部树立敢想敢说敢做的精神，毛泽东在讲话中还提出要做到"六不怕"。他说：不敢讲话无非是一怕封为机会主义，二怕撤职，三怕开除党籍，四怕老婆离婚，五怕坐班房，六怕杀头。我看只要准备好这几条，看破红尘，什么都不怕了。难道可以牺牲真理，封住我们的嘴巴吗？我们应当造成一种环境，使人敢于说话。我的企图是要人们敢说，精神振作，势如破竹，把顾虑解除，把沉闷的空气冲破。[1]

讲话的最后，毛泽东讲到了民歌的问题。他说：印了一些诗（指印发给与会人员的李白的《蜀道难》等古诗），尽是老古董。搞点民歌好不好？请各位同志负个责任，回去以后搜集点民歌。各阶层的人，青年、小孩都有许多民歌，搞几个点试办，每人发三五张纸，写写民歌，不能写的找人代写，限期十天搜集。这样，会收到大批旧民歌，下次会议印一本出来。他又说：中国诗的出路：第一条，民歌；第二条，古典。在这个基础上，两者结合产生出第三个新东西来，形式是民族的，内容应当是现实主义和浪漫主义的对立统一。太现实了就不能写诗了。现在的新诗不成形，没有人读；我反正不读新诗，除非给一百块大洋。搜集民歌的工作，北京大学做了很多。我们来搞，可能找到几百万成千万首的民歌，这不费很多的劳力，比看杜甫、李白的诗舒服一

---

[1] 中共中央文献研究室编：《毛泽东传（1949—1976）》，中央文献出版社2003年版，第798页。

些。由于毛泽东对民歌的提倡，在1958年的"大跃进"运动中，曾一度开展了轰轰烈烈的新民歌运动。

3月25日，毛泽东第五次在会上讲话，重点是讲思想方法问题。他说：

会开得很好，重点归结到方法问题，第一是唯物论，第二是辩证法，我们许多同志对此并不那么尊重。反冒进不是什么责任问题，不再谈了，我也不愿听了，不要老是自我批评，南宁听过了，北京也听过了；作为方法的一个例子来谈，那是可以的。

反冒进也是一种客观反映。反映什么呢？一般，特殊，全面，个别，这是辩证法的问题。把个别的、特殊的东西，误认为一般的、全面的东西；只听少数人的意见，广大人民群众的意见没有反映，把特殊当成一般来反冒进。因此以后我们要注意学习唯物论、辩证法，要提倡尊重唯物论、辩证法。

辩证法是研究主流与支流、本质与现象的。矛盾有主要矛盾和次要矛盾，过去发生反冒进的错误，即未抓住主流和本质，把次要矛盾当作主要矛盾来解决，把支流当作主流，没有抓到本质现象。国务院、中央政治局开会，对个别问题解决得多，没有抓住本质问题。这次会议把过去许多问题提出来，经过商量解决了。

毛泽东一面批评过去国务院、中央政治局开会没有抓重点，解决本质问题，一面又表扬了中共冶金工业部党组，说冶金工业部党组开会，吸收了部分大厂的十几人参加，空气就不同了。谈了几天，解决了许多重要问题。中央开会有地方同志参加，必要时，除省委书记外，再加上若干地、县委书记，就有了新的东西。中央同志下去只同省委第一书记谈是不够的，也要找地、县委书记，学校、合作社的人谈谈，要一竿子到底，不要仅仅限于间接的东西。

毛泽东在不断地批评反冒进，希望借此鼓起干部群众"大跃进"热情的同时，又提醒人们话不说得太满，做事要留有余地，所以在讲话中他又说：1956年发生的几件事，没有料到，就是国际上的批判斯大林，波匈事件，国内的反冒进问题。今后还要准备发生预料不到的事情。我认为过高的指标要压缩一下，要确实可靠。大水大旱，有话可说，必须从正常情况出发。做是一回事，讲是一回事。过高的指标不要登报，登了报的也不要马上去改。河南今年四件事都想完成，也许可能做到；即使能做到，讲也要谨慎些，给群众留点余地，也要给下级留点余地，这也就是替自己留点余地。

毛泽东讲完话后，一些中央和地方负责人先后发言。虽然毛泽东说过，对于反冒进问题，"不再谈了"，"也不愿听了"，但发言的基调仍然是批评反冒进，反对右倾保守思想。有人说，教条主义在内战时期主要表现为"左"，在建设时期主要表现为右。又有人说，南宁会议、成都会议的思想斗争具有深远的原则性的意义，这场斗争，是在建设路线、方针方面的斗争，不是两条道路的斗争，是用什么方法建设社会主义的问题。一种是蓬蓬勃勃、轰轰烈烈，一种是慢慢吞吞、冷冷清清，两种方法关系到我国社会主义建设的兴衰问题。反冒进和其他错误，根源是主观主义，或者教条主义，或者经验主义，克服主观主义就是思想解放运动。我们要有雄心，但心要热头要冷。还有人说，慢性病所造成的损失不亚于急性病，从当前来讲，右倾保守的危险还是主要的。急性病的问题要防止，但也不甚可怕。社会主义建设中，逐步向共产主义过渡的问题,不是截然分开的。[1]

就在这天会议的发言中,一些中央领导人对毛泽东说了不少颂扬的话,比如有人说:我们的水平与主席差一截,应当相信主席比我们高明得多,要力求在自觉的基础上跟上。作为一个高级干部来说,不只是跟上的问题,而是要有创造精神的问题。主席的作用不是当不当主席的问题,不是法律上名誉上的问题,而是实际上的领袖。有人说:主席比我们高明得多,我们的任务是认真学习。主席的许多优点是不是可以学到呢?应当说,是可以学到的,不是"高山仰止"。但是主席有些地方我们是难以赶上的,像他那样丰富的历史知识、那样丰富的理论知识、那样丰富的革命经验,记忆力那样强,这些不是什么人都可以学到的。有人提出:要宣传毛主席的领袖作用,宣传和学习毛主席的思想。高级干部要三好:跟好、学好、做好。还有人说:毛主席的思想具有国际普遍真理的意义。[2] 上面这些赞美之词,也许是真诚的,发自内心的,但后果也不言而喻。应当说,1958年对反冒进的批评,不但直接导致了"大跃进"的发生,也导致个人崇拜、个人迷信的发生。

3月26日是成都会议的最后一天,毛泽东第六次在会上讲话,这也是对会议作总结。他说:这次会议开得还可以,但事先未准备虚实并举,实业多了一点,虚业少了一点。这也有好处,一次解决大批问题,并且是跟地方同志一起谈的,也就比较合乎

---

[1] 中共中央文献研究室编:《毛泽东传(1949—1976)》,中央文献出版社2003年版,第801页。

[2] 中共中央文献研究室编:《毛泽东传(1949—1976)》,中央文献出版社2003年版,第801—802页。

实际。今后一段时间内多搞些虚业，或专搞一次虚业会议，以便要引导各级领导同志关心思想、政治、理论的问题，使红与专结合。一年抓四次很重要。三年看头年。由于形势发展快，很多矛盾要很快反映和解决。如果不抓四次，许多问题不能及时解决，拖久了就会影响工作。

毛泽东表示：现在有些问题还是不摸底。对农业了解比较清楚，工业、商业、文教都不清楚。工业方面，除到会的几个部接触了一下外，其余没有摸。煤、电、石油、机械、建筑、地质、交通、邮电、轻工业、商业都没有接触。财经贸易，还有文教，历来没有摸过，林业也没有摸过。今年有些要摸一摸，政治局、书记处都要摸一摸。

接着，毛泽东讲到了两个剥削阶级和两个劳动阶级的问题。他说：我们国内存在着两个剥削阶级、两个劳动阶级。第一个剥削阶级是帝国主义、封建主义、官僚资本主义的残余，地、富、反、坏未改造好的部分，再加上右派（全国右派在这些人中，可能有10万以上，改造好的不算），他们反社会主义，是敌人。第二个剥削阶级是民族资产阶级及其知识分子。两个劳动阶级就是工人和农民，过去的被剥削者或不剥削人的独立劳动者。

毛泽东讲完话后，为期18天的成都会议就算结束了。

三、助长"大跃进"的几个文件

成都会议过程中，讨论并通过了39份文件。这些文件中，对后来的"大跃进"产生较大影响的有：

——《关于一九五八年计划和预算第二本账的意见》。这个文件大体同意国家经委党组 3 月 7 日报送的《关于一九五八年度计划第二本账的报告》。国家经委党组在报告中说：各地方、各部门送来的第一本账，也就是中央的第二本账，我们已经汇总起来，并且做了初步的平衡工作。这本账，比 2 月上旬全国人民代表大会通过的计划高了很多，工业总产值增加 157 亿元，农业总产值增加 66 亿元。这确是一本多快好省的账，它反映了我国国民经济大发展、大跃进的新形势。从这本账看，南宁会议的反对保守、多快好省、力争上游的精神，已经在我国经济生活中起了巨大的促进作用，我国的解放了的生产力，像原子核分裂一样，产生了巨大的能量，我国的经济形势已经发生了极大的变化。我们的民族确实大有希望。

《报告》说，地方提出的 1958 年粮食产量指标，达到 4316 亿斤，比中央第一本账增加 396 亿斤，比去年的产量增加 616 亿斤，这大体相当于第一个五年计划期间增产的总和。棉花产量指标，达到 4093 万担，比中央第一本账增加 593 万担，比大丰收的去年的产量增加 813 万担。这样，今年粮食增加的速度将是 16.6%，棉花增加的速度将是 24.8%。这是我国历史上前所未有的速度。工业总产值指标是 904 亿元，比去年实际完成产值 680 亿元增加 224 亿元，增长速度是 23%，这也是我国历史上前所未有的速度。

《报告》最后提出了可以比十五年更快赶超英国的问题，说，我国是一个大国，一个省等于人家一个国，甚至一个专区就比欧洲的一个小国大，一旦把各省、各专区和各县举办工业的积极性统统调动起来，万马奔腾，又有大中型工业的协助和国家的统一规划、调整，我国工业化的速度没有理由不比欧洲各国快得多。

纵观当前的经济形势后，可以肯定地说，只要我们贯彻执行主席所指示的方针，继续发扬革命干劲，我国社会主义工业化的速度就可能比苏联更快一些。我们就可以掌握时机，在比十五年更短的时间内赶过英国。

——《中共中央关于发展地方工业问题的意见》和《中共中央关于在发展中央工业和发展地方工业同时并举的方针下有关协作和平衡的几项规定》。成都会议之前，国家经委写出了一份《让中小型工厂遍地开花的一些设想》材料，递交成都会议讨论。《设想》提出，花三分的力量搞中央的大工业，把七分的力量搞地方的中小工业，使工业遍地开花，有重大的意义。这就是说，从中央直到乡一级都举办自己的工业，使大型工业和中小型工业、工业和农副业，更加有机地结合在一起，形成一个强大的城乡工业网。这是一条多快好省的社会主义工业化道路，是一条促进我国国民经济迅速发展的道路。

《设想》特地谈到了县办工业如何发展的问题：一是凡蕴藏有煤炭资源的县份，每县根据情况至少建设一个小煤窑，一座小水泥窑，一个小的炼油厂，一个小的电站等。建设这些小型的基本工业，全部投资不过740万—2165万元，而这些工业建成后一年的生产总值，可以超过400万元，两三年就可以收回全部投资。二是那些有铁矿资源的县份，可以至少建设一座年产400—500吨的小高炉，投资只要8000—10000元，两个月可以建成，半年可以收回全部投资。三是那些有铜矿资源的县份，还可以至少建设一座年产30吨的小铜厂，投资只需8000元，半年可以建成。此外，有些县份还可以根据当地的农副业原料资源，建设小榨油厂、小制糖厂、小造纸厂、小纺织厂等为农村副业加工的小型工厂。总之，有什么资源就办什么工业，每一个县都不应该有空白。

《设想》认为，县办工业是完全可以做到的，如果一个县把上面全部工业都办起来，全部投资最多也不过是2000万元；如果只办其中的一部分，则投资更少，而这些钱，地方完全有可能自筹，不必向国家要钱。而伴随着县县工业化而来的，将是生产技术的大革命、全民科学技术水平的大提高和文化教育事业的大发展。这样，农村的物质、文化生活面貌，就会蔚然改观。到那时，将是"粮食堆满仓，牛羊满山冈；山青春常在，水秀好风光；机器到处响，工厂遍城乡"的繁荣景象。

成都会议明确提出了中央工业和地方工业同时并举的方针，还通过了《中共中央关于发展地方工业问题的意见》和《中共中央关于在发展中央工业和发展地方工业同时并举的方针下有关协作和平衡的几项规定》两个文件，规定各省、市、自治区要在大力实现农业跃进规划的同时，争取在五年或者七年的时间内，使地方工业的总产值赶上或超过农业总产值；各省、市、自治区兴办的限额以上建设项目，除了提出简要的计划任务书，其中规定产品数量、品种、建厂规模、厂址和主要的协作配合条件需要报送中央批准外，其他的设计和预算文件，一律由各省、市、自治区自行审查批准。这两个文件为各地一哄而起大办地方工业大开方便之门。成都会议后，各地迅速掀起大办地方工业的高潮，并由此招收大批的职工，致使1958年职工队伍迅速膨胀，导致工农业比例严重失调。

——《关于农业机械化问题的意见》。这个文件认为，有广大农民参加的群众性的农具改革运动是技术革命的萌芽，是一个伟大的革命运动,全国各地都应当积极推广,并提出了三至七年内(争取五年内做到)基本上实现农业机械化和半机械化的设想。该《意见》指出,农具的改革应当因地制宜,不要千篇一律;农业机器应该以小型的为主,配合以适当数量的大型和中型机械;在推广农业机器的同时,不要放松新式畜力农具和改良农具的推广,农业机械的制造,一般以地方工业为主;实现农业机械化,主要靠农业合作社自己的力量。受这个文件的影响,"大跃进"运动中曾开展全国性的工具改革包括运输工具的改革,大搞所谓"车子化运动""滚珠轴承化运动""绳索牵引机化运动"等等,虽然也取得了一些成效,但形式主义严重,造成很大的浪费。

——《关于把小型的农业合作社适当地合并为大社的意见》。早在1955年农业合作化高潮时,毛泽东就认为可以办大社。他在编辑《中国农村的社会主义高潮》一书时,曾写了一篇《大社的优越性》的按语,指出:"小社人少地少资金少,不能进行大规模的经营,不能使用机器。这种小社仍然束缚生产力的发展,不能停留太久,应当逐步合并。"[1]可以一乡一个社,少数地方可以几乡一个社,平原、山区都可以办大社。所以1956年合作化后,一些地方建立的合作社规模超大,出现一系列的问题,后来中共中央专门下发过文件,要求缩小合作社的规模。但"大跃进"启动后,一些地方在进行农田水利建设时,又提出农业社合并的问题。该文件指出:"我国农业正在迅速地实现农田水利化,并将在几年内逐步实现耕作机械化,在这种情况下,农业生产合作社如果规模过小,在生产的组织和发展方面势将发生许多

---

[1]《建国以来毛泽东文稿》第5册,中央文献出版社1991年版,第515页。

不便。为了适应农业生产和文化革命的需要,在有条件的地方,把小型的农业合作社有计划地适当地合并为大型的合作社是必要的。"[1]自此之后,一些地方开始将小社并成大社,成为1958年人民公社化运动的先声。

——《关于继续加强对残存的私营工业、个体手工业和对小商小贩进行社会主义改造的指示》。《指示》指出,1956年社会主义改造基本完成以后,许多地方自发地出现了一些私营工业、个体手工业和小商小贩,从业人员大约有140万人,其中工商各半。这些个体经济虽然对社会主义工商业起着一定的补充作用,但是,它们的生产经营还存在很大的盲目性和资本主义的自发倾向,其中一小部分是资本主义经济,在生产经营中存在着不同程度的违法行为,不仅妨碍国家对市场的管理和危害消费者的利益,而且影响若干手工业、农业合作社和商业合作组织的巩固。因此,要一律把它们管起来,不允许它们未经登记进行非法经营,加强对它们的监督和管理,取缔它们的投机违法行为,对它们采取利用、限制和改造的政策。

成都会议是"大跃进"运动史上继南宁会议后的又一次重要会议。会议对反冒进作了进一步的批评,并且将冒进与反冒进的分歧上升到了马克思主义与非马克思主义的高度,这就使得任何人都不得再对冒进提出异议,不得再提反冒进一事,也就使得本来已经够高的工农业生产指标一再加码,"超英赶美"的时间一再缩短,急于求成的倾向日趋严重。毛泽东认为社会主义建设存

---

[1] 中共中央文献研究室编:《建国以来重要文献选编》第11册,中央文献出版社1995年版,第209页。

在两条路线,一条是受右倾保守思想束缚的"冷冷清清、慢慢吞吞"路线,另一条是敢想敢说敢干的"轰轰烈烈、干劲十足"路线,并在会议过程中初步形成了"鼓足干劲、力争上游、多快好省"的社会主义建设总路线。这条总路线一方面反映全党和全国人民要求改变中国落后面貌的迫切愿望,也体现了毛泽东希望在尽可能短的时间内把中国建成一个强大的社会主义国家的雄心壮志,其出发点无疑是好的,但由于这条总路线是在反冒进、不满所谓低速度的背景下形成的,表面上看,"多快好省"兼顾到了速度与质量的统一,实际上它的核心是强调多与快,强调"冒进"即"跃进",也就是高速度,结果使高速度变成了总路线的同一语。

  毛泽东在成都会议上一再强调的破除迷信、解放思想的要求,从一般原则看也是正确的,破除对经典作家、苏联经验的迷信,甚至对所谓教授的迷信也是有意义的。但联系到他对反冒进和右倾保守思想的批评,不难看出,破除与解放的重点,在于从"反冒进"变成"大跃进",在于使所谓右倾保守变成积极跃进争取高速度,其结果是把"一五"期间在经济建设领域积累下来的许多有益经验,把经济建设与人类改造自然必须遵循的一般规律,也当作迷信去破除。这种破除的后果,就容易将规律、科学也破除掉了,变成一些地方和部门在所谓"大办""大干快上"的名义上的胡搞蛮干。随着成都会议的召开和会议精神的传达,"大跃进"运动进一步被发动起来。

八大二次会议与"大跃进"的全面发动

1957年底对反冒进开展批评之后,又经过南宁会议和成都会议,"大跃进"已是如箭在弦。1958年5月的八大二次会议通过了以"多快好省"为基本特征的社会主义建设总路线,并在一片"破除迷信"的声浪中,完成了"大跃进"的全面组织动员。

一、通过"多快好省"总路线

在中国共产党的历史上,一届全国代表大会召开了两次的,唯有八大。1956年9月,八大召开第一次会议,这也是我们通常所说的八大。按照八大一次会议通过的党章规定,党的每届全国代表大会每年召开一次,即将党代会改为常任制。八大二次会议就是这种性质的会议,这是党的全国代表大会实行常任制的一个重要尝试。不过,党代会的常任制并没有坚持下来,此后再也没有举行过类似的会议。八大二次会议对于中国历史的影响,其实并不在于此,而在于它是一次全面发动"大跃进"的党代会。

这次会议是1958年5月5日至5月23日在北京召开的。在此之前,经过1958年1月的南宁会议和同年3月的成都会议对于反冒进的批评,毛泽东关于高速度发展战略的一系列思想和主张,已逐渐为党的领导层所接受,工农业生产的各种高指标已经提出,"大跃进"实际上已经启动。但是,就全党和全国而言,"大跃进"的发动还是初步的,党内党外对"大跃进"的认识也不完全一致,作为"大跃进"指导思想的社会主义建设总路线虽然在成都会议上已经提出,但用毛泽东的话来说还"尚待完备","不可以说已经最后形成了"。因此,为了统一全党的思想,通过社会主义建设总路线使之成为全党的指导思想,全面发动"大跃进",中共中央和毛泽东决定召开八大二次会议。

5月20日,毛泽东在大会的讲话中,对为何要召开这次大会曾有过这样的解释:"为什么要开这个会?我看我们这个常任制是搞对了。过去没有每年开一次代表大会的制度,现在每年开一次极好。我们这个会有南宁会议、成都会议的准备,有去年冬天、今年春天水利、积肥、大跃进的事实出现,这个会就好开了。水利、积肥、大跃进,工业大、中、小同时并举,什么都并举,什么都出来了,都明朗了,这个会就好开了。如果不开这样的会,你这样想,他那样想,每个人想法不同,水平不同,事情就不好办。开个会,采取比较合理的意见,作个报告,搞个决议,意见一致,全国人民就有了方向。"[1]这段话,实际上已经把为什么要召开八大二次会议的原因说得很明白了。

八大二次会议的主要内容,是讨论、通过刘少奇所作的《中国共产党中央委员会向第八届全国代表大会第二次会议的工作报告》,邓小平所作的《关于各国共产党和工人党的莫斯科会议的报告》,听取谭震林所作的《关于〈一九五六年到一九六七年全国农业发展纲要(第二次修正案)〉的说明》,增选中央委员会候

---

[1]李锐:《"大跃进"亲历记》,上海远东出版社1996年版,第359—360页。

补委员。会上，毛泽东多次发表讲话，有117人发言，另有145人作了书面发言。"代表们讨论了党的社会主义建设总路线的形成过程中的历史教训，指出了正确的思想方法的巨大意义"，"在发言中，代表们多方面讨论了怎样贯彻执行多快好省地建设社会主义总路线的问题，并广泛地交换了关于工农业生产和其他建设事业中的经验"。[1]可以说，这是一次全面发动"大跃进"的动员大会。

5月5日上午，大会举行预备会议，通过了大会日程和主席团成员名单，并组成华北、东北、西北、西南、中南、华东、中直、军队等八个代表团。下午大会召开第一次会议，执行主席是毛泽东、刘少奇、周恩来、朱德、陈云、邓小平等。会上，刘少奇代表中央委员会作工作报告，邓小平作关于各国共产党和工人党的莫斯科会议的报告。

刘少奇的报告最引人注目的地方，就是全面阐述了鼓足干劲、力争上游、多快好省建设社会主义的总路线，这也是八大二次会议取得的最重要成果，正如大会闭幕后《人民日报》发表的题为《把总路线的红旗插遍全国》的社论所言："这次大会的重大历史意义在于确定了鼓足干劲、力争上游、多快好省地建设社会主义的总路线。"[2]

社会主义建设总路线是在成都会议上形成的。在这次会议上，毛泽东曾经指出：社会主义建设有两条路线，一条多、快、

---

[1]《"八大"二次会议号召向技术革命和文化革命进军》，《人民日报》1958年5月25日。

[2]《把总路线的红旗插遍全国》，《人民日报》1958年5月29日。

好、省,一条少、慢、差、费。他还说:社会主义建设有两种办法,一种是干劲十足,轰轰烈烈,坚持群众路线;另一种是"寻寻觅觅,冷冷清清,凄凄惨惨戚戚",这也是一条路线。在会议讨论的准备提交八大二次会议的报告草稿中,原本有"我们今后的任务是要为技术革命和文化革命而奋斗"的提法,时任中共中央宣传部副部长、毛泽东秘书的陈伯达将这一句话修改为:"我们今后的任务,是要贯彻执行党中央和毛泽东同志提出的多快好省地建设社会主义、鼓起干劲、力争上游的总路线,为技术革命和文化革命而奋斗。"毛泽东又把这段话改为:"我们今后的任务,是要贯彻执行党中央和毛泽东同志提出的调动一切积极因素,正确地处理人民内部的矛盾,鼓足干劲、力争上游、多快好省地建设社会主义的总路线,为技术革命和文化革命而奋斗。"[1]

刘少奇在报告中,首先分析了八大一次会议以来的国际和国内形势,特别是经过反右派斗争和整风运动,焕发出了广大劳动群众"社会主义建设事业中的伟大的革命干劲","毛泽东同志提出的十五年赶上和超过英国的口号,鼓足干劲、力争上游、多快好省地建设社会主义的口号,要当促进派、不要当促退派的口号,勤俭建国、勤俭持家的口号,苦战三年、争取大部分地区的面貌基本改观的口号,所有这些号召,迅速地被几亿人口组成的劳动大军所掌握,成为极其伟大的物质力量。在劳动中,在工作中,出现了高度的社会主义积极性,势如破竹的锐气,不达目的不止的学习和钻研的精神,无所畏惧的创造精神"。

---

[1] 薄一波:《若干重大决策与事件的回顾》下卷,中共中央党校出版社1993年版,第663页。

报告总结了1958年春天全面"大跃进"以来所取得的成绩，如：1958年1月到4月的工业总产值，比1957年同期增长了26%；基本建设也已经形成了高潮，在1958年施工的限额以上的工程，将近1000项，比第一个五年计划期间开工建设的全部限额以上项目还多；由于各地进行了大规模的工业基本建设，1958年地方工业的产量将大大提高；从1957年10月到1958年4月，全国扩大了灌溉面积3.5亿亩，比解放以后8年内增加的灌溉面积总和还多8000万亩，比解放以前几千年间所达到的灌溉总面积还多1.1亿亩；在同一期间，全国农民积肥约3100亿担（包括各种肥料，主要是土肥和泥肥），平均每亩可施肥1.8万斤，按肥效计算比积肥成绩很好的1956年还多2倍以上；等等。报告在总结这些成就后指出："社会生产力的发展要求社会主义革命，要求人们精神的解放；社会主义革命的胜利和人们精神的解放，又推动社会生产力的跃进；这种生产力的跃进，又继续刺激社会主义生产关系的改进和人们思想的前进。人们在不断地改造自然界的斗争中，不断地改造社会和改造人们自己。"[1]

报告接着回顾了社会主义建设总路线的形成和发展过程，并对这条总路线的基本点进行阐释。

报告指出："党中央认为，鼓足干劲、力争上游、多快好省地建设社会主义的总路线的基本点是：调动一切积极因素，正确处理人民内部矛盾；巩固和发展社会主义的全民所有制和集体所有制，巩固无产阶级专政和无产阶级的国际团结；在继续完成经

---

[1] 刘少奇：《中国共产党中央委员会向第八届全国代表大会第二次会议的工作报告》，《人民日报》1958年5月27日。

济战线、政治战线和思想战线上的社会主义革命的同时,逐步实现技术革命和文化革命;在重工业优先发展的条件下,工业和农业同时并举;在集中领导、全面规划、分工协作的条件下,中央工业和地方工业同时并举,大型企业和中小型企业同时并举;通过这些,尽快地把我国建成为一个具有现代工业、现代农业和现代科学文化的伟大的社会主义国家。"[1]

报告详细地论述了根据这条总路线党和全国人民在技术革命和文化革命方面的主要任务。其中,技术革命方面的任务是:把包括农业和手工业在内的全国经济有计划有步骤地转到新的技术基础上,转到现代化大生产的技术基础上,使一切能够使用机器的劳动都使用机器,实现全国城市和农村的电气化;使全国的大中城市都成为工业城市,并在那些条件具备的地方逐步建立新的工业基地,使全国的县城和很多乡镇都能有自己的工业,使全国各省、自治区以至大多数专区和县的工业产值都超过农业产值;在全国范围内建立一个以现代工具为主的四通八达的运输网和邮电网;在尽可能地采用世界上最新的技术成就的同时,在全国的城市和农村中广泛地开展改良工具和革新技术的群众运动,使机械操作、半机械操作和必要的手工劳动适当地结合起来。

文化革命的主要任务是:扫除文盲,普及小学教育,逐步地做到一般的乡都有中等学校,一般的专区和许多的县都有高等学校和科学研究机关;完成少数民族文字的创制和改革,积极地进行汉字的改革;消灭"四害",讲究卫生,提倡体育,消灭主要

---

[1]刘少奇:《中国共产党中央委员会向第八届全国代表大会第二次会议的工作报告》,《人民日报》1958年5月27日。

疾病，破除迷信，移风易俗，振奋民族精神；开展群众的文化娱乐活动，发展社会主义的文学艺术；培养新知识分子，改造旧知识分子，建立一支成千万人的工人阶级的知识分子队伍，其中包括技术干部的队伍（这是数量最大的），教授、教员、科学家、新闻记者、文学家、艺术家和马克思主义理论家的队伍。

报告认为，积极实现党的社会主义建设的总路线，积极实现技术革命和文化革命，将使我国的社会生产力大大地发展起来，将要大大地提高我国的劳动生产率，使我国工业在十五年或者更短的时间内，在钢铁和其他主要工业产品的产量方面赶上和超过英国；使我国农业在提前实现全国农业发展纲要的基础上，迅速地超过资本主义国家；使我国科学和技术在实现"十二年科学发展规划"的基础上，尽快地赶上世界上最先进的水平。

在大会的讲话中，毛泽东对总路线作了解释。他在5月23日的讲话中，特地讲到了为什么要提"鼓足干劲、力争上游"的问题。他说："鼓足干劲、力争上游"，这个提法很好，是新鲜的提法，反映了人民的干劲。干劲用"鼓足"二字比较好，比"鼓起"好，真理有量的问题。因为干劲早就鼓起来了，问题是足不足，至少要有六七分，最好八九分，十分才足了。干劲各有不同，所以用"鼓足"二字比较好。"鼓足干劲"是个新话。"力争上游"从前也有，不是新话，现在有新意。什么叫力争上游呢？从国内来说，无非就是争四、五、八，争千斤亩，争两千斤亩。鞍山出钢，不增加投资，争出钢的炉数，还要提高质量。"四十条"现在不要十二年了，有的省在有的项目上三年就可以实现了；有的省说可以一年实现，对外宣传要说两年实现，争取一年实现，留有余地；有些项目今年可以做到，有些明年可以做到，有些第三年可以做到，大体上五年差不多。一年抓四次，检查四次，每年下去四个月。用这样的领导方法，可能在五年内实现"四十条"，这不是上游吗？不是多快吗？但还要好省。

毛泽东还解释了总路线中为何没有主词。他说："鼓足干劲、力争上游、多快好省"，外国人看了可能不大懂，没有个主词，鼓什么人的干劲呢？本来考虑加上一句"调动一切积极因素"作为主词。其实不加主词也可以，世界上怪事多得很，就是不要主词，六亿人民就是主词，干劲就是六亿人民的干劲。

对于八大通过的社会主义建设总路线，1981年十一届六中全会通过的《关于建国以来党的若干历史问题的决议》中已经作出了客观公正的评价。《决议》指出："党的八大二次会议通过的社会主义建设总路线及其基本点，其正确的一面是反映了广大人民群众迫切要求改变我国经济文化落后状况的普遍愿望，其缺点是忽视了客观的经济规律。"[1]如果单从字面上理解，这条总路线的内容无疑是正确的，以"鼓足干劲、力争上游"的精神状态去建设社会主义，把我国早日建设成为一个社会主义现代化强国，并没有什么不对。我国原本是一个经济文化都很落后的半殖民地半封建国家，正因为经济文化的落后，才导致了近代以来屡遭列强各国的侵略；而帝国主义的侵略，又加剧了中国的贫穷落后。新中国成立后，中国人民政治上翻了身，建立了先进的社会制度，但经济文化落后的状况并没有从根本上改变，从党的领袖到普通群众都急切地希望中国早日繁荣富强。这也是总路线之所以能够

---

[1] 中共中央文献研究室编：《三中全会以来重要文献选编》下，人民出版社1982年版，第805页。

制定并在当时为人们所广泛拥护的原因所在。不但如此，这条总路线从表面上看，"多快好省"的经济建设方针，把数量与质量、速度与效益都包含进去了，既强调多与快，又要求好与省。如果经济建设中做到了又多又快又好又省的辩证统一，既有高速度，又有高效益，既有数量，又有质量，当然很好。然而，对于这条总路线所产生的实际作用和历史影响，恰恰不能从字面上去理解和把握。

这条总路线是在 1957 年下半年以来，毛泽东对 1956 年的反冒进的不断批评中提出和确立的。1956 年由周恩来、陈云等主持的反冒进，以及八大一次会议确定的"既反保守又反冒进，在综合平衡中稳步前进"的经济建设方针，本来是正确的。但是，自 1953 年过渡时期总路线提出，特别是 1955 年在农业合作化运动中开展对所谓"小脚女人"的批评后，毛泽东在社会主义建设问题上急于求成的思想便不断流露出来。他本来就不赞成反冒进，只是由于当时国际共产主义运动内部发生了波匈事件，接着国内又开展了反右派斗争，他的主要精力放到了这两件事的处理上，对反冒进采取了容忍和默许的态度。波匈事件平息和反右派斗争结束后，一方面他将注意力放到了经济建设上，再次提出要把工作重心转移到经济建设（即技术革命和文化革命）上来。但是另一方面，此时他却把右派的进攻与反冒进联系起来，加之 1957 年经济建设的速度有所降低，出现了他所说的"马鞍形"，这使他坚信，反冒进是错误的，搞建设就是要有超常规的高速度，就是要冒进。因此，这条总路线的形成与提出的过程，既是不断批判反冒进的过程，也是急于求成的思想升温发热的过程。

二、"速度是总路线的灵魂"

"多快好省"是社会主义建设总路线的核心。"多快"与"好省"是对立统一的,没有好和省的多与快,既没有意义,也不能持久。如果把它们真正有机地统一起来,真正做到又多又快又好又省,自然是一种理想的状态。但是,当时尽管将这四点并列,表面上看四个方面都兼顾到了,但实际上重心是多与快,即高速度。

刘少奇在报告中就专门讲到了速度的问题。报告说:建设速度的问题,是社会主义革命胜利后摆在我们面前的最重要的问题。我们的革命就是为了最迅速地发展社会生产力。我国经济本来很落后,我国的外部还有帝国主义,只有尽可能地加快建设,才能尽快地巩固我们的社会主义国家,提高人民的生活水平。在我国这样一个六亿多人口的大国中,尽快地完成社会主义建设事业,又必将大大增强以苏联为首的整个社会主义阵营的优势,有利于社会主义阵营各国的互助合作,有利于世界上一切和平力量的互助合作,有利于世界和平的保障。

报告还对反对高速度的意见作了驳斥,认为"六亿多人长期处在贫穷和缺少文化的状况下,用很大的努力才能勉强维持很低的生活水平,不能有效地抵抗自然灾害,不能迅速地制止可能的外来侵略,完全处于不能掌握自己命运的被动地位,那才是一种可怕的紧张局面。为了摆脱那种局面,几万万人鼓起干劲,满怀信心地投入热烈的劳动和斗争中,这是我们应当双手欢迎的一种革命的常规"。总之,"那些反对提高建设速度、反对多快好省这个方针的批评,都是站不住脚的"。[1]

从一般意义上讲,这也是对的。但问题在于,此时提出的建设速度,是脱离实际的高速度,而在宣传阐释总路线时,又只注重多和快,也就是速度和数量,忽视效益和质量。

在八大二次会议上,毛泽东特地谈到了高速度的问题。他在5月17日的讲话中说:我们的口号是多些、快些、好些、省些。这是不是高明些呢?我看我们的口号是高明些,应当高明些。因为是先生教出来的学生,学生应当比先生强。后来者居上嘛!我看我们的共产主义,可能比苏联提前到来。苏联20年加上半年是1800万吨钢。1917年是400万工人。1913年是400万吨。所谓20年加半年,是从1912年到1941年6月苏德战争爆发时,搞到1800万吨钢,除去底子400万吨,净搞1400万吨。就拿这些钢打败了希特勒。我们不用这些年,因为有苏联的帮助,有6亿多人口,又从苏联学来了经验。他们40年的经验就是我们的经验,他们走对的我们继续走,不对的我们就不走了。我现在对几千万吨兴趣不大。到1962年,我们的钢有的说是3000万吨,有的说是3500万吨,有的说是4000万吨,这是8年加5年共13年时间。底子不是400万吨,而是90万吨,主要是日本人搞的,其次是蒋介石搞的。蒋委员长这位老先生真不高明,几十年只搞了4万吨,还有满清张之洞的老底子。国民党不亡,是无天理。

在大会的讲话中,毛泽东还几次讲到"超英赶美"的问题。5月8日,毛泽东在大会第一次讲话中说:我看,大概只要十几

---

[1] 刘少奇:《中国共产党中央委员会向第八届全国代表大会第二次会议的工作报告》,《人民日报》1958年5月27日。

年工夫，我们的国家就可以变成工业国。对于这类事情首先要藐视它，然后在具体做的时候要重视它。七搞八搞，我看只要15年就可以赶上或者超过英国；并且还要赶上美国，照李富春同志的说法，最多20年也就够了。美国算不算数？也算数，也不算。美国有点工业、科学，因此第一是算数；第二不算数，也能赶上和超过的。现在你厉害，过几年我们赶上了，就比你厉害。争取15年，打个保险系数多一点时间，20年是办得到的。今天《人民日报》上登的，"让高山低头，河水让路"，我看这个话很好：高山嘛，我们要你低头，你还敢不低头；河水嘛，我们要你让路，你还敢不让路。这样说是不是狂妄呢？不是，我们不是狂人，是实事求是的马列主义者、革命者。我们主张俄国的革命热情与美国的求实精神统一起来。

毛泽东又说：中国应当成为世界上第一个大国，因为中国人口世界第一个多嘛！过去林彪同志在延安曾谈过，将来中国应比苏联强。那时我还有点不大相信，我想苏联也在进步呀！现在我相信了，完全有可能。我们这么多人，现在6亿，再过10年、15年8亿，人多总要做事，总不能光睡觉嘛！吃了饭就干社会主义，无非是搞工业、农业、文化科学嘛！因此说，十几二十年就可以赶上世界上一切国家，还可能超过美国。在座的有没有新华社的同志，可不要发稿，对外还是15年赶上英国，美国让苏联赶，大家分工赶，不过我们也能赶上。15年赶上英国对内给你们讲了，你们是党的负责干部，是党的八大代表；对外就不要讲了，不要登报。

在20日的讲话中，毛泽东说：大跃进与一般不同，7年赶过英国，再加上8年赶上美国，这是突变。这不是突然来的，是逐渐来的，要有7年，再加8年。工作一年要抓四次，一年360天，这都是量变，其中也有许多小小的质变。如煤，不要7年，两三年就可以赶过英国。在这一点上来说，突变比量变好。但没有量变，就不会有突变。没有量变不行，否定量变，没有根据地去搞突变，是冒险主义，在政治上要犯错误。平衡是由不平衡来的，平衡中就有不平衡，没有不平衡就没有平衡。平衡的破坏是跃进，平衡的破坏优于平衡，因不平衡而大伤脑筋是好事。他还风趣地说：政治和技术结婚就产生了社会主义，它俩结婚就会生儿子，就产生了7年超英国、再8年超美国这两个儿子。第一个叫超英，第二个叫超美。

在5月23日的讲话中，他又说：从国外来说，同外国比较，争取7年超过英国，15年超过美国，报纸上还是宣传15年超过英国。这次大会对这个提法有些修改，把"十五年或者更多一些时间"改成"十五年或者更短一些时间内超过英国"。这里打了很大的保险系数，实际上7年就可以赶上了，有些项目还不要7年，比如煤炭两三年就可以赶上了。上海和别的地方有些品种已经超过了。

按照大会提出的"超英赶美"目标，各工业主管部门在向大会提供的工作报告中，纷纷提出了自己的工作赶超计划和时间进度。

冶金工业部部长王鹤寿发言说：最近以来，根据党的社会主义建设总路线，再和各省市研究了钢铁工业的发展速度后，得出的结论是，明年钢产量达到1200万吨以上，1962年达到3000万吨以上，1967年达到7000万吨以上，1972年达到1.2亿吨以上，是完全有把握的。这也就是说，钢产量明年达到八大提出的指标；5年超过英国；15年赶上美国。在党的总路线的指导下，我们逐渐认识了客观规律，看出了我国国民经济发展上可能创造的、过去没有人可以设想到的速度。在这次代表大会上提出15年赶上美国，是有极重大的政治意义的。这是一个世界范围内的兴无灭资的问题。因为在不久的时间内，超过英国已经是很清楚的了。而美国，目前却仍以资本主义世界"天之骄子"的样子在那里"神里神气"，我们以最快的速度赶上和超过它，就预示着资本主义世界灭亡的速度加快。

王鹤寿还说：15年赶上美国或超过美国，没有什么浪漫主义的成分，是地道的现实主义。15年赶上美国之所以是现实主义的速度，首先是因为我们看到1962年达到钢3000万吨的指标，并不是什么渺茫的理想，而是肯定可以实现的事实。3000万吨的产量，是我们根据正在建设的、将要建设的钢铁厂的具体进度计算出来的，这种计算既没有"凭空估计"的成分，而又比较充分地考虑到可能遇到的一些困难，因而与其说它是先进的奋斗目标，倒不如说它还是多少带有保守性质的指标。1957年钢的产量是532万吨，在这样一个小的基础上，经过5年可以肯定跳到3000万吨（每年增长41.5%），那么从3000万吨的基础上，经过5年跃进到7000万吨（每年增长18.5%）；从7000万吨这样一个更大的基础上，经过5年跃进到1.2亿吨（每年增长11.3%），就是比较容易的了。因此，我们认为在钢铁工业中，15年赶上美国是一个现实主义的奋斗目标。如果现实主义和浪漫主义相结合，那么我们就可以设想：1962年钢的水平达到3500万—4000万吨，从而赶上英国的时间将要更快一些。

石油部副部长李人俊在发言中说：第一个五年计划期间，石油工业有了显著的发展，比起旧中国那个"可怜相"好多了。但是这并没有从根本上改变落后面貌，在我国社会主义建设中，石油仍是最薄弱的一环。1957年石油产量只有146万吨，这个数字与我们这样一个大国，而且又是以世界上史无前例的速度，飞快地建设现代工业和农业相比，就太不相称了。以往几年内我们也很想发展得快一些，但是由于道路走得不对，办法不多，总像小脚女人走路一样，每年产量增加20%—27%，再也快不了。因此，很自然的，人们都很担心石油能否跟得上。这种担心对我们是一种很大的鞭策力量。我们承认落后，但决不甘心落后。在党的总路线照耀下，眼睛变亮了，方向明确了，办法也多了，现在可以响亮地回答大家的关切：石油工业能跟兄弟战线一起大跃进。我们的目标是：1962年生产原油1500万吨，天然气30亿立方米，基本适应工农业的发展，保证满足国防方面的需要；在15年内赶上钢铁产量（1吨钢1吨油），到1972年，原油生产水平超过1亿吨。

大会期间，一些部委还向中共中央提交了本部门与行业的"大跃进"报告或计划。

中共交通部党组在题为《全党全民办交通，水陆空运大跃进》的报告中提出：在第二个五年计划期间，水上货运的增长速度平均为25%，到1962年，货运量达到4.7亿吨，1267亿吨公里，比1957年各增长2倍。水运比重将由1957年的22.6%提高到24.6%强。5年内增加轮船航道3万公里，到1962年共有通航里程约为16万公里，其中轮船通航道达6.8万公里。增建江海驳轮170万吨左右（其中包括远洋船舶40万吨），1962年全国轮驳船将达到300万吨左右。第二个五年计划期间，新建公路30

万到50万公里（其中常年通车里程约增10万公里左右）；预计1962年公路通车里程将达到50万到70万公里。在第二个五年计划期间，将增置公用汽车15万到20万辆（不包括运输合作社以公积金购进的车辆）。预计到1962年，公路货运量将达到13.6亿吨，210亿吨公里，比1957年各增长2倍多；客运量将达到13亿人次，400亿人公里，比1957年各增长4倍左右。

中共纺织部党组在题为《在五年内纺织工业主要产品超过英国赶上美国》的报告中说：在鼓足干劲、力争上游的思想基础上，我们拟出了一个规模宏伟的第二个五年计划纺织工业发展规划。这个规划，是在农业大跃进的基础上制定的。1962年纺织工业生产的初步规划为：棉纱1200万件，棉布3.6亿匹（127亿米）；毛织品1.3亿米；麻袋2.5亿条；人造纤维15万吨；蚕丝3.35万吨。这些指标比八大的建议数字都提高很多。第二个五年计划期间，纺织工业产值每年递增23%。1962年棉纱和棉布的产量将要超过现在世界上产量最高的美国；至于英国那就远远地被抛在我们的后面了。我国麻、丝工业的产量，现在已经超过英国和美国；毛纺和化学纤维的产量估计在7年的时间内可以赶上英国。到1962年，全国人口平均，2个人就有1匹布，将比现在的18市尺提高3倍。加上品种增多和质量花色的改进，就可以做到"春夏秋冬，衣服齐备，男女老少，花样翻新"了。到那时候，全国人口每人平均约有1套毛绒衣，城市的青壮年每人平均有1套料子衣服，城乡人民都有做客的外衣和节日的盛装，在布匹门市部不但可以看到各色各样的棉布、绸缎、呢绒、麻布，还可看到各种棉、毛、麻、丝与人造纤维的混纺交织品，真是"五光十色，美不胜收"。

中共化学工业部党组在报告中说：最近我们从发展速度方面研究了我国化学工业的生产水平能不能在15年内赶上美国的问题。研究的结果是，只要坚决贯彻执行党的鼓足干劲、力争上游、多快好省地建设社会主义的总路线，充分地综合利用我国丰富的资源，彻底地走群众路线，几种主要化工产品的产量，是完全能够在15年内赶上和超过美国的。报告列举了化学肥料工业、酸碱工业、有机合成化学工业、橡胶工业、医药工业15年赶上和超过美国的具体数据。以化学肥料工业为例，报告说：美国1957年生产化学肥料2800万吨，1952年至1957年的5年间平均发展速度为7.8%，今后每年的发展速度假定以5%推算（事实上难于达到），到1962年化学肥料的产量可能达到3580万吨。我国1957年生产化学肥料80万吨，1962年计划生产3000万吨（第二本账），第二个五年计划期间每年平均发展速度为106%，预计实际执行的结果可能还会大大超过，可能达到4000万吨。如果1962年化肥产量达到3000万吨，那么在第三、第四个五年计划期间只要以每年12.8%的速度发展，就可以在1972年使化学肥料的产量达到1亿吨，这样就远远超过美国了。

负责计划工作的国务院副总理李富春，在大会作了题为《赶上英国，再赶上美国，第二个五年是关键》的书面发言，对第二个五年计划的跃进指标及如何达到加以详细说明。书面发言说：对着当前汹涌澎湃的社会主义建设高潮，我们真有一种"心潮逐浪高"的心情，充满了赶上英国，再赶上美国的信心和干劲。1958年的形势完全证明，第二个五年是可以大大地跃进的。根据国家计划的第二本账，今年的工业生产，计划比去年增长34%，经4月份的实际，已经比去年同期增长42%，截至4月底，增加灌溉面积已经达到 3.5 亿亩，超过全年计划 6000 万亩；增加的造林面积，已经达到 2.9 亿亩，超过全年计划 1.4 亿亩。今年的工业生产，一定会大大超过年度计划中的第二本账；今年一年增产的粮食，有可能比过去五年（1952 年至 1957 年）增产的粮食还要多。这样就打开了第二个五年高速发展的道路。

书面发言又说：按照初步设想的指标来估算，1962 年工业总产值大约为 2300 亿—2900 亿元，比 1957 年增长二至三倍，每年平均增长 26%—32%；1962 年农副业总产值大约为 1200 亿—1370 亿元，比 1957 年增长 80%—110%，平均每年增长 13%—16%。很显然，这是一个古今中外从来都没有过的高速度。但就是这样的高指标，在实践过程中，经过努力，也是完全可能提前完成和超额完成的。根据上述初步设想的指标，八大的建议就可以提前三年左右完成，我国就将建立起一个比较完整的现代工业体系，现代工业产值将超过农业产值，我国将基本实现工业现代化和农业现代化，文化科学技术将大大提高。我国的面貌将根本改变。

书面发言还谈到什么时候赶上英国、什么时候赶上美国问题。发言指出：只要争取完成和超额完成上述初步设想的第二个五年计划的第二本账，我国就完全有可能在 1962 年或更多一点时间内，在钢铁和其他主要工业产品产量方面赶上或超过英国；在赶上英国的基础上，经过进一步的努力，就可能在 1972 年或再多一点时间内，在钢铁和其他主要工业产品产量方面赶上美国。因此，第二个五年是赶上英国和赶上美国的关键。发言进而认为：不要 15 年，甚至不要 10 年，只要七八年的时间，就可以在钢铁和其他主要工业产品产量方面，赶上或超过英国；不要 25

年，只要 15 年或者再多一点的时间就可能赶上美国。这样，过去资本主义国家花费了一二百年时间所达到的工业水平，就可能用 20 年左右的时间来赶上它们。至于农业，只要在 5 年到 7 年内实现农业发展纲要，逐步实现农业的化学化、机械化和电气化，那我们的农业发展，就可把一切资本主义国家远远地抛在后面。

一些地方负责人也在发言中，谈到各自高速度发展工农业生产的问题。

中共四川省委第一书记李井泉说：四川省对今后地方工业的发展已经作了初步规划，决心争取提前三年或五年实现《全国农业发展纲要四十条（修正草案）》，争取五年内使地方工业总产值超过农业总产值，在 1962 年达到 145 亿元（或者还更多一点），比 1957 年的 36.1 亿元增长 3 倍（或者更多一点，但不包括中央现有工业和准备新建工业的产值）；我们认为这个指标是比较有把握实现的。李井泉还谈到一些具体指标，比如：五年内全省人民穿衣由省内自给；煤产量由 1957 年的 516 万吨提高到 1958 年 1000 万吨左右；小高炉的铁产量由 1957 年的 20.5 万吨提高到 1958 年 60 万吨左右；整个"二五"计划的地方工业投资达 17 亿—20 亿元。

中共广东省委第一书记陶铸说：辩证唯物主义是在承认物质的第一性的基础上，强调人的主观能动性的作用的。人民群众的主观能动性，是无穷力量和智慧的源泉。特别是在社会主义制度下，以共产主义来提高人的觉悟，建立新的人与人的相互关系，人民群众能发挥出来的力量，就更加难以估量。原来认为广东实现工业化，不要十年也要八年，现在大有可能在今、明两年内，使工业产值赶上农业产值，三五年内基本上实现农业机械化、半机械化。粮食生产也可在1960年实现亩产800斤的指标，今年就可以增产60亿斤，增长25%，一年超过以往五年。这样快的粮食增产速度，在广东历史上是从来没有的。

会议期间，中共中央批转了中共国家经委党组新提出的关于1958年第二本账的报告。报告认为：自从去年三中全会恢复了"多快好省""四十条"和促进会以后，又经过南宁会议后反对了"反冒进"，再加上去年以来直到现在的整风、反右派斗争，群众的革命干劲的确是鼓起来了，今年第一季度的生产运动证明，不仅在农业战线上，而且在工业战线上都出现了新的高潮。今年的确是一个非常的年份，群众革命建设的威力究竟有多大，我们还估计不透，但很大很大是肯定了的。1958年度国民经济计划的第二本账，自向成都会议报告以后，又有了一些新的变化。

报告提出了具体的调整指标：粮食总产量由4316亿斤提高到4397亿斤；棉花由4093万担提高到4463万担；猪由19515万头提高到22681万头；农业和农副业总产值就由754亿元提高到793亿元，比上年增长的速度，由16%提高到21%。工业生产指标，原煤的产量由16737万吨提高到18052万吨；生铁由800万吨提高到835万吨；钢由700万吨提高到711万吨；木材由3095立方米提高到3165立方米；金属切削机床由5万台提高到6万台；发电机由77万千瓦提高到98万千瓦；电动机由340万千瓦提高到400万千瓦；变压器由700万千伏安提高到850万千伏安；排灌机械由270万马力提高到300万马力。这样，工业和手工业总产值就由904亿元提高到915亿元，比上年增长的速度，由33%提高到34%强。

这本是一些根本实现不了的高指标，但八大二次会议后却成为全国人民的奋斗目标，成为"大跃进"的中心内容。

有的大会发言或一些部门给中共中央的报告中，还谈到了科学、文化、教育、体育等"大跃进"的问题。

中国科学院北京地区自然科学各研究单位及院本部各工作单位全体工作人员，在大会期间给大会主席团并毛泽东写了一份题为《向党的八届全国代表大会第二次会议报告我们的工作跃进计划》的报告，提出了24项跃进目标，如：大力开展防治病虫害的研究，要在3年内提出基本扑灭稻瘟病、小麦锈病、棉花黄萎病和枯萎病、马铃薯晚疫病和退化病、油菜和烟草的花叶病、苹果腐烂病以及水稻螟虫和稻田其他病虫的防治措施；6年以内培育出适合华北地区栽培的抗锈、抗倒伏、丰产冬小麦新品种；赶制新型的离子交换树脂，利用其为海水脱盐，变成淡水，解决沿海城市水源困难，同时摄取海水中含有的宝贵的矿物资源；等等。

中宣部部长陆定一说：据各省市的汇报，扫盲工作在5个省可以1年完成（现在黑龙江已经基本上扫除了青壮年文盲），全国范围3年可以基本完成，边疆地区（西藏除外）最迟的7年可以完成。普及小学，12个省市1年完成（现在，江苏、福建、河南、黑龙江、江西5个省已经完成），全国3年基本完成，边疆地区最迟的7年完成。

卫生部副部长徐运北说：目前除"四害"和消灭血吸虫病的工作已经取得很大的成绩，完全有可能在全国范围内5年基本消灭"四害"。争取3年之内全国基本消灭血吸虫病、疟疾和钩虫病，5年之内基本消灭丝虫病，1年之内消灭人间鼠疫，2年之内消灭黑热病、天花和新生儿破伤风。5年到7年消灭性病。其他如肺结核、麻风、麻疹、赤痢、伤寒、流行性乙型脑炎、白喉、脊髓灰质炎、沙眼、甲状腺肿大、大骨节病、克山病等也要采取积极防治措施，要使这些疾病的发病率逐年有明显下降。

国家体委在《体育运动十年发展纲要（草案）》的报告中说：为了使体育事业更好地为社会主义事业服务，增进人民健康，增强人民体质，必须大力开展大型群众性的体育运动，并在体育运动广泛开展的基础上，加强提高运动技术水平，争取10年左右，在主要运动项目上，赶上世界先进水平。要求篮球、排球、足球、乒乓球、田径、体操、举重、游泳、滑冰、射击、自行车、羽毛球、划船等项目，在10年左右达到世界前六名的水平，争取其中的若干项目获得世界冠军和创造世界纪录。要求10年内全国有4000万人通过劳卫制，800万人达到等级运动员水平，其中运动健将5000人。

三、"插红旗、拔白旗"

八大二次会议对反冒进的再次批评和强调"插红旗、拔白旗"，为进一步发动"大跃进"扫清了思想障碍。

如果说，南宁会议和成都会议毛泽东对反冒进还只是小范围的批评，那么，八大二次会议则把这种批评向全党和全社会公开了。刘少奇代表中共中央所作的工作报告专门讲到了反冒进的问题。报告说："在一九五六年的跃进中也曾出现了一些个别的缺点，主要是由于多招收了一部分新职工，某些人员的工资增加得不适当，一度造成了市场供应情况的某些紧张。这些缺点，比之当时所取得的巨大成就，本来是很小的，经过全国人民在党的号召下进行了几个月的增产节约运动，问题就解决了。但是当时有一些同志不适当地夸大了这些缺点，对于当时所取得的伟大成绩却估计不足，因而认为一九五六年的跃进是一种'冒进'。在反对所谓'冒进'的这种空气下面，多快好省的方针，农业发展纲要四十条，竟然受到了某些人的怀疑。其结果是损害了群众的积极性，影响了一九五七年生产建设战线上特别是农业战线上的进展。但是不久，党就纠正了这个错误。""曾经对多快好省地建设社会主义的方针表示怀疑的同志，许多人已经从这样一次反复中得到了教训；有些人却还没有得到教训，他们说：'到秋后再同你们算账。'让他们等着算账吧，他们总是要输的。""一个马鞍形，两头高，中间低。一九五六年——一九五七年——一九五八年，在生产战线上所表现出来的高潮—低潮—更大的高潮，亦即跃进——保守——大跃进，不是大家都看得很清楚了吗？"[1]

其中的"有些人却……总是要输的""一个马鞍形……很清楚了吗"这两段文字，是毛泽东会议期间修改这个报告时加写的。

尽管刘少奇在报告中对反冒进作了批评，但会上有人仍嫌不够。在小组讨论时，有人说：反冒进不仅仅是报告中所说的"一些"同志的问题，主席的思想是一贯的，但从1956年下半年到三中全会期间，主席的思想在中央委员会中贯彻了多少，值得研究。八大的报告和决议中都没有提"多快好省"和"农业发

---

[1] 刘少奇：《中国共产党中央委员会向第八届全国代表大会第二次会议的工作报告》，《人民日报》1958年5月27日。

展纲要四十条"；八大关于第二个五年计划指标的建议也很保守；1957年的计划已经肯定是保守的计划。从这些事实来看，右倾保守不是少数人的问题，也不是一个部门、一部分工作的问题。

也有人说，感到报告对反冒进的思想根源、错误性质和后果的论述不够充分。对在中央工作的个别同志来说是思想方法问题，对在地方工作的一些同志来说则不仅是思想方法问题，有些人是由于严重右倾和对社会主义事业缺乏热情和严重对党不满，因而借反冒进之名对党进行攻击。就全国来说，反冒进的错误虽然是思想方法的错误，但不是一般方法的错误，而是在建设路线上带根本性质的错误。

还有人认为报告对反冒进批判不够，语气嫌轻，对立面讲得不够，思想方法及思想根源没有分析，对反冒进带来的影响估计不足。批判的分量要重一些，对立面要明确，特别是思想方法和思想根源要集中分析批判。

有人甚至说，反冒进的错误主要不是来自地方，而是来自中央机关的一些同志，中央要多负一些责任。

还有一些人在大会发言中，对反冒进进行批评。有人说：1955年批判右倾保守思想之后，紧接着毛主席又提出了《全国农业发展纲要》和"多快好省"地建设社会主义的方针，党内曾经有过不同的思想认识，有赞成的，有怀疑的。怀疑毛主席"多快好省"方针的人，首先就是从怀疑《全国农业发展纲要》能否实现开始。的确，他们也是希望农业更大地发展的，但是他们怀疑全国农业能够超过第一个五年计划的增长速度并增加生产；同样，他们也是希望从工业农业发展中，来增加国家的资金积累的，但是他们怀疑农业的发展速度，因而也就怀疑国家资金积累的比例能够比第一个五年计划提得更高些；他们怀疑工业的发展速度能够搞得更快些，甚至比苏联的发展速度还快些。两年来的斗争实践证明，这种怀疑的观点是不正确的。

也有人说：生产力中最重要的是人，人民群众是历史的主人。这是马克思主义的基本原理。人的重要性连孟子也懂得，"有人斯有土，有土斯有财"。可是，反冒进的人，却目中无人，只看到物的作用，遇到一点困难就张皇失措。我们不是从无到有，从小到大，在物质条件十分困难的情况下，依靠群众，战胜物质条件远比我们优越的敌人，而取得革命胜利的吗？

虽然毛泽东在成都会议上就说过，反冒进的问题以后不要再提了，但在这次大会上，他还是讲到了反冒进的问题。

毛泽东在5月17日的讲话中说：中国革命始终是农民同盟军的问题。工人阶级如没有农民作为同盟军，就不能得到胜利解放。解放前只有400万产业工人，现在有1200万，增加了2倍，连家属在内也不过4000万人左右。而农民则有5亿多。所以中国的问题，始终是农民同盟军的问题。有些同志在这个问题上不很清楚，甚至在农村混了几十年还不清楚。1956年为什么犯反冒进的错误，主要原因就在这里，不懂农民的思想感情，也就没有根，风浪一来，就容易动摇。1955年出了一本书叫作《中国农村的社会主义高潮》，举出一百几十个合作社的例子，除了西藏，各省都有。每个省部有许多合作社增了产，一百多个社增了产，一增就是一倍、几倍，你还不相信"农业四十条"能实现吗？我看是能够实现的。可是1956年到1957年这两年中间，不相信的人相当多，所谓观潮派相当多，从中央到省、专、县、乡、社各级都有那种人，他们不去找积极因素，专去找消极因素。经过整风、反右派，干部参加劳动，工人参加部分管理工作，城市政治空气也变了。那些"农村没有希望""农业悲观论""四十条不能实现"等等，可以说一扫而光了。但是，仍有一些"观潮派""秋后算账派"，这部分人没有扫光，所以要做好工作。

在这种情况下，1956年主持反冒进工作的周恩来、陈云、薄一波和李先念等领导人，不得不在大会的发言中公开检讨反冒进的"错误"。

周恩来在发言中检讨说：这次大会，是一个思想解放的大会，也是一个充满共产主义风格的大会。大会的发言丰富多彩，生动地反映了人民在生产大跃进、思想大解放中的建设奇迹的革命气概。真正一天等于二十年，半年超过几千年，处在这个伟大的时代，只要是一个真正的革命者，就不能不为这种共产主义的豪情壮举所激动，也就不能不衷心地承认党中央和毛主席建设路线的正确，同时，也就会更加认识反冒进错误的严重。我是反冒进错误的主要负责人，应该从这个错误中得到更多的教训。犯了反冒进错误的人，实际上是按照少、慢、差、费的方法建设社会主义，在过去一段时间内，曾经减低了我国的建设速度，损害了干部和群众的生产和建设的积极性。因此，它不是个别问题上的错误，而是在一段时间内关于社会主义建设规模和速度问题上方针性的错误。对于这一点，自己在相当时间没有意识到，问题的严重性就在这里。周恩来不得不违心地承认：1956年的反冒进把实际上不到一个指头的缺点夸大化，反冒进的错误，挫伤了广大干部和群众的积极性，对我国1957年建设事业的影响还是不小的，思想根源是主观主义和形而上学。由于思想方法上的这些错误，结果造成了建设工作中的右倾保守的错误。

陈云在发言中谈及反冒进的问题时说：从1956年下半年到1957年上半年这一段时间内，我对于我国经过农业、手工业和资本主义工商业的三大改造以后，社会生产力的发展形势估计不足，对于1956年生产高潮的伟大成就估计不足，对当时大跃进中出现的个别缺点，主要是由于新职工招收得过多和某些部门工资增加得不适当，一度造成商品供应和财政的某些紧张情况，估计得过分夸大了。过多地注意物，对于群众的革命积极性估计不足；过多地注意了分配方面的关系，对于扩大生产重视不够；过多地注意了所谓"稳"，而不是积极争取一切可能争取的东西。这些错误，曾经使群众的积极性受到损害，并且减低了1957年的经济发展速度。反冒进的错误是看不见和低估当时群众性生产高潮的伟大成绩，是夸大估计了当时财政和市场的紧张情况。因此，对于当时反冒进的那个方针性的错误，我负有主要的责任，首先在思想影响上负有主要的责任。

李先念在《关于财政工作如何执行多快好省方针的问题》的发言中说：几年来，财政工作在中央和各级党委领导下是有成绩的，是基本上执行党的总路线、总方针的。但是，在工作当中确实出现了不少缺点，甚至在一个时候一个问题上也发生过带有方针性的错误。因为我们思想片面，有时偏重于消极的方法和制约的一面，因此只好在预算收支数字上打圈子，打来打去还是得不到一个好的出路，结果只能是寻寻觅觅，冷冷清清，不是轰轰烈烈，势如破竹。建设事业前进当中是会发生某些供求失调现象的，我们就表现异常敏感，盲目叫喊紧张。当1956年建设跃进中出现一些个别缺点的时候，我们只是抓住了事物的局部现象，没有抓住事物的本质，夸大缺点，低估成绩，把1956年的跃进说成是一种冒进。反冒进的错误给工作带来了相当大的损失，这里面我是有责任的。幸而中央及时作出了纠正，否则，损失不知道会有多大。

薄一波在发言中说：现在看得很清楚，1956年的反冒进是完全错误的，这是一个带方针性的错误。对于这个错误，我也是有责任的。因为1956年的跃进，是有重大意义的。在跃进中所出现的一些暂时的局部的困难，对于提前完成第一个五年计划，加速我国社会主义建设，本来是不可避免的，也是没有什么可怕的。但是我对于这种形势没有很好地加以分析，没有抓住形势发展的主流，对于一度出现的材料紧张的困难，没有采取积极的措施，动员和依靠群众，千方百计地去克服，反而强调了这种困难，认为既然原材料生产赶不上去，基本建设的速度也就不能太快。在反冒进错误的影响下编制的1957年计划是保守的。而且在思想没有完全解放的情况下，编制出来的1958年计划的第一本账，也对当前大跃进的形势估计不足。今天看来，问题的严重性还不在于生产和建设的指标高一点或低一点，而在于反冒进大大挫伤了人民群众和广大干部的积极性，给开始出现的群众性的生产建设高潮，泼了冷水。这是必须引为教训的。

由于几位主张反冒进的领导人一再进行自我批评，毛泽东认为现在反冒进的问题已经解决了，党内的思想认识已经统一到了"多快好省"的建设方针上来了，所以在5月20日的讲话中，他说：现在我们很团结，没有什么事，中央和地方都很好。经过整风，反冒进事件现在搞清楚了，经过团结斗争，在新的基础上达到了新的团结。

八大二次会议虽然并没有对反冒进的问题作出什么决议，但当时主持反冒进的领导同志违心且上纲上线的自我批评和检讨，实际上为反冒进定了性：反冒进等于右倾保守，是严重的错误，是违背马克思主义的，给经济工作带来了相当大的损失。相反，冒进就是跃进，冒进是马克思主义的，搞社会主义建设就是要大冒进也就是要"大跃进"，冒进＝跃进＝马克思主义，反冒进＝右倾保守＝反马克思主义的公式也就形成了。因此，只能反右倾保守，不能反冒进。这样，八大一次会议确定的既反保守又反冒进，在综合平衡中稳步前进的经济建设方针，实际上被只反保守不反冒进的"大跃进"所取代。对代表右倾保守的所谓"观潮派""秋后算账派"可以大加批判，而对冒进则不但不能反对而且应大加褒扬。冒进也好，跃进也好，其实就是高指标。谁要是不赞成高指标，谁就是右倾保守，就是反对"大跃进"。这样一来，许多脱离实际的高指标一再提出，甚至明知不可为却违心地大唱赞歌，于是浮夸风也就随之产生。

那么，如何把"大跃进"进一步发动起来，彻底扫除右倾保守和反冒进的影响，办法是"插红旗、拔白旗"。毛泽东在5月8日的讲话中说：我们要学列宁，要敢于插红旗，敢于标新立异。当然，标新立异，一种是应该的，一种是不应该的。列宁向第二国际标新立异，另插红旗，这是应该的。旗帜横竖都要插的。一个合作社、一个生产队，就有一面旗帜。无产阶级不插红旗，资产阶级就一定会插白旗；与其让资产阶级插，不如无产阶级插。不要留空白点。资产阶级的旗子，我们要拔掉它，要敢插敢拔。设置对立面很重要。所谓对立面，是客观存在的东西。客观不存在的东西是设置不了的。

5月20日的讲话中，毛泽东又专门讲到了"插红旗、辨风向"的问题。他说：凡是有人的地方都要插旗子，不是红旗，就是白旗，或者是灰色的旗子；不是无产阶级插红旗，就是资产阶级插白旗。现在有少数落后的合作社、工厂、机关、学校，它们那里不是红旗，而是白旗或是灰旗。我们应当到落后的地方走一走，发动群众，贴大字报，把红旗插起来。

在23日的讲话中，他再次讲到了"插红旗、拔白旗"的问题，说：每一个生产队都要插一面旗子，看到没有旗子的地方就去插旗子，看到白旗，把它拔下来，插上红旗。灰旗也不行，也要拔下来，他不肯拔，就通过辩论，把它拔下来，插上红旗。

毛泽东在讲话中虽然没有指明红旗和白旗是什么，但八大二次会议结束时《人民日报》发表了题为《把总路线的红旗插遍全国》的社论，实际上把什么是红旗说得很明白了。

红旗就是总路线，也就是搞"大跃进"，就是"多快好省"；白旗者，乃与总路线、"大跃进"相抵触的思想观点及人与事，就是所谓的"观潮派""秋后算账派"。红旗与白旗的区分，就在于要不要鼓足干劲、力争上游，要不要、能不能把事情办得快些、好些。凡是不赞成或反对"大跃进"者，就是插的白旗，就应当拔掉。拔白旗也就是对反对或消极对待总路线、"大跃进"者采取组织措施。拔旗的方法，就是当时流行的大鸣、大放、大辩论、大字报（也称"鸣放辩论"，简称"四大"）。八大二次会议后，全国开展了大规模的"拔白旗"运动，一些对"大跃进"有抵触情绪的干部群众被当作白旗而遭批判。所以"插红旗、拔白旗"的过程，也就是进一步发动"大跃进"的过程。

四、"敢于破除迷信"

"破除迷信"是八大二次会议的又一重要话题。刘少奇所作的工作报告中,有这样一段话:"我们现在正经历着我国历史上伟大的飞跃发展的时代。我们的党,我们的国家,现在需要大批敢想敢说敢做的人,敢于破除迷信、革新创造的人,敢于坚持真理、为真理冲锋陷阵、树立先进和革命旗帜的人,依靠这样的人,我们才能够领导全国人民跃进再跃进,多快好省地完成伟大的社会主义建设事业。"[1]

为什么要提出这个问题,报告解释说:"我们的国家曾经遭受外国侵略者一百多年的压迫,造成许多方面的落后状态,现在虽然解放了,并在各方面有了飞跃的发展,但是不少人的精神状态还带着被压迫者的烙印,头脑里还装满了种种迷信、恐惧和自卑感。他们不是鼓足干劲,而是萎靡不振;不是力争上游,而是甘居下游。"报告认为:"无产阶级和人民的战士应当彻底抛弃那种精神状态,提倡坚决相信真理坚决依靠群众、对于任何权威都无所畏惧的崇高风格。骄傲使人落后,谦虚使人进步,这是我们必须牢记的;但是我们提倡的是实事求是的谦虚,决不是赞成妄自菲薄。我们有六亿多人口,我们党同这六亿多人口结成了血肉的联系,依靠这个伟大的力量,凡是人类能够做的事,我们都能够做,或者很快就能够做,没有什么事我们不能够做的。"

---

[1] 刘少奇:《中国共产党中央委员会向第八届全国代表大会第二次会议的工作报告》,《人民日报》1958 年 5 月 27 日。

报告充满信心地说:"我们的六亿多人口在革命觉悟高涨和革命斗争胜利的速度方面,已经远远地超过了西方最发达的资本主义国家,而在经济文化发展的速度方面,也必然远远地超过它们。在历史上,永远是后来者居上,永远是暂时显得弱小的、代表进步方面的、新生的事物战胜那些表面上似乎强大的、代表保守方面的、趋向死亡的事物。我们必然在很短的历史时期内把世界上所有的资本主义国家远远地抛在我们后面。既然如此,我们难道还不应当相信自己,迅速同那些迷信、恐惧、自卑感等等宣告决裂吗?"[1]

那么:要决裂和破除的迷信是什么呢,毛泽东在大会的讲话中对此做了解释。他在5月8日的讲话中,一开始就说要"讲一个破除迷信"的问题。

他说:我们有些同志有好些怕,其中有的怕大学教授。整风以后,最近几个月以来慢慢就不那么怕了,或者怕得没有那么样厉害了。是否也怕无产阶级教授?我看有的。譬如说,怕马克思,他住在很高的楼上,要搭上好几层楼梯才能爬得上去。不要怕,因为马克思也是人,他也是两只眼睛,两只手,一个脑子,跟我们差不多。不过他脑子里有一大堆马克思主义。马克思的东西,不一定都要读完,读一部分基本的东西就够了。但我们做的超过了马克思。列宁说的做的,许多地方都超过了马克思,马克思没有做十月革命,列宁做了,所以在实际方面是超过了。马克思那时有那时的条件。他没有做中国这样大的革命。我们的实际

---

[1] 刘少奇:《中国共产党中央委员会向第八届全国代表大会第二次会议的工作报告》,《人民日报》1958年5月27日。

也超过了马克思。在实践中就会产生出道理来。马克思革命没有革成,我们革成了。这种革命的实践,反映到意识形态上,就成为理论。

他接着说:不要妄自菲薄,不要看不起自己。中国被帝国主义压迫了一百多年,帝国主义宣传那一套,要服从洋人,服从外国一百多年了,吓怕了,什么都怕。封建主义宣传那一套,要服从孔夫子,总觉得自己不行。这说明在这些看法上,是有迷信思想。讲话中,他还举了20多个例子,如战国时秦国的甘罗,汉朝的贾谊、项羽、韩信,孔夫子和他的学生颜渊,《西厢记》里的红娘等,"说明年轻人胜过老年人,学问少的人可以打倒学问多的人。不要被大学问家、名人、权威所吓倒。要敢想,敢说,敢做,不要不敢想,不敢说,不敢做,被某些东西所束缚,要从这种束手束脚的状态中解放出来,要发挥人的创造性"。

会议期间,毛泽东对一份关于辽宁省安东机器厂的材料产生了浓厚的兴趣。材料中说,这个厂原来技术力量很薄弱,全厂没有一个工程师,只有一个技术人员和几个老工人,但他们克服困难,试制出了拖拉机。毛泽东将这份材料冠以"卑贱者最聪明,高贵者最愚蠢"的标题,指示印发给与会者。他还要求编印一本近三百年世界各国科学、技术发明家的通俗简明小传,以证明"科学、技术发明大都出于被压迫阶级,即是说,出于那些社会地位低、学问较少、条件较差、在开始时总是被人看不起、甚至受打击、受折磨、受刑戮的那些人"。"如果能够有系统地证明这一点,那就将鼓舞很多小知识分子、很多工人和农民,很多新老干部打掉自卑感,砍去妄自菲薄,破除迷信,振奋敢想、敢说、敢做的大无畏创造精神,对于我国七年赶上英国、再加八年或者十年赶上美国的任务，必然会有重大的帮助。"[1]

社会主义改造的提前完成，反右派斗争的完全胜利，使毛泽东对于社会主义建设的长期性和艰巨性认识不足，开始不谨慎了，人们崇拜他，他也有些过分自信。他在大会的讲话中说：过去有不少人认为工业高不可攀，神秘得很，认为"搞工业化不容易呀"。总之，迷信很大。我也不懂工业，可说一窍不通，可是我不相信工业就是高不可攀。我同几个搞工业的同志谈过，我说，不要把它看得那样严重，这是不正常的心理状态。开始不懂，学过几年也就懂了，有什么了不起。毛泽东的这番话自然旨在鼓励人们解放思想，破除迷信，增加信心。做什么事情首先要有信心自然是不错的，但仅有信心又是远远不够的，因为搞工业也罢，进行经济建设也罢，是必须遵循其内存的客观规律，否则必然受到规律的惩罚。

怎样破除迷信成为大会分组讨论中的一个重要议题，与会者纷纷认为要进一步破除迷信，解放思想，不要怕资产阶级教授，这些人其实没有什么学问，用的是"洋人""外国""学问"吓唬人。于是，敢想、敢说、敢做就成为大会的共同声音。

贵州小组在讨论中说：毛主席破除迷信的讲话，不仅进一步解放了思想，对促进文化和技术革命尤其重要。贵州同志较普遍地存在着一种自卑思想，以为贵州交通闭塞，工业落后，各个方面都比不上外地，矮人一头，不敢力争上游。在工业上，有些人认为离开几个工程师，戏就唱不起来；在理论上，则认为"山沟里出不了好秀才"。有许多事情本来可以办，但有人还要回顾

---

[1]《建国以来毛泽东文稿》第 7 册，中央文献出版社 1992 年版，第 236 页。

历史，观望外地，好像前人和别人没有办过的事情，就不可轻易去办。

江苏有的代表说：主要是要我们打破迷信，解放思想，敢想敢做。只有彻底改变由于我国过去长期穷、白、弱养成的民族自卑感的那种精神状态，才能更好地贯彻执行鼓足干劲、力争上游、多快好省地建设社会主义的总方针、总路线。

山东小组在讨论中认为：破除迷信思想的问题很重要。因为现在还有一部分人很迷信教授、科学家，而对劳动群众的创造发明容易忽视；对古人的东西总看成是天经地义，而对现代的新生事物往往忽视；对外国的东西很重视，而对本国的创造发明和潜力则重视不够。所以破除迷信，从种种思想束缚中解放出来，敢想敢干，是非常必要的。

湖南小组在讨论中明确表示：主席的讲话对于我们破除迷信、解放思想，有极其深刻、伟大的意义。七年赶上英国，再加上八年赶上美国是完全可能的。问题不在于能不能赶，而在于敢不敢赶，主席的讲话已经使我们从思想上解决了这个问题。在党中央和毛主席的正确领导下，我国建设社会主义社会的速度，也将大大超过苏联建设社会主义的速度。

破除迷信、解放思想本身也没有什么不对，既要学习马克思，又要敢于超过马克思，从理论上讲也是正确的，唯有如此，才能在坚持马克思主义中发展马克思主义。但是，八大二次会议却把破除迷信、解放思想同敢想、敢说、敢做等同起来，而且把敢想放在第一位，实际上就是搞"不怕做不到，就怕想不到"。八大二次会议强调破除迷信，为随后"大跃进"运动中一系列的违背规律、违反科学的举动提供了思想基础。大会之后，各行各业大放

"卫星",粮食亩产几千斤、几万斤甚至十几万斤的报道充斥于报刊,"只要我们需要,想生产多少就可以生产多少粮食出来"的言论赫然出现在《人民日报》的社论中,有人在新创刊的中共中央机关刊物《红旗》上专门撰文批驳"粮食增产有限论",许多荒唐的"发明创造",如公鸡孵小鸡之类变成了"跃进"的成果。其结果是解放思想变成了胡思乱想,破除迷信将科学也破除了。

在这次大会的讲话中,毛泽东还讲到外行领导内行的问题,认为外行领导内行,这是一般规律。差不多可以说,只有外行才能领导内行。并提出对这个问题要好好研究一下,"因为有许多工程师、教授看我们不起,我们也觉得自己不行;硬说外行领导内行很难。要有点道理驳他们"。会后,报刊上不断有文章对外行领导内行的规律性进行解读。中共安徽省委第一书记曾希圣在刚创刊的省委理论刊物《虚与实》上,发表了《破除迷信,解放思想》一文,专门讲到了"外行领导内行是一般规律"的问题。还有人将是外行领导内行还是内行领导外行的问题,上升到了两个阶级、两条道路斗争的高度,说内行领导外行的实质,是剥削阶级知识分子对无产阶级领导的抗拒。更有甚者,有人进一步提出"只有外行才能领导内行"。将外行领导内行视为"一般规律"的结果,导致了对专家和知识分子的轻视,使强迫命令、瞎指挥的作风肆无忌惮地盛行开来。

八大二次会议不但是全面"大跃进"的总动员,而且大会提出的许多论点也成为"大跃进"的具体内容。

会上,中共河南长葛县委第一书记吕炳光作了题为《土地大翻身,争取亩产八百斤》的发言,介绍了该县深翻土地的经验。发言说:长葛全县50万人民,去冬今春在全民整风运动的基础上，充满着忘我劳动的精神，在112万亩的耕地上，已实现了水利化，积肥300亿斤。与此同时，开展了大规模的深翻土地运动，截至4月底，全县33万亩早秋地已深翻了一遍，深度都在一尺五左右。计划今年把全县112万亩耕地来一个大翻身，争取亩产800斤。发言中还说："深翻土地是农业增产的一项重要措施，深翻土地才更能充分地发挥水利和肥料的增产效能"，并举例说，该县后河乡胜利一社，1954年深翻的7亩9分地，平均亩产810斤，1956年深翻的2亩地，平均亩产1146斤，1957年深翻的1亩地，亩产更是高达1319斤，因此，"土地只要经过深翻，即可增产百分之几十以至一倍、几倍"。发言还介绍了长葛组织群众性质深翻土地运动的经验，并详尽地介绍了几种深翻土地的方法。

由于深翻土地得到了充分肯定和好评，被认为能大幅度增产，于是，八大二次会议后全国农村掀起了大规模深翻土地的运动。同年7月，农业部先在长葛、后在安徽阜阳召开全国深耕农具和改良土壤现场会议，提出从现在起要在全国范围内迅速掀起一个像去冬今春搞水利化劲头一样的深翻和改良土壤运动。要求大干一秋，加上一冬一春，把全国需要深翻和改良的16亿多亩耕地，普遍深耕和改良一遍。一般深度达到一尺五上下，丰产田二三尺以上，并做到分层施肥，使不良土地全部变成良田。这年8月的北戴河会议还通过了《中共中央关于深耕和改良土壤的指示》，要求在今后两三年内，把一切可以深耕的土地全部深耕一遍。这样，土地深翻成为农业"大跃进"的重要内容，一些地方把深翻土地变成越深越好，有的甚至达到了一丈多深，结果不但不能增产，还徒劳地耗费了大量的劳动力。

八大二次会议还强调要全党办工业、全民办工业。刘少奇在报告中专门讲到了为什么中央工业和地方工业、大型企业和中小型企业必须同时并举的问题。他说："发展工业生产既是全国人民的普遍需要，这就必须执行全党办工业、全民办工业的方针，彻底打破那种认为工业只能由少数人包办的神秘观点。只有中央和地方各级直至合作社一齐动手，并且在大中小企业方面实行分工合作，'众人拾柴火焰高'，事情才能办得又多又快又好又省。"又说："只要全国二十几个省、直辖市和自治区，一百八十多个专区、自治州，二千多个县、自治县，八万多个乡、镇，十万多个手工合作社，七十多万个农业合作社，都能够在发展工业方面正确地充分地发挥积极性，那末，在一个较短的时间内，各种工厂就像星罗棋布那样分布在全国各地，而我国工业的发展，当然要比只靠中央管理的若干大企业要快得多。这样，前途必然是：一、加速国家工业化的进程；二、加速农业机械化的进程；三、加速缩小城乡差别的进程。"[1]

受此影响，在"大跃进"中，刮起了一股大办地方工业之风。据国家统计局这年底公布的数据，1958年共有近700个限额以上的新建厂矿部分或全部投入生产，平均12小时就有1个。此外，全国各地兴建的中小型厂矿更是如雨后春笋，仅据辽宁、河南、浙江、广东四个省的统计，这年新建设的县以上的中小型厂矿就有15000多个。至于各地人民公社办起的工厂则数以百万计。这么多厂矿企业的新建和扩建，固然对这年的工业生产的发

---

[1] 刘少奇：《中国共产党中央委员会向第八届全国代表大会第二次会议的工作报告》，《人民日报》1958年5月27日。

展起到了直接的推动作用,但其结果不但使这年基本建设的投资大幅度增加,仅中央和省一级就达到235亿元,比1957年增长了87%,相当于第一个五年计划总投资的半数,而且导致了这年全国职工人数的急剧增加。许多县办特别是(公)社办企业大多是在一无资金、二无设备、三无人员的情况下,白手起家开办的,办工厂所需的人、财、物,都只能采取从原农业社和社员手中无偿调拨。大多数企业在后来的国民经济调整中,不得不关、停、并、转,造成了大量人力物力的浪费。

随着八大二次会议的召开和"多快好省"总路线的宣传贯彻,急于求成、追求高速度的倾向更加突出。6月中旬,李富春向中共中央政治局报送了《第二个五年计划要点》,这个《要点》是国家计委、经委、财政部对各个部向中共中央汇报的经济指标进行研究,并向中央经济小组汇报后形成的。《要点》提出,1958年工农业"大跃进"已成定局,现在看,以钢铁为主的几种主要工业产品的产量,有可能不用3年就赶上和超过英国,《全国农业发展纲要》有可能3年基本实现。因此,"第二个五年计划的任务就是:提前完成《全国农业发展纲要》;建成基本上完整的工业体系,五年超过英国,十年赶上美国;大大推进技术革命和文化革命,为在十年内赶上世界上最先进的科学技术水平打下基础"。这个《要点》得到了毛泽东的充分肯定,他在批示中写道:"很好一个文件,值得认真一读,可以大开眼界。这是你们自己的事情。没有现代化工业,哪有现代化国防?自力更生为主,争取外援为辅,破除迷信,独立自主地干工业、干农业、干技术革命和文化革命,打倒奴隶思想,埋葬教条主义,认真学习外国的好经验,也一定研究外国的坏经验——引以为戒,这就是我们的路线。"[1]

6月17日，薄一波向中共中央政治局报告说：1958年的国民经济，从上半年看全年，第二本账肯定可以超额完成，这就使1959年我国的国民经济可能有一个比今年更大的跃进。这样经过三年苦战，我国就可以在钢铁及其他主要产品产量方面赶上和超过英国，在农业方面实现水利化，达到"四、五、八"的要求。基本建立起比较完整的工业体系。对1959年的工业生产，估计工业总产值将比上年增长60%—70%，钢达到2500万吨，比1958年增加1500万吨。毛泽东看了这个报告后，高兴地指示道："超过英国，不是十五年，也不是七年，只需要两年到三年，两年是可能的。这里主要是钢。只要一九五九年达到二千五百万吨，我们就在钢的产量上超过英国了。"[2]

6月中旬，农业部向中共中央政治局报送的《农业大有希望》的报告说：中央的第二本账，通过"二五"计划，到1962年，粮食产量8500亿斤，按7亿人口计算，人均1200斤，粮食作物总平均单位面积产量超过资本主义国家；棉花产量8000万担，平均每人11.5斤，棉花单产超过资本主义国家；大家畜发展到1.5亿头，猪5到7亿头，羊2.5到3亿只；油料作物、糖等也有大幅度增长。

6月19日，华东地区召开农业协作会议，提出在今明两年内把粮食产量提高到每人平均1000至1500斤；三至五年内，把粮

---

[1] 中共中央文献研究室编：《毛泽东年谱（1949—1976）》第3卷，中央文献出版社2013年版，第370页。
[2] 中共中央文献研究室编：《毛泽东年谱（1949—1976）》第3卷，中央文献出版社2013年版，第373页。

食产量提高到每人平均2000斤。西北、华北、西南等区也在7月相继召开农业协作区会议，提出农业"大跃进"的奋斗目标，西北地区甚至提出1962年粮食产量人均突破3000斤。

八大二次会议提出要将党的工作重心转移到技术革命和文化革命上，这无疑是正确的。会议通过的社会主义总路线，反映了全党和全国人民迅速改变中国落后面貌的强烈愿望，但是，由于将高速度视为总路线的灵魂，使得本已很高的国民经济各项计划指标一再拔高，也就使得国民经济的发展进一步脱离了正常的轨道。这次会议最终完成了"大跃进"的全面动员。自此，"大跃进"运动进入高潮。

1958年的全民大炼钢

1958年是新中国历史上著名的"大跃进"之年。大炼钢铁是这年"大跃进"运动的一个显著特征。1957年我国的钢产量为535万吨。为了使钢产量两年实现赶超英国的目标,1958年6月,中共中央政治局常委会决定1958年钢产量比1957年翻一番。同年8月,中共中央政治局在北戴河召开扩大会议,正式宣布1958年的钢产量要达到1070万吨,并且决定在全国城乡开展一场大炼钢铁的群众运动。1958年的全民大炼钢造成国民经济比例严重失调,成为1959年至1961年国民经济遭受严重困难的直接诱因,留下了深刻的历史教训。

一、1070万吨钢的由来

用15年左右的时间,使钢铁和其他主要工业产品产量赶上和超过英国,既是发动"大跃进"的一个响亮口号,也是"大跃进"运动要实现的一个重要目标。应当说,如果遵循基本经济规律,再发挥社会主义制度的优越性,要实现这个目标还是有可能的。然而,随着"大跃进"的发动和人民群众生产热情的高涨,人们的头脑开始不冷静了,赶超英国的时间一再被缩短,1958年钢铁产量的指标不断被拔高。

1958年1月24日，国家经委拟定的《1958年经济计划（草案）》提出，1958年全国钢产量计划为624.8万吨，比1957年增长19.2%。这个计划得到了这年2月召开的一届全国人大二次会议的批准。

1958年3月中共中央在成都召开工作会议，会上中共国家经委党组报送了《关于一九五八年计划和预算第二本账的意见》，将1958年钢产量提高到700万吨，比上年增长35.5%。会议期间，冶金工业部负责人提出，钢铁工业苦战三年，超过"二五"计划指标，到1962年达到1500万吨到1700万吨，是有把握的，2000万吨是可以争取的。这个设想得到了毛泽东的肯定。4月14日，国家经委汇总各地上报的当年钢铁产量计划指标后，向中共中央报告说，1958年的钢铁产量有了两本账，第一本账是624万吨，第二本账是711万吨。这个第二本账与一届全国人大五次会议通过的指标相比，增加87万吨，增长14%。

4月下旬，毛泽东找中共冶金工业部党组负责人谈话，了解钢铁生产情况。毛泽东在谈话中说，你们不要害怕钢铁生产多了没有地方放。他还风趣地说：可以放到我的院子里嘛！又说：1956年投资多了一些，工业生产快了一些，就有人害怕，慌慌忙忙出来反冒进。旧的平衡总是要在发展中被打破的，然后，又在新的基础上达到新的平衡，这是马克思主义。反冒进就是不懂这个辩证法。我们这样一个大国现在才生产几万吨钢，太可怜了，工业不发达就要受帝国主义欺负。当时冶金工业部负责人就表示，1958年的钢产量肯定可以超过624万吨，达到700万吨，最多可能达到800万吨。[1]

---

[1] 李锐：《"大跃进"亲历记》，南方出版社1999年版，第208—209页。

在这年 5 月召开的中共八大二次会议上，毛泽东多次讲到"超英赶美"的问题，并提出了"七年赶上英国，再加八年或者十年赶上美国"的设想。国家经委提交会议讨论的第二个五年计划第二本账提出：1962 年的钢产量指标，第一方案为 2500 万吨，同 1956 年八大一次会议的建议数 1050 万吨至 1200 万吨比较，增加 108%—138%；第二方案为 3000 万吨，同八大一次会议的建议数比较，增加 150%—186%。会议期间，冶金工业部提出，1959 年的钢产量达到 1200 万吨以上，1962 年达到 3000 万吨以上，1967 年达到 7000 万吨以上，1972 年达到 1.2 亿吨以上，是完全有把握的。也就是说，5 年可以超过英国，15 年赶上美国。该部负责人在大会的发言中说，钢产量 15 年赶上美国的预计"没有什么浪漫主义的成分，这种预计，是地道的现实主义的"。因为 1962 年达到产钢 3000 万吨的指标，是根据正在建设、将要建设的钢铁厂的具体进度计算出来的，"这种计算既没有'凭空估计'的成分，而又比较充分地考虑到可能遇到的一些困难，因而与其说它是先进的奋斗目标，倒不如说它还是带有多少保守性质的指标"。发言还说，钢产量经过 5 年肯定可以跃进到 3000 万吨，在此基础上再经过 5 年跃进到 7000 万吨，然后又过 5 年跃进到 1.2 亿吨就比较容易了，因此，钢铁工业 15 年赶上美国是一个现实主义的目标。"如果现实主义和浪漫主义相结合，那么我们可以设想：1962 年钢的水平达到 3500 万—4000 万吨，从而赶上美国的时间将要更快一些。"

八大二次会议后，由于"超英赶美"的时间一再被提前，于是各项计划指标不断被拔高。1958 年 5 月底，中共中央政治局召开会议，决定将当年的钢产量指标由八大二次会议确定的 711 万吨提高为 800 万吨到 850 万吨。这是 1958 年钢产量计划的第三本账。

6 月 7 日,冶金工业部向中共中央报送了《1962 年主要冶金产品生产规划》,其中预计 1958 年钢产量为 820 万吨,1962 年为 6000 万吨。1962 年的新指标比八大二次会议确定的 3000 万吨又翻了一番。

这些材料进一步增加了毛泽东"超英赶美"的信心。6 月 22 日,他在冶金工业部的报告上亲笔批示道:"只要 1962 年达到 6000 万吨钢,超过美国就不难了。必须力争在钢的产量上在 1959 年达到 2500 万吨,首先超过英国。"[1]这样,赶超英国的计划大大提前,由原定的 15 年变成了 2 年。而 1957 年全国的钢产量只有 535 万吨,如果 1959 年要达到 2500 万吨,那么 1958 年的 820 万吨钢产量指标显然低了。

6 月 12 日,中共国家经委党组向中共中央报告说:地方冶金工业的跃进指标,已经大大超过"二五"计划第二本账。计划今年兴建小高炉 12694 座,大部分年内可投入生产,地方铁产量今年可达 440 万吨,比去年增长 7.9 倍;兴建转炉 220 座,电炉 43 座,地方钢产量今年可达 200 万吨,比去年增长 2.5 倍。根据地方冶金工业的飞跃发展,估计明年全国钢铁产量可以比今年预计完成数翻一番。

6 月 17 日,中共中央政治局在刘少奇的主持下召开会议,听取国务院副总理兼国家经委主任薄一波关于 1958 年计划执行情况和 1959 年设想的汇报。在谈到钢铁生产时,薄一波说,预计

---

[1]《建国以来毛泽东文稿》第 7 册,中央文献出版社 1992 年版,第 279 页。

今年钢产量将达到900万吨，初步安排，明年计划为2000万吨或2000万吨以上。

  毛泽东没有参加6月17日的政治局会议。第二天晚上，他将全体政治局常委及彭真、李富春、李先念、薄一波、廖鲁言、黄克诚、王鹤寿等人找来谈话。谈到钢铁生产时，毛泽东表示赞成提高钢指标。会议经过研究，决定将1958年的钢产量的预计完成数改为1000万吨，1959年的钢产量指标改为2500万吨。在谈话的过程中，毛泽东对薄一波说：现在农业已经有了办法了，叫做"以粮为纲，全面发展"，你工业怎么办？薄一波回答说：工业就"以钢为纲，带动一切"吧！毛泽东说：对，就按这么办。[1]毛泽东还问冶金工业部部长王鹤寿：去年是530（指1957年的钢铁产量为535万吨——引者注），今年可不可以翻一番？为什么不能翻一番？王鹤寿说：好吧！布置一下看。后来毛泽东说：开始是600万吨，第二本账是700万吨，第三本账是800万吨，争取900万吨。我说你索性翻一番，那么拖拖拉拉干什么？王鹤寿同志就很有劲，布置了。[2]王鹤寿"布置"的结果，冶金工业部决定1958年钢产量比1957年翻一番，完成1070万吨。这就是这年著名的"为生产一千零七十万吨钢而奋斗"口号的最初由来。

  这次会议后，薄一波根据毛泽东的指示和会议精神，重新写了一份汇报提要，并于20日报送给毛泽东。汇报提要提出：1959年我国国民经济将比今年有一个更大的跃进，经过三年苦

---

[1]薄一波：《若干重大决策与事件的回顾》下卷，中共中央党校出版社1993年版，第698—699页。

[2]中共中央文献研究室编：《毛泽东传（1949—1976）》，中央文献出版社2003年版，第825页。

战，我国可以在钢铁和其他主要产品产量方面赶上和超过英国，基本建成比较完整的工业体系，农业方面将实现水利化，达到"四、五、八"的要求。对1959年的工业生产，估算工业总产值将比上年增长60%—70%，钢达到2500万吨，比1958年增加1500万吨，基本建设投资将增加1倍，达到450亿元，社会购买力、外贸出口额也将有很大的增长。这是初步的很不成熟的方案，待研究后再提交中央8月会议讨论。

6月22日，毛泽东就薄一波的汇报提要批示说："超过英国，不是十五年，也不是七年，只需要两年到三年，两年是可能的。这里主要是钢。只要一九五九年达到二千五百万吨，我们就在钢的产量上超过英国了。"[1]毛泽东在批发这个报告时，还特地将题目改为《两年超过英国（向政治局的报告）》。

6月21日，冶金工业部形成了一份产钢计划报送给了中共中央。计划说，华东区提出争取明年华东区钢的生产能力达到800万吨。这是一个极重要的建议指标。根据这一指标，我国钢铁工业的发展，又将进入一个新的水平。我们和华东区的同志研究了争取明年达到生产能力800万吨的措施，同时其他各大协作区也在最近分别召开冶金工业的规划会议，研究各大协作区明年及第二个五年计划的指标。从各大协作区会议的情况看，明年钢的产量可以超过3000万吨，而1962年的生产水平则将可能达到八九千万吨以上。第二天，毛泽东批发了这份报告。

7月1日，《人民日报》发表署名"王朴"的文章《以钢为

---

[1] 中共中央文献研究室编：《毛泽东年谱（1949—1976）》第3卷，中央文献出版社2013年版，第373页。

纲》，公开提出了"以钢为纲"的口号，并且认为"钢是连接着整个工业的一条纲，它的发展速度，决定着整个工业化的速度，决定着整个农业现代化的速度，决定着整个技术革命的速度"，要求各级党委特别是第一书记，切实把钢这条纲抓起来。

同一天，薄一波在《红旗》杂志上发表题为《打破办工业的神秘观点》的文章，认为办工业必须打破"大（大工业）、高（高标准）、国（国家集中办）"这些神秘观点，进行工业建设方法上的大革命，实行全党办工业、各级办工业、全民办工业。这对于工业飞跃具有极其重大的意义。文章说："今年我国的钢铁产量，预计可以超过1000万吨，明年估计可能超过2000万吨。由此看来，我国在钢铁和其他主要工业产品的产量方面赶过英国的时间，比不久前的设想，还可以大为缩短。"

7月5日，刘少奇在石景山发电厂同工人座谈时说：现在赶上英国不是十几年，二三年就行了，明年后年要超过英国。这不是假的。钢铁、煤炭明年可以超过，电要慢点。国家大有希望，大有前途，超过英美就变成世界上最富强的国家。

8月8日，《人民日报》发表社论《土洋并举是加速发展钢铁工业的捷径》，透露了毛泽东提出的1958年钢铁产量翻番的思想。社论说：最近一两个月来，全国各省市先后召开了地方工业会议或钢铁工业会议，打掉了对钢铁工业的神秘思想，确立了钢铁工业的"元帅"地位，订出了发展钢铁工业的跃进规划和措施，吹起了全党全民向钢铁工业大进军的号角。一个以钢为纲，带动工业全面发展的工业建设的新高潮已经形成。转炉高炉遍地开花，钢水铁水到处奔流的日子，即将到来。要在一年内建成200座中小型转炉，增加1000万吨钢，以及要在一年内建成

13000多座中小型高炉，增加2000万吨铁的计划，不仅可以百分之百地完成，而且将大大超过。

社论还用自问自答的方式，回答了钢铁生产能否实现高速度的问题。其中说："我国钢铁工业能不能以最高的速度，比如说，每年产量的增长率不是百分之几、百分之十几或者百分之几十，而是百分之百甚至更高的比例发展呢？答曰：可能性是存在着的，问题是我们想不想、要不要高速度？我们想要，就有；不想要，就没有。也许会有人说：'要高速度就有高速度，是否有点脱离实际的唯心主义味道呢？'我们说，这里一点也没有唯心论，而是完全从实际出发，是有根据的。"

社论认为，我国钢铁产量之所以能够实现"百分之百甚至更高的比例发展"，主要有两个方面的根据：一是我国矿产资源丰富，炼铁需要大量的煤，而在我国2000多个县中，就有1500多个县有煤；二是钢铁的原料——铁矿石，在第一个五年计划期间，我国探明的铁矿储量已达56亿吨。加上有党的领导和6亿人民，这是一个决定的因素。

二、"一项头等重要的任务"

虽然在1958年6月就已经决定这年的钢产量要比1957年翻一番，但到这年7月，全国的钢产量总共才380多万吨，其中7月份为70万吨，也就是说，剩余的5个月时间，必须完成近700万吨的任务。这个产量靠正规的钢铁企业按常规生产显然是无法完成的，于是自然而然地想起了老办法——发动群众，组织以大炼钢铁为中心的群众运动。

1958年8月17日至30日，中共中央政治局在北戴河召开扩大会议，参加会议的有中央政治局委员和各省、市、自治区党委第一书记，以及政府各有关部门党组的负责人。会议主要讨论了1959年的国民经济计划，当前的工业生产、农业生产和农村工作问题，商业工作问题，教育方针问题，加强民兵工作问题和其他问题，并制定了有关这些方面的37个文件，其中最重要的是讨论钢铁生产和在农村建立人民公社的问题。

据薄一波回忆："北戴河政治局扩大会议开会的头几天，大家分析了6月19日以后钢铁生产未见起色的原因：第一，从部到相当多的工厂，根据南宁会议后下达的《工作方法六十条（草案）》的要求，把注意力都放到编计划（五年计划和明年计划）方面去了，部长、副部长都在外面参加各协作区的计划会议，忽视了抓生产；第二，由于小高炉生产不稳定，农民工不熟练和大批工厂领导关系改变（5月29日闭幕的政治局扩大会议要求，到6月15日24时止，大批中央部直属厂转交地方领导），主管部门和地方忙于办交接手续，生铁调度不灵；第三，钢铁冶炼需要的设备供应不上，6月间安排生产的一批冶炼设备，有的被计划外的东西冲掉了，有的还没有安排落实。"[1]

毛泽东听取钢铁生产情况的汇报之后，打电话给陈云并做了八点指示：（一）国家经委主要抓生产；（二）原材料调配要服从国家计划，分配钢材既要照顾重点，又要照顾农民的需要；（三）抓紧冶炼设备的生产和安装；（四）机械厂收到钢材后，

---

[1] 薄一波：《若干重大决策与事件的回顾》下卷，中共中央党校出版社1993年版，第703页。

第一是用来制造炼钢炼铁轧钢的设备;(五)各省市自治区党委每星期抓一次钢铁生产;(六)加大保险系数,冶金部直属钢铁厂今年增加50万吨钢的新任务(北戴河会议内部确定的1958年钢产量指标是1150万吨,必须完成的任务是1100万吨,对外宣布的是1070万吨,比1957年翻一番);(七)要有铁的纪律,没有完成生产和调拨计划的,分别情况给予警告、记过(小过、中过、大过)、撤职留任、留党察看、撤职、开除党籍的处分;(八)立即把各省、市、自治区党委主管工业的书记(简称工业书记)找来北戴河,开一次工业书记会议。

8月21日,陈云向参加北戴河会议的全体与会人员传达了毛泽东的上述指示。陈云在传达时还说:"我们今年要生产1100万吨钢,已经传到国外去了。"这时,邓小平插话说:"给赫鲁晓夫打了保票的。"陈云接着说:"7月31日到8月3日赫鲁晓夫来华访问期间,毛主席跟赫鲁晓夫讲:我们今年生产钢1070万吨,明年是2500万到3000万吨。赫鲁晓夫不大相信,说中国的同志提出来的计划大概我们相信可以完成,究竟具体情况怎么样,他不问,那是很大的怀疑。赫鲁晓夫那天签公报的时候,他的总顾问,也是建国初期在华苏联专家总顾问阿尔希波夫跟赫鲁晓夫一起来了。我跟他讲,我们明年的(钢产量)计划完成得了完成不了?他不回答,笑一下,说很大的计划,伟大的计划,能完成百分之八十、九十也是很好的。他是没有信心的。"陈云"介绍的阿尔希波夫这几句话,曾引起大家的愤慨"。[1]

---

[1] 薄一波:《若干重大决策与事件的回顾》下卷,中共中央党校出版社1993年版,第704页。

北戴河会议期间，毛泽东在讲话中多次谈到钢铁生产问题。在会议开幕当天的讲话中，他一共讲了17个问题，其中第二个问题便是关于钢铁生产的。他说，钢由（19）57年的530万吨翻一番，达到1100万吨，有完不成的危险，中心问题是搞铁，现在都打了电话，发动了，可是还要抓紧些，要回电话，要保证。

在19日的讲话中，毛泽东召集各协作区（1958年6月1日，中共中央作出《关于加强协作区工作的决定》，决定将全国划分为东北、华北、华东、华南、华中、西南、西北等7个协作区，各个协作区都成立协作区委员会，作为各个协作区的领导）主任开会说："我们一定要在三年、五年、七年之内，把我国建设成为一个大工业国。为了这个目的，必须集中力量把大工业搞起来，抓主要的东西，对次要的东西，力量不足就整掉一些。要下紧急命令，把铁交出来，不许分散。大、中钢厂的计划必须完成，争取超过。在一定时期，只能搞几件事情。要讲透有所不为而后才有所为的道理。钢要保证完成，铁少一点可以，也要争取完成。现在搞建设，也是一场恶战，拼几年命，以后还要拼。"[1]

在8月21日协作区主任会议上的讲话中，毛泽东说："三令五申，凡有铁不拿出来者，要执行纪律。我看一千一百万吨钢有完不成的危险。六月间，我问王鹤寿：钢是否可能翻一番？问题是我提出的，实现不了，我要作检讨。有些人不懂得，完成一千一百万吨钢，是关系全国人民利益的大事。"[2]

---

[1] 中共中央文献研究室编：《毛泽东年谱（1949—1976）》第3卷，中央文献出版社2013年版，第415页。

[2] 中共中央文献研究室编：《毛泽东年谱（1949—1976）》第3卷，中央文献出版社2013年版，第417页。

在 8 月 30 日中共中央政治局扩大会议的讲话中，毛泽东说："要搞两千五、两千七，争取三千万吨钢，这就要好好准备，是一场大战。从二十一号算起，今年还有四个月。首先是我犯了错误，早抓一个月就好了，不是八月，而是七月，最好是六月。六月十九号出的题目，出了题目没有措施，就是官僚主义，不知道情况。从八月二十一号起，还有十九个星期，但是已经过去一个星期了，所以相当危险。为什么我们在这里开会？就是要紧急动员。能不能搞到，我总是怀疑，十五个吊桶打水，七上八下。如果搞不到，那末一是我的工作没有抓紧，二就是这个题目出错了，不应该出这个一千一百万吨的数目。这个一千一百万吨，你总要到了手才算数。请同志们努力奋斗，以期贯彻。钢铁尚未成功，同志仍须努力！"[1]

在北戴河会议期间，根据毛泽东的指示，8 月 25 日至 31 日召开全国工业书记会议，专题讨论怎样完成 1958 年的钢铁生产任务问题。会议由薄一波主持，李富春作报告，陈云到会作了两次讲话。陈云在讲话中提出，要依靠党委，发动群众搞"土炉子"，说"土炉子"在中国的命运还有一个时期。薄一波在总结发言中，提出"紧急行动起来，为完成以 1150 万吨钢为纲的工业生产跃进计划而斗争"的口号，并传达了毛泽东的指示："对土炉子要有信心，不能泄气。即使在一百个土炉子中，只有一个出铁，那就很好，就算是插上了红旗，其余九十九个都应当向它学习。"30 日下午，主要钢铁产区的工业书记和鞍钢、武钢、太

---

[1] 中共中央文献研究室编：《毛泽东年谱（1949—1976）》第 3 卷，中央文献出版社 2013 年版，第 426 页。

钢等几个大厂的党委书记，在薄一波的带领下来到毛泽东的住处，一个一个向他当面担保完成钢铁生产任务。"尽管不少同志慷慨激昂，保证完成任务，但毛主席还是不放心，因为只剩下4个月，时间太紧迫，他念了一句古诗：'夕阳无限好，只是近黄昏。'"[1]

北戴河会议通过讨论，通过了一系列的文件，其中最为重要的有两个，一个是《中共中央关于在农村建立人民公社问题的决议》，一个是《中共中央政治局扩大会议提出今年宏伟目标，为生产一千零七十万吨钢而奋斗》的会议公报。公报说：1958年农业生产的大跃进，将使粮食作物的总产量达到6000亿斤至7000亿斤，比1957年增产60%至90%，全国每人占有粮食的平均数将达到1000斤左右；棉花将达到7000万担左右，比1957年增产1倍以上。农业战线的伟大胜利要求工业战线迅速地赶上去，而且也使得省一级党委有可能把注意力的重心转移到工业方面上来。因此，会议决定，全国的省和自治区党委的第一书记，从现在起，就必须首先注意工业的领导，但是同时不应当放松农业的领导。公报指出："工业的生产和建设必须首先保证重点。工业的中心问题是钢铁的生产和机械的生产，而机械生产的发展又决定于钢铁生产的发展。根据当前全国人民对于钢铁的巨大需要和对于钢铁生产的巨大努力，根据钢铁冶炼设备正在逐月增加和迅速投入生产的情况，钢铁生产的飞跃发展是必要的和可能的。按照今年2月第一届全国人民代表大会第五次会议所通过的

---

[1] 薄一波：《若干重大决策与事件的回顾》下卷，中共中央党校出版社1993年版，第705页。

1958年国民经济计划，今年钢产量是六百二十万吨，比去年增产八十五万吨，这个数字早已显得不够了。今年5月底，中央政治局扩大会议建议把今年的钢产量增加到八百万吨至八百五十万吨。现在看来，这个数字仍然嫌低。会议经过讨论，决定号召全党和全国人民用最大的努力，为在1958年生产一千零七十万吨钢，即比1957年的产量五百三十五万吨增加一倍而奋斗。"[1]

北戴河会议确定的1958年钢铁产量是1150万吨，但会议公报写的是1070万吨，据薄一波说，这个数字是他提议写上的。薄一波后来说："当时，我对'一〇七〇'的任务，已经有些信心不足了。由于考虑到此事已经捅到国外去了，毛主席又强调一吨不能少，我风格不高，也就不便说出自己的怀疑。8月30日下午在毛主席那里，看到大家都说能够完成，我就向毛主席建议，把'一〇七〇'写到公报上。毛主席表示赞成。我马上拿起电话，通知起草公报的胡乔木同志，说毛主席讲了，把'一〇七〇'写到公报上。结果，后来发表的政治局扩大会议公报就写了这样一句：'会议经过讨论，决定号召全党和全国人民用最大的努力，为在一九五八年生产一千零七十万吨钢，即比一九五七年产量五百三十五万吨增加一倍而奋斗。'"[2]

北戴河会议一结束，各地闻风而动，立即采取措施，大办钢铁。中共河北省委召开了市、地委电话会议，要求各地委、县委第一书记都要亲自挂帅，亲临钢铁生产前线，地委、县委都

---

[1]《中共中央政治局扩大会议提出今年宏伟目标 为生产一千零七十万吨钢而奋斗》，《人民日报》1958年9月1日。

[2] 薄一波：《若干重大决策与事件的回顾》下卷，中共中央党校出版社1993年版，第706—707页。

要组织钢铁指挥部。山西从省到地、市各级党委都成立了钢铁办公室，并组织了800多人的工作团和技术指导团，"到各地总结已有的生产和建设经验，充分发挥现有企业的潜力，实行以土为主，土洋并举的方针"。内蒙古自治区提出要通过抓生产、抓原料、抓设备、抓技术、抓运输，到年底完成15万吨钢和25万吨铁的生产计划。中共山东省委要求各级党委把钢铁生产作为当前压倒一切的政治任务。同时，除了大量普遍地加速各种型号炼铁炉的兴建以外，还要抓紧济南钢铁厂的兴建工作。中共江苏省委召开电话会议，要求各地开展钢铁高产竞赛，一斤不少、一台不少、一立方米不少地完成钢铁生产、冶炼设备制造和小高炉基建任务，力争提前一个月完成全年钢铁生产计划。[1]中共河南省委决定从省委书记到每个省委常委，都要抓钢铁生产，要参加钢铁试验田。中共湖北省委要求全省立即动员百万大军办钢铁，党委第一书记必须切实挂帅，亲自搞钢铁"试验炉"，加强具体领导。中共湖南省委和湖南省人民委员会联合举办了"动员全省人民向钢铁大进军"广播大会，要求尽一切可能把今后4个月的钢铁生产任务大部分提前在9、10月份完成。中共江西省委决定在9月份完成2万到2.5万个新炉子的建设任务，保证炉炉出铁，生产正常，日产生铁达到一万吨。[2]

9月1日，《人民日报》发表题为《立即行动起来，完成把钢产翻一番的伟大任务》的社论，指出："最近举行的我们党的中央政治局扩大会议决定，为了适应我国农业大跃进的新形势，为

---

[1]《把钢产翻一番作为当前压倒一切的政治任务》，《人民日报》1958年9月4日。
[2]《中南六省区增强工业战线》，《人民日报》1958年9月5日。

了高速度地发展我国工业,我国今年钢的生产量,要比去年翻一番,就是说从去年的五百三十五万吨跃增至一千零七十万吨。这是一个有历史意义的振奋人心的伟大号召。全力保证实现钢产翻一番,是全党全民当前最重要的政治任务。"社论强调,1070万吨钢的任务必须完成,1吨也不能少。全党全民必须同时间赛跑,从现在起立即行动起来,鼓足干劲,苦战4个月。企业的负责人员必须身临最前线,跟工人群众同吃同住,共同想办法,共同负责完成每天的计划。省市自治区党委的第一书记必须把领导钢铁生产当作首要任务,每个星期检查一次生产的进度,采取最有效的办法,调动各方面的力量,组织各方面的协作,解决生产中的一切困难问题。

9月5日,《人民日报》又发表社论,强调要"全力保证钢铁生产"。社论说,工业生产和建设中的重点有两个,即钢铁和机械,而钢铁又是重点中的重点。生产1070万吨钢,是我国人民当前的一项头等重要的任务,必须为实现这个伟大任务,全力以赴,只能超额完成任务,而决不能少1吨钢。社论指出:要保证1070万吨钢,必须具有"停车让路,首先为钢"的全局观点。当钢铁工业的发展与其他工业的发展,在设备、材料、动力、人力等方面发生矛盾的时候,其他工业应该主动放弃或降低自己的要求,让路给钢铁工业先行。[1]

9月8日,毛泽东在最高国务会议上发表讲话,在谈到当前的形势时,他指出:鉴于农业生产的飞跃发展对工业的越来越大的压力,还鉴于农业生产和农村工作方面已经有了比较稳固的

---

[1]《全力保证钢铁生产》,《人民日报》1958年9月5日。

基础和比较成熟的经验，我们的领导工作的重心需要适时地从农业和农村工作方面转移到工业建设方面来。中央和省一级的领导机关，必须一手抓工业，一手抓农业，而从现在开始，要把重点放在工业方面。在工业方面，必须首先抓紧钢铁工业和机械工业，因为这是实现我国工业化、农业机械化和加强国防力量的基础。[1]

9月9日，中共中央召开钢铁生产电话会议。会议认为，全民办钢铁已经形成高潮，完成北戴河会议规定的指标已经有了保证，但还需要作很大努力。为解决技术力量不足的问题，中央决定调派一部分人力，其中大学毕业生10000人，大专生5000人，技术干部1200人，支援钢铁工业第一线。会议提出，9月份钢铁生产的关键是抓生铁，而且首先要满足炼钢需要。会议还决定，以后每星期召开一次电话会议，以便及时掌握钢铁生产情况。

9月25日，中共中央书记处召开钢铁生产电话会议，根据钢铁生产将完不成9月份任务的情况，要求各省、市、自治区要力争把9月份的钢铁任务多完成一些，规定必须在30日以前完成日产钢6万吨、铁10万吨的指标。

三、"钢铁元帅升帐"

北戴河会议后，一个全民大炼钢铁的群众运动迅速在全国城乡兴起。与此同时，农业生产上的放"卫星"之风，也蔓延到钢铁生产上，各地开始大放钢铁生产"卫星"。

---

[1]《毛主席在最高国务会议上论目前形势》，《人民日报》1958年9月9日。

1958年9月17日,《人民日报》报道说,9月15日,河南全省投入45000多座炼铁炉,动员360万钢铁大军,出动40.7万辆各种运输工具,打了一个日产生铁18693.92吨的大胜仗。这个数字,比在钢铁工业基地辽宁以及吉林、黑龙江三个省当时的生铁日产量还要高。《人民日报》为此还发表了题为《祝河南大捷》的社论,要求各地像河南一样,鼓足干劲,力争上游,紧紧地抓,狠狠地抓,争取9月份内根本扭转土高炉生铁生产不正常的局面,完成和超额完成9月份的生铁计划。

河南第一个放钢铁生产"卫星"的是鲁山县,该县在这年8月28日率先放了第一颗日产千吨铁的"卫星"。随后,鲁山又提出要力争尽快达到日产铁两千吨以上的新目标。9月15日,《人民日报》发表题为《向日产千吨铁的鲁山人民致敬》的社论,称鲁山县的这一新举措,"是钢铁战线上的一大喜讯,是土高炉大面积丰收的卫星。它和农业战线上的大面积丰收有同等重要的意义,而在目前来说,有更重要的意义,全国有几百个有铁矿资源的县,如果每个县都像鲁山那样大面积丰收,那末,我们每天就可从土高炉拿到十几万到几十万吨铁,就可以根本扭转小高炉出铁情况仍然不好的局面。这样,今年产钢一千零七十万吨就有了基本保证"。鲁山果然不负众望,9月28日,再次放出一颗日产生铁34360吨的大"卫星"。

9月29日,是全国大放钢铁生产"卫星"日,有8个省宣布生铁日产量突破了万吨。据10月1日《人民日报》的报道:在29日这天,河南全省参加大炼钢铁的劳动力达577万多人,12.8万多座各种炼铁炉共产生铁90784.68吨,产钢5034.4吨;山东数十万座各式炼铁炉从29日零时到30日零时,共产生铁67390

吨；河北全省日产铁58300吨，日产钢2328吨；山西发射出日产25700吨生铁、3900吨钢的高产"卫星"；湖北省184300多座炼铁炉共产生铁16920吨，出现了红安、鄂城、随县、保康、罗田、麻城等6个千吨县；湖南全省在这一天参加炼铁的群众达700万人，共产生铁15517吨；江苏全省产铁14924.733吨，大部分是小土炉生产出的；四川省生铁日产量已达到10200吨，钢的日产量达到5500吨。

这年放出的最大的钢铁生产"卫星"，当属广西的环江县和鹿寨县。只有16万人口的广西环江县，10月中旬，除原有6万"固定的钢铁野战军外，后方又有两万七千人开赴钢铁前线"，此外"宜山、河池两县也派来一支两万三千人的野战军，带着工具和车辆马匹前来支援"。10月17日，环江县宣布：在钢铁高产周的第一天——10月15日出产生铁63321.5吨，另有烧结铁51808.5吨，生铁产量跃居全国首位，该县这一天生产的生铁，大约等于解放前广西一个世纪的产量。而且这天产的生铁，"经过中共环江县委第一书记洪华和中共河池县委第一书记于子明及前来参加钢铁生产的北京大学、地质学院学生的验收，证明都是灰口铁和白口铁"[1]。

与环江同属柳州地区（环江今属河池市）的鹿寨县随后放出了一颗更大的"卫星"。10月19日，鹿寨宣布：从17日下午2时到18日下午2时的一天时间内，全县共生产出生铁207243吨，另产烧结铁288139吨。这一天的铁产量，就等于今年国家

---

[1]《环江铁军勇冠全国》，《人民日报》1958年10月18日。

分配给广西的全年任务。[1]该县在 10 月 21 日还放出了一颗日产钢 13416 吨的炼钢"卫星"。这两项分别创下了 1958 年一个县生铁与钢产量的全国最高纪录。当然,其中的真假不言自明。

虽然这些钢铁"卫星"的真实性令人怀疑,但在这年的钢铁生产中,确实出现了男女老少齐上阵的场面,是一场真正的大炼钢铁的群众运动。9 月 24 日,《人民日报》发表题为《关键在于大搞群众运动》的社论,强调在当前的钢铁生产中,大办土高炉最能把千百万群众的积极性动员起来,最能发挥群众的智慧和力量,最能在最短的时间内,取得最大的效果。因为土高炉没有任何"依赖性",完全是土生土长的,只要自己动手几天内就可以建造成功,因而能够使广大的群众插进手来,形成一个全民办钢铁的运动,使生铁生产高速度地发展。

毛泽东也一再强调要发动群众大炼钢铁。北戴河会议后,毛泽东视察湖北、安徽、江苏、上海等地,重点了解人民公社化运动和钢铁生产情况。9 月 29 日,他回到北京,并同新华社记者谈话。毛泽东说:此次旅行,看到了人民群众很大的干劲,在这个基础上各项任务都是可以完成的。首先应当完成钢铁战线上的任务。在钢铁战线上,广大群众已经发动起来了。但是就全国来说,有一些地方,有一些企业,对于发动群众的工作还没有做好,没有开群众大会,没有将任务、理由和方法,向群众讲得清清楚楚,并在群众中展开辩论。到现在,我们还有一些同志不愿意在工业方面搞大规模的群众运动,他们把在工业战线上搞群众运动,说成是"不正规",贬之为"农村作风""游击习气"。这

---

[1]《鹿寨炼铁一日 广西飞过一年》,《人民日报》1958 年 10 月 20 日。

显然是不对的。[1]

在领导人的推动和宣传媒体的鼓动下，很快就在全国范围内形成了千军万马炼钢铁，土高炉遍地开花的局面。这年10月中旬，河南全省参加钢铁生产的劳动力达640多万人；广东投入钢铁生产的有460万人，接近全省劳动力的一半；广西投入的劳动力达到580万人，占全自治区总劳动力700万人的82%。7月底时，全国钢铁生产的劳动力只有几十万人，到8月底，增加到几百万人，而9月底达到了5000万人，10月底增加到6000万人，而到1958年底，更是高达9000万人，加上其他战线直接或间接支援钢铁生产的，全国投入大炼钢铁群众运动的人数超过1亿人。当年全国总人口为65994万人，全社会劳动力为26600万人，也就是说，全国超过2/5的劳动力加入了大炼钢铁的行列，当时农村主要的青壮年劳动力基本上都炼钢铁去了，是名副其实的全民大炼钢。

河南禹县也是这场全民大炼钢铁运动中较早放"卫星"的地方，9月15日是河南全省钢铁生产放"卫星"日，全省出现了8个日产生铁千吨以上的"卫星"县。其中以禹县放的"卫星"为最大，日产生铁4396吨。当然，对于放"卫星"放出的数字不必太认真。禹县放生铁"卫星"不久，中共中央工业部副部长高扬到这里检查，发现禹县弄虚作假现象很严重，并没有炼出多少好铁，而且上报的数字90%是不准确的，但河南大炼钢铁的场面确实很热闹，也颇为滑稽。《人民日报》一位编辑在写给新华社《内部参考》的一篇报道中，曾有这样的描写："这里群众

---

[1]《毛主席巡视大江南北　回京后对记者发表重要谈话》，《人民日报》1958年10月1日。

大炼钢铁的劲头，真是大得无可比拟。通往山区的道路上，日日夜夜是拧成绳的人群、马车群、牛车群、小土车群、自行车群……所有可以用来运输的东西都用上了，大汽车也很多，公路上经常发生拥挤和等路的现象。山沟里的景象更是壮观，满山架岭的人堆，一片片的土炉群，黑烟冲天，人声吵沸，加上万千风箱、风葫芦、鼓风机抽动的声音，真是热闹极了。这景象有点像庙会，但要比庙会热闹百倍。在这里占人最多的工作除运输外要算是鼓风的人了。少数国营厂有极少数电力或柴油机带动的鼓风机，公社办的厂多是用人力鼓动的风葫芦和无数的大小风箱。原来在家里用来做饭、庙会上用来制小煎包子和炸油馒的风箱都拿出来了。前几天在方山'三八妇女炼铁厂'还看到许多从三里五里、十里八里赶来支援的老太太和孩子们。他们一个个都拿着在家扇火做饭和夏天拂暑用的芭蕉扇和鸡毛扇，目的是为炼铁鼓风的。说来这可能是笑话，但群众这种热情实在动人。"[1]

早在北戴河会议之前，一些地方就提出要用小（小转炉、小平炉）、土（土法炼钢）、群（群众运动）的方式，高速发展钢铁工业。例如，江苏提出，可以用多种多样简陋的办法来冶炼钢铁，可以到处大搞、遍地开花；由于小型冶炼和土法冶炼的技术比较简单，因此，可以迅速为人民群众所掌握，立即上马，立即出铁出钢。河南要求凡是有铁矿和矿砂的地区，应组织乡、社大量兴建日产 500 斤至 1000 斤铁的土高炉，它的优点是建炉快，不需要钢材，技术简单。[2] 7 月 9 日的《人民日报》报道说，此

---

[1]《关于河南禹县产铁情况的争论》，《内部参考》第 2606 期，1958 年 10 月 14 日。
[2]《我们要高速度发展钢铁工业》，《人民日报》1958 年 7 月 9 日。

时河南全省已经投入生产的小高炉和土高炉有600多座，炼出了一万多吨生铁。这种土高炉一般只需投资30元左右，10天就能建成，可以日产生铁500斤到1000斤；半土半洋的简易小高炉半个月可以建成，每个投资一万多元，日产生铁3吨到5吨。[1]

8月8日，《人民日报》发表题为《土洋并举是加速发展钢铁工业的捷径》的社论，提出小的"土"的炼铁炉、炼钢炉，投资少、设备简单、技术容易为群众所掌握、建设时间短。以小型的和"土"的为主，可以在目前技术骨干缺乏、钢材供应不足、现代设备供应不上、资金也不十分充裕的情况下，发动全党全民来办钢铁工业。在有资源的地方，不仅冶金工业部门可以办，而且所有的工业部门都可以办；不仅工厂可以办，而且机关、部队、学校、街道、手工业合作社、农业合作社都可以办；很快就可以做到高炉、平炉、转炉遍地开花，钢水铁水到处奔流。

北戴河会议后，土高炉迅速在全国各地遍地开花。这年9月22日，新华社曾对各省、市、自治区已建和在建的土高炉进行过专门的统计：到9月15日，全国已经投入生产的土高炉有11.6万多座。进入10月后，小高炉的数量更多了。到10月初，全国土高炉的数量由一个月前的20多万座猛增到60多万座；到10月底更是发展到数百万座。这些小土高炉遍及农村的田间地头、城市里的车间街道，甚至高等学校的校园里以及各级党政机关的大院里，都可以见到土高炉的身影。

这些土高炉主要用于炼铁，但大多数地方并无铁矿石，于是千方百计搜罗各种废铁，以至于老百姓家中铁锅、铁铲、铁锁甚

---

[1]《河南大建小高炉》，《人民日报》1958年7月9日。

至所有铁器，都当作废铁投进了土高炉，烧结成根本不能用的铁疙瘩。炼钢炼铁需要焦炭，煤炭部门提出"兵对兵，将对将，用分散的小煤窑对分散的小高炉"，"哪里有千吨铁，哪里就有万吨煤"，发动男女老少上山找煤；找不到煤，就伐木拆房烧木炭代替。如此这般之后，各地争先恐后大放钢铁生产"卫星"，实际上这些土高炉炼出的钢铁基本没有任何使用价值，白白地浪费了大量的人力物力。

1958年12月21日，新华社宣布：1958年我国人民夺取1070万吨钢的大战已经告捷。据冶金工业部12月19日为止的统计，今年全国已经生产钢1073万吨，比1957年的钢产量535万吨增加了1倍挂零。四个月前，在北戴河举行的党中央政治局扩大会议所发出的、要在今年把钢产量翻一番的伟大号召，经过全国人民的艰苦奋战，现在已经胜利地提前、超额完成了。[1]12月31日，新华社又宣布全年钢产量达到1100万吨左右。

1070万吨的任务虽然完成了，但付出的代价却是巨大的。1958年完成的1073万吨钢中，能够使用的约为800万吨，另有300万吨是不能用的土钢。耗费那样多的人力物力，实际上钢产量只不过是比1957年增加了200多万吨。如果不搞这样的"大跃进"，充分发挥现有钢铁企业的潜力和新建的正规钢铁企业正常的投产，一年增产钢200万吨也是可能的。结果动用了那么多的劳动力，耗费了那么多的资源（特别是森林资源，许多地方为了炼钢铁将树木都伐光了），土法上马炼出来真正能称得上是钢铁的并无多少，确实是得不偿失。

---

[1]《1070万吨钢——党的伟大号召胜利实现》，《人民日报》1958年12月22日。

全民大炼钢铁还增加了国家的财政负担。当时每吨大高炉的生铁成本，鞍钢为85.4元，石（景山）钢为112.6元，国家规定的调拨价为150元。小高炉的成本多数为250元—300元之间，有的高达460元。为鼓励群众炼铁的积极性，国家规定，从1958年9月1日起，小高炉生铁调拨价每吨提高到200元，亏损部分由国家财政补贴，总共补贴了40亿元，超过1958年财政总收入的1/10。这还不包括国家提高调拨价格和土铁质量差，而使炼钢厂增加的支出和减少的收入。[1]

1958年"大跃进"对生产力的破坏，最主要的就是体现在大炼钢铁上。为了全力保钢，当时提出的口号是"停车让路，首先为钢"，时称"钢铁元帅升帐"，也就是要求各部门、各地方必须将钢铁生产放在首位。结果，近1亿的人民公社社员、机关干部、学校师生等投入钢铁生产中，打乱了正常的生产工作秩序。更为严重的是由于农村主要的青壮年劳动力都去炼钢铁了，进行农业生产的多是老弱病残，使得当年大量的农作物成熟了也不能收回，据估计，当年因此损失的粮食约占应收粮食的15%。不但如此，由于缺少劳动力，加之由于放"卫星"造成粮食大增产的假象，有人竟提出"少种多收"的口号，致使1959年的粮食种植面积比1958年大幅度减少，造成了1959年起连续多年粮食供应极度紧张。同时，其他部门也因为给"钢铁元帅""停车让路"，造成了工农业比例、工业与交通运输的比例、工业内部各部门间的比例严重失调。

---

[1] 薄一波：《若干重大决策与事件的回顾》下卷，中共中央党校出版社1993年版，第712页。

粮食高产"卫星"升空记

1958年是共和国历史上著名的"大跃进"之年。"大跃进"最显著的特征就是高指标,当那些不切实际的高指标提出之后,浮夸之风也就迅速泛滥。在农业生产领域,各种离奇的高产典型不断涌现,并且有了一个特殊的名称"卫星",一段时间,"卫星"越放越多,越放越大,造成了严重后果。

一、第一批"惊人纪录"

1957年9月中共八届三中全会之后,农业领域的"大跃进"开始启动,一些大大超过当时当地粮食平均产量的高产典型,就开始出现在报刊上。这年11月16日新华社报道说,四川省有9个县(市)提前10年达到并超过《一九五六年到一九六七年全国农业发展纲要(修正草案)》所定的每亩产粮食800斤的指标。这9个县(市)是:郫县(今成都市郫都区)、新繁(今已并入成都市新都区)、新都、温江、双流、广汉、绵竹、泸县和成都市郊区。其中郫县产量最高,每亩产1083斤;新繁、新都、成都市郊区,每亩产量在900斤以上;其余5个县的产量,每亩都超过了800斤。报道还说:广东省潮安县预计今年全县播种的31万多亩粮食作物,平均每亩产量可以达到1233斤,比大丰收的1956年增加5.8%；总计在第一个五年计划期间，全县粮食单位面积产量增加了45%。[1]

11月29日，新华社又报道说，广东省澄海县（今汕头市澄海区）今年晚稻又获丰收，全县25万多亩粮食作物，平均亩产达到1257斤，超过了亩产量1233斤的潮安县，跃居全国粮食单位面积产量的首位。澄海县不仅能连续3年保持千斤县的水平，达到了高产地区要求稳定产量的目的，而且已经开始突破稳定局面，在稳定中继续提高。[2]

仅过了4天，新华社又报道说，青海高原上的海西蒙藏哈萨克族自治州都兰县西星民族联合农业社，出现了1亩青稞产1800斤和1亩小麦产1750斤的高产田。今年这个社平均每亩产量达462斤，比去年提高了25.2%，提前10年超过了《全国农业发展纲要（修正草案）》对这里的产量要求。西星社出现这样大的生产跃进，主要是两年来各族社员团结生产，千方百计推行增产措施的结果。这个社的农田基本上做到了水利化，播种前还利用消冰水进行春灌；肥料年年增加，有的地今年每亩施肥超过万斤；种子是用穗选、块选、拣选挑出来的良种。[3]

同一天，新华社还宣布，陕西粮食低产区之一的宜君县后清河农业社，今年有2亩水稻亩产1654斤，比江苏省句容县亭子乡第七农业社创造的山区水稻最高纪录，高出了235斤。社里的40亩大面积丰产水稻，亩产也达到1150斤，这些产量比当地的

---

[1]《充分利用地力 用一切办法争取粮食高额增产》，《人民日报》1957年11月17日。
[2]《平均每亩产粮达到一千二百五十七斤 澄海粮食亩产量占全国第一位》，《人民日报》1957年11月30日。
[3]《青海民族联合社青稞小麦报双喜》，《人民日报》1957年12月4日。

水稻平均产量高出3倍到4倍。后清河农业社在陕北乔山山脉的一条小沟道里，气候寒冷，土地瘠薄。因此，社员们在选择秧田时，特别选了通风向阳的地方，在秧田管理过程中，也注意了在晚间放水漫田，防止秧苗受冻，晴天中午落水晒田，提高地温，并大量施用油渣、青草等有机肥料，改变土壤，增加地力。同时，采取浅插与小株密植的办法，增加单位面积株数，实行勤浇浅浇，合理用水，促使稻苗发壮熟足。[1]

如果说生产条件较好的四川成都平原和广东潮汕平原，亩产一千多斤还有可能的话，一向低产的西北地区，青稞、小麦和水稻亩产超过1500斤，虚报浮夸的成分显然已经很大了。

亩产一千多斤本来已有很大的水分，但一个月后，《人民日报》又传出消息：广东汕头专区有2000亩田高额丰产，亩产达到了3000斤，千斤乡和千斤社的数目比1956年增加了1/3左右，全专区有千斤乡（大乡）110个，约占乡总数的1/3，千斤社有2356个，占社总数的39%。当然这个亩产3000斤主要是由甘薯折合而成的，澄海县鮀浦乡青锋农业社有1亩8分丰产田，亩产3129斤，其中仅把晚稻改种甘薯，亩产就高达9100斤，折合稻谷2275斤。[2]

接着，湖北省孝感县中心乡联盟农业社声称，该社1957年有18.15亩晚粳稻，经当地农业技术指导站干部验收，平均每亩产稻谷2022斤，其中有3亩平均亩产2137.5斤，创造全国一季晚稻单位面积产量最高纪录。这是联盟农业社第一次试种一季

---

[1]《陕西省后清河农业社创造山区水稻新纪录》，《人民日报》1957年12月4日。
[2]《汕头专区两千亩田高额丰产 亩产粮食三千斤》，《人民日报》1958年1月3日。

晚粳稻，用的品种是"一〇五〇九"。新华社报道说："秋收后，当地干部和这个社的生产队长、老农座谈了两次，总结了这十八点一五亩一季晚稻丰产的主要经验：深耕、密植、肥足、防治病虫害。这十八亩多田，一般深耕达四寸以上，比1956年深耕一寸左右；插秧密度每亩达三万蔸，比当地晚稻增加五千蔸左右；每亩底肥施牛栏粪九十担、豆饼八十斤，插秧后追肥三次，每亩追肥量：第一次追施硫酸铵十四斤、豆饼三十斤，第二次追施硫酸铵十四斤、人畜粪十五担，第三次追施硫酸铵十二斤、人畜粪十四担、过磷酸钙四斤；插秧后进行三次药剂杀虫和一次药剂防病。因此稻谷始终长得很好。"[1]

不久，又传来了一向产量低的谷子也获得了高产的消息。新华社说，全国人大代表、辽宁省农业劳动模范李耀先领导的凌源县高杖子乡联合农业生产合作社，1957年在73亩4分（东北亩，每亩合1.5市亩，下同）山坡薄地上种的谷子，平均每亩产粮1020斤、马草1700多斤，比同年全省谷子平均产量高3.5倍以上，创造了辽宁省一向被认为"低产作物"的谷子的最高产量纪录。中共辽宁省委书记、省长杜者蘅率领工作组在去年12月末到这个社调查后，认为这一高产经验对于解决全省几年来增产粮食和增产马草不能兼顾的矛盾，具有非常重大的意义。[2]

奇迹还在不断地发生。贵州金沙县民丰社青年突击队在一块试验田里，创造了单季稻亩产3025斤的高额丰产纪录。这个产

---

[1]《湖北省孝感县联盟农业社创全国最高纪录 一季晚粳稻亩产二千斤》，《人民日报》1958年1月5日。

[2]《辽宁一农业社创造亩产谷子1020斤的高产纪录》，《今日新闻》1958年1月12日。

量相当于全国稻谷平均亩产量的七八倍，全国粮食平均亩产量的 15 倍，而这块试验田原来每亩只能产 390 斤苞谷。为此，共青团中央特地发出贺电，称赞民丰社青年突击队的"光辉创举，有力地证明了，觉醒了的我国人民有着伟大的力量，在我们伟大祖国辽阔的土地里，蕴藏着无穷的潜力的。《农业发展纲要（修正草案）》提出的四百斤、五百斤、八百斤粮食产量指标，不但完全可以实现，而且可以超额和提前实现"[1]。

湖北枣阳县苏维四社青年女社员彭学英培养的 8 分丰产试验田，1957 年产稻谷 2552 斤，折合亩产 3190 斤。据新华社报道，1957 年春天，彭学英在一块土质较差的田里开始丰产试验。这块田靠近山边，经常遭受干旱和山洪的威胁，往年每亩最多只能产 800 斤到 900 斤。她采取分期分层施肥的办法，在这块地里施足底肥，并且做到深耕细耙，插秧时又初选密植。在整个栽培的过程中，她十分细致地做好了田间管理工作，做到了全苗、田间无杂草和害虫。[2]

新疆维吾尔自治区鄯善县前进农业社一个由 45 名维吾尔族男女青年组成的青年生产队，1957 年在 8 亩 5 分试验田上，创造了每亩产籽棉 2080.75 斤的"惊人纪录"。这个产量相当于新疆 1957 年棉花平均单位面积产量的 11 倍。[3]

1958 年 2 月 16 日，中共湖北省委在给中共中央的报告中说，两年来，全省粮棉生产，出现了"大跃进"的许多先进典型，全

---

[1]《事在人为》，《中国青年报》1958 年 2 月 17 日。
[2]《青年女社员彭学英创造水稻亩产 3190 斤奇迹》，《今日新闻》1958 年 3 月 8 日。
[3]《新疆创造每亩产籽棉 2080 斤的惊人纪录》，《今日新闻》1958 年 3 月 10 日。

省有1个孝感县全县水田平均亩产粮食1000斤，还有10个县水田平均亩产粮食800斤。有2个县平均亩产皮棉100斤，还有1个县平均亩产皮棉94斤。全省有粮食千斤乡124个，千斤社2205个，千斤以上的亩223万亩，双千斤的亩3000多亩。全省皮棉百斤乡100个，百斤社1639个，百斤以上的亩150万亩，棉（籽棉）麦千斤亩6000多亩，籽棉千斤亩22亩。此外，还有许多高额丰产典型，如浠水县兰溪乡合兴一社1.1亩双季稻，亩产2659斤；孝感县中兴乡联盟社18.15亩一季晚粳稻，亩产2022斤；均县乐亭乡共升社2.9亩小麦，亩产1377斤；兴山县榛子乡和平社1.5亩玉米，亩产1575斤；鄂城县屠镇乡明星一社2亩红薯，亩产24560斤；京山县合作乡八一乡7.8亩棉花，亩产皮棉489.5斤；红安县杏花乡建苏社142亩花生，亩产1065斤；孝感县塘口乡协和二社1.5亩油菜籽，亩产485斤；应城巡查乡永丰社6.8亩芝麻，亩产450斤。[1]

上面这些1957年的高产典型，基本上都是虚假的。贵州金沙县民丰社青年突击队创造的单季稻亩产3025斤"高额丰产纪录"的出笼经过，便是一个例证。在1957年12月的金沙县四级干部会议期间，民丰社主任姚国彬在讨论会上信口说，他们社里有一块试验田，每亩平均收了3000多斤。不料他这一句不负责任的话，却引起了该社所在的禹谟区领导的注意，乃指定该社总结这一高额丰产"经验"。姚国彬看到事情弄假成真，回到社里后就与青年生产队队长余品贵、驻社干部石寿仁商量对策，将错就错地把社里一块产量最高的糯稻田冒充粳稻田。这块田有2.69

---

[1]《湖北省委关于争取五年内实现粮、棉、油增产的十年规划》，1958年2月16日。

亩，1957年共收毛谷10石多，折合成毛谷为5100多斤，按80%的比例折合成干谷为4080斤，平均亩产1516.7斤，这本来是当年贵州最高的亩产量了，但离3000多斤这个数字还相差很远，只好编造1957年的亩产量是毛谷45背（每背约75斤），这样便产生了总产量7875斤这个数字，折算成亩产为3025斤。[1]

二、"卫星"正式升空

在虚报浮夸已经出现的情况下，中共中央和国务院在1958年4月7日，下发了《关于召开全国农业社会主义建设先进单位代表会议的通知》，提出为了交流经验，表扬先进，学习先进和赶上先进，争取在三年内基本改变我国农村的面貌，和在全国范围内提前实现《全国农业发展纲要（修正草案）》，决定于1958年冬季，在北京召开全国农业社会主义建设先进单位代表会议。

该通知规定了派代表出席这次会议的具体条件：凡是在1958年粮食或者棉花的亩产量全县（市）平均到达和超过《全国农业发展纲要（修正草案）》所提出的指标的县（市），都可以派代表出席会议。按照《全国农业发展纲要（修正草案）》中关于粮食亩产指标的规定，属于800斤地区的乡、农业合作社和国营农场，粮食亩产平均达到2000斤的；属于500斤和400斤地区的乡、农业合作社和国营农场，粮食亩产平均达到1000斤的；以及不论任何地区皮棉亩产平均达到200斤的乡、农业合作社和国营农

---

[1]《贵州民丰社"青年试验田单季稻亩产3025斤"的真相》，《内部参考》第2436期，1958年3月15日。

场,都可以省、自治区、直辖市为单位,共同选派若干代表出席。此外,长年水旱灾害比较严重的地区,凡在1958年实现了水利化,基本上消灭了通常水旱灾害的县(市),以及在1958年完成了绿化或者除"四害"任务的县(市),也都可以派代表出席会议。

这个文件的下发,在一定程度上进一步加剧了农业领域本已出现的虚报浮夸现象,加之随后各地相继进入夏收时节,于是,各种高产消息接二连三地传了出来。

1958年4月底,湖北省襄阳专区宣布:预计今年1000万亩夏收作物平均每亩产量能达300斤,全区总产量可达30亿斤上下,比去年夏收作物增产1倍以上,相当于去年全年粮食产量的75%,比解放前夏收作物的产量增加10倍多,超过原来计划的50%。其中光化、襄阳、枣阳等县夏收作物粮食产量,都可超过去年全年粮食产量。全区约有20万亩小麦可以亩产1000斤上下;谷城县还有300多亩预计每亩可以产小麦2000斤左右。[1]

这个预计的"大丰收"很快变成了现实。一个多月后,襄阳专区再度宣布:专区有700亩小麦已收割完毕。根据各地验收的情况来看,绝大部分达到和超过了预计产量,涌现了大批高额丰产典型。过去,这里小麦亩产千斤只是个别现象,而今年,这种情况就普遍得多了,甚至创造了亩产小麦1500斤以至2000斤以上的奇迹。谷城县有97亩小麦突破了千斤大关,其中有29亩5分小麦平均亩产达到了1500斤到2000斤。沈湾乡乐民社

---

[1]《襄阳专区夏收作物增产一倍已成定局》,《人民日报》1958年4月29日。

第一生产队队长蓝世忠种的1亩1分小麦试验地,亩产竟达到了2357斤。[1]

同年6月8日的《人民日报》报道说:"河南省遂平县卫星农业社今年有5亩小麦每亩平均实产2105斤,它比去年湖北省房县双河农业社创造的全国小麦亩产最高纪录1540斤多565斤。这个奇迹是这个社中共党委副书记王丙寅等同志和第二生产大队二分队社员合作培育的丰产试验田里创造出来的。"报纸在报道时特地使用了《卫星社坐上了卫星,五亩小麦亩产2105斤》的标题。自此之后,这些高产典型就有了一个特殊的称呼——"卫星",而宣布"卫星"消息则被称为"放卫星"。

仅仅过了4天,卫星社又放出了一颗更大的小麦"卫星"。新华社在其通讯稿中说:"河南省遂平县卫星农业社第二生产大队五亩小麦平均亩产二千一百零五斤的消息传开以后,这个社的小麦经过继续打场脱粒,10日第一大队二分队又有二亩九分地总产量达到一万零二百三十八斤六两,平均每亩亩产三千五百三十七斤七两五钱,比二大队的最高产量每亩多一千四百二十五斤,超过这块地去年每亩亩产七百五十斤的三倍多。"[2]

自此之后,各类"卫星"争相放出。7月23日,国家农业部授权新华社宣布:今年夏收粮食作物空前丰收。播种面积53900余万亩,总产量达到1010亿斤,比1957年夏收粮食作物

---

[1]《跃进行中争先进 丰产榜上出将军》,《人民日报》1958年6月9日。
[2]《卫星农业社发出第二颗"卫星"二亩九分小麦亩产3530斤》,《人民日报》1958年6月12日。

增产413亿斤,即增长69%;平均亩产187斤,比1957年增长70%。在夏收粮食作物中,冬小麦的播种面积35600余万亩,总产量达到689亿斤,比1957年增产279亿斤,增长68%;平均亩产193斤,比1957年增长71%。今年我国小麦产量至少超过美国小麦产量40多亿斤。

农业部还宣布了一批小麦高额丰产的县市和高额丰产田。丰产县市有:亩产达600斤以上的有湖北的谷城县,河南的孟县;亩产500斤以上的有河南的偃师、博爱、夏邑、西平、襄城、鲁山、商丘、淅川、杞县,河北的藁城,湖北的襄樊市(今襄阳市)等11个县市;亩产达400斤以上的有河南的洛阳、通许、沈丘、长葛、温县、西峡、安阳、武陟、遂平、安阳等10个县市,陕西的西安、汉中、咸阳、长安、周至、高陵、鄠县等7个县市,河北的正定、石家庄、邢台、抚宁、安国等5个县市,湖北的襄阳、宜城二县,四川的郫县。据山西、河北、山东、河南、陕西、江苏、安徽、湖北等省不完全统计,亩产1000斤以上不足2000斤的有754300多亩,亩产2000斤以上不足3000斤的有4236亩,亩产3000斤以上不足4000斤的有267.47亩,亩产4000斤以上不足5000斤的有24亩。河南西平县和平农业社社长陈颜理、第四队队长冯富耀二亩试验田平均亩产达7320斤,创1958年全国冬小麦最高丰产纪录。[1]

同一天,《人民日报》配发了题为《今年夏季大丰收说明了什么?》的社论,宣布:"我国小麦产量超过美国跃居世界第二

---

[1]《中华人民共和国农业部1958年夏收粮食作物生产公报》,《新华半月刊》1958年第15期。

位了。我国小麦增产速度是古今中外历史上所没有的,更是资本主义国家所望尘莫及的。""我们现在已经完全有把握可以说,我国粮食要增产多少,是能够由我国人民按照自己的需要来决定了。""只要我们需要,要生产多少就可以生产多少粮食出来。"[1]

进入8月之后,"卫星"就更多也更大了。据不完全统计,仅《人民日报》这年8月报道的粮食高产"卫星"(按报道先后)就有:

8月上旬,安徽濉溪县卧龙社罗全珍队1.13亩早稻,共收干谷7227斤,平均亩产6395斤;安徽枞阳县石马乡高丰社早稻亩产16227斤13两(当年1斤为16两)。

8月中旬,湖北麻城县麻溪河乡建国第一农业社,1.016亩早稻试验田,总产量共为干谷37547斤,亩产干谷36956斤;安徽阜南县耿集乡东风农业社青勇大队刘小庙生产队,一块1.073亩的玉米丰产试验田共收干玉米5488斤,平均亩产5114斤9两;河南夏邑县张集乡火箭一社丁里梨元村丁洪声生产队的1.1亩玉米试验田,经过实打实秤后总产14163斤,合亩产12875斤。

8月下旬,安徽无为县官镇乡官镇社1.04亩中稻,实收干谷21514.5斤,平均亩产20687斤;安徽繁昌县峨山乡东方红三社1.03亩中稻共收干稻4436713两,平均亩产43075斤9两;安徽阜阳县阜泉十九社高粱亩产3897.9斤;四川泸县石龙乡庆丰农业社1亩高粱地,净收5333斤,比去年亩产550斤增加8.5倍;甘肃康县窑坪乡和平农业社1亩洋芋(马铃薯)实收106378.5斤(间种玉米折合洋芋14000斤尚未计入);山西大同市口泉区永定

---

[1]《今年夏季大丰收说明了什么?》,《人民日报》1958年7月23日。

庄永丰农业社莜麦亩产1002斤7两；山东寿张县城关乡北台农业社亩产干谷子10546斤15两；河南商丘县谢集人民公社1.1658亩玉米，亩产22489斤；山东寿张县台前农业社谷子亩产21787斤；河南商丘县谢集人民公社1.124亩玉米实收28903斤12两，平均亩产25715斤1两。

8月27日，《人民日报》发表文章，声称"人有多大胆，地有多大产"。文章说："今年（山东）寿张的粮食单位产量，县委的口号是'确保双千斤，力争三千斤'，但实际在搞全县范围的亩产万斤粮的高额丰产运动。一亩地要产五万斤、十万斤以至几十万斤红薯，一亩地要产一、两万斤玉米、谷子，这样高的指标，当地干部和群众，讲起来像很平常，一点也不神秘。一般的社也是八千斤、七千斤，提五千斤指标的已经很少。至于亩产一、两千斤，根本没人提了。"

进入9月后，"卫星"就放得更热闹了。《人民日报》报道的比较大的粮食"卫星"有：四川郫县友爱乡第九农业社，中稻亩产82525斤；青海柴达木盆地赛什克农场第一生产队，小麦亩产8585.6斤；河南商丘县王楼人民公社第八生产队，亩产玉米35393斤；河南沈丘第十二人民公社郭庄大队第六生产队，亩产高粱22720斤；山东临沂县涑河乡南光明二社，亩产大豆4517.12斤；福建晋江县金井乡集力农业社塘边村欧自强生产队，亩产花生26968.12斤；等等。尤其值得一提的是，9月18日的《人民日报》还报道了广西环江县红旗人民公社获得中稻平均亩产130434斤10两4钱的高产新纪录的消息，这也是该报报道的最大一颗水稻"卫星"。

三、"卫星"为何能上天

那么，1958年那些"卫星"是如何发射升空的呢？看一看当时河南西平县和平农业社小麦亩产7320斤这颗"卫星"的产生经过，就可知其大概。

对于这颗"卫星"的发射情况，1958年7月12日的《人民日报》作了如下报道："河南省西平县城关镇和平农业社第四队二亩小麦丰产试验田，总产一万四千六百四十斤，平均亩产七千三百二十斤。这是河南省今年麦收中放出的小麦亩产三千斤以上的第二十九颗'卫星'。""这二亩小麦长得特别好，穗大且长，籽粒饱满，稠密均匀，每亩平均一百四十八万六千二百株，密得老鼠也钻不进地。最大的麦穗有一百三十粒，一般的麦穗有七、八十粒，最小的麦穗也有五十粒左右。这二亩小麦是6月18日收割的。全队十二人从上午五时到夜十二时才割完，实割十九个小时，每人平均只割一分六厘六毫。6月21日起，这二亩麦开始打场。头遍是单打的，共打了五天、五场。6月26日起开始扬场、晒麦。7月1日过秤入仓。总计头遍共打了一万四千零四十斤。第二遍场是和一般麦混打的，根据推算共打了六百斤。"[1]

这颗大"卫星"实际上是这样制造出来的：1958年6月18日，与西平县邻近的遂平县嵖岈山卫星农业社（也叫卫星集体农庄）放出了小麦亩产3520斤的"卫星"。这时，中共信阳地委

---

[1]《7320斤——小麦层层加码 3275斤——早稻步步高升》，《人民日报》1958年7月12日。

第一书记（西平时属信阳地区，今属驻马店市）对西平县委第一书记说，西平的条件比遂平好，亩产一定要超过遂平。根据地委领导的指示，1958年7月初，西平县委召开四级干部会议，中心议题是解决小麦高产数字的问题。会上，县委领导要各农业社自报产量。该县的和平农业社属于高产区，开始报了亩产200斤，县委领导对此很不满意。于是，各社又相继报出了亩产400斤、600斤、800斤，但仍与遂平县的3520斤相差太大，故而一直没有得到县委领导的认可。最后，和平社大着胆子报出了亩产1100斤，这才勉强过关。随后，西平县委召开庆丰收大会，对和平农业社进行表彰奖励。

虽然和平社大着胆子报出了小麦亩产1100斤，但这个数字还不到遂平县小麦"卫星"产量的三分之一。为了放出超过遂平县的"卫星"，西平县又召开四级干部会议，会议的内容还是报小麦产量。会上，县委第一书记反复介绍了遂平县小麦亩产3520斤的高产"经验"，并大讲"思想有多高，产量就有多高"的道理。尽管如此，在大会上各农业社仍然不敢再往高报。于是，县委领导就采取个别鼓动的办法，召开以往产量较高的和平、猛进两个农业社的负责人开座谈会，动员这两个社报产量。开始时，猛进社只报了亩产300斤，县委领导坐在一旁不吭气。两个农业社的负责人一看气氛不对，就不断地将产量往高报，猛进社一下报出了亩产7201斤。这时，和平社所在的城关镇党委书记立即鼓动和平社再报高一点。在这种情况下，和平社社长报出了亩产7320斤。这样，座谈会才算结束。

紧接着，和平农业社开始找亩产7320斤的"依据"，办法是按小麦的颗数、穗数、粒数进行推算，先算出一斤小麦有多少粒，再算出一穗有多少粒，一颗有多少穗，最后算出一亩地有1486200穗，每穗平均75粒，可收7560多斤。随后，和平社组织全社的整、壮劳力，套了两辆大车，从全社12个生产队拉来了14640斤麦子（平均每亩7320斤），全部堆放在那块所谓的"试验田"里，然后向县委报喜，县委再组织所谓"验收"。随后，《河南日报》《人民日报》等报纸相继报道了和平社小麦亩产7320斤的消息，并由此吸引了全国24个省市的参观者前往观摩学习，前后达3个月之久，甚至苏联和捷克斯诺伐克政府还专门来信，要求中国有关方面介绍西平县小麦"丰产"的经验。

1958年确实是新中国成立以来少有的风调雨顺之年，这年粮食也确实获得了较好的收成。据国家统计局后来核实，1958年全国实产粮食4000亿斤，比1957年增产了300亿斤，但远不及当时正式宣布的7500亿斤。由于浮夸风的影响，认为粮食产量可以大幅度提高，从此耕地也就不需要那么多了，导致安排1959年农业生产时较大幅度地减少了粮食播种面积，这也成为1959年粮食总产量比1958年减少600亿斤的重要原因。同时由于"放卫星"，给人们造成一种粮食问题已经解决、农业已经过关的错觉，因此不但可以放胆大办工业，而且可以考虑向共产主义过渡的问题，农村人民公社化运动也就由此而来。

试析毛泽东对待粮食亩产万斤的态度

1958年"大跃进"在农业生产上一个突出的特点，就是各地争先恐后大放各种高产"卫星"，于是有了亩产七八千斤的小麦，几万斤甚至十几万斤的水稻。那么，农民出身的毛泽东，当时对这类高产"卫星"究竟持什么样的态度，他果真相信那些离谱的高产"卫星"吗？

一、"今年一年就增加了几千亿斤"

将虚假的高产典型命名为"卫星"，最早见之于报端的，是1958年6月8日的《人民日报》。这天该报报道了河南遂平县卫星农业社第二生产大队，有5亩小麦丰产试验田，每亩平均实产2105斤的消息。仅过了4天，《人民日报》又报道说，卫星农业社第一生产大队第二分队，"又有2亩9分地总产量达到10238斤6两，平均每亩亩产3537斤7两5钱，比二大队的最高产量每亩多1425斤，超过这块地去年每亩亩产750斤的三倍多"。《人民日报》在报道此事时，特地使用了"卫星农业社发出第二颗'卫星'，二亩九分小麦亩产3530斤"的标题。自此，各种高产典型就有了一个特殊的称呼——"放卫星"。

这时正好进入夏收季节，受这两篇报道的影响，各式各样的

"卫星"也就开始争相竞放,而且产量越放越大,品种也越放越多。这年小麦产量最大的"卫星",是青海柴达木盆地赛什克农场第一生产队,亩产8585斤;水稻产量最大的"卫星"是广西环江县红旗人民公社,亩产130434斤。

受"放卫星"的影响,人们对这年的粮食增产十分乐观,一再声称粮食获得了空前的大丰收。这年7月22日,国家农业部授权新华社发表1958年夏收粮食作物生产公报,声称:"今年夏收粮食作物空前丰收。播种面积五万三千九百余万亩,总产量达到一千零一十亿斤,比1957年夏收粮食作物增产四百一十三亿斤,即增长69%,平均亩产一百八十七斤,比1957年增长70%。"[1]

主管农业的中共中央政治局委员谭震林随后公开撰文称:"夏季丰收证明,我国粮食增产速度不仅可以是百分之十几、百分之几十,而且可以是成倍地增长。""在三年至五年内,全国人民将有足够的口粮、足够的饲料,足够的工业用粮和足够的储备粮。我国人民在粮食、肉类、油脂、食糖、布匹等按人口平均的消费方面,赶上世界上生产水平最高的资本主义国家,已为期不远了。"[2]

同年8月,中共中央政治局在北戴河召开扩大会议。会后新华社发表的新闻稿正式向全世界宣布:1958年农业生产的大跃进,将使中国粮食作物的总产量达到6000亿斤至7000亿斤,比1957年增产60%至90%,全国每人占有粮食的平均数将达到

---

[1]《东风压倒西风的一个标志 我国小麦总产量超过美国四十多亿斤》,《人民日报》1958年7月23日。
[2] 谭震林:《论我国今年夏季的空前大丰收》,《人民日报》1958年8月11日。

1000斤左右。"[1] 9月30日，新华社再次发布消息："小麦、水稻和早秋玉米等夏秋粮食作物已经普遍丰收，不久即将收获的薯类作物和南方晚稻、北方晚稻也呈现一片丰收景象，今年我国粮食获得了全面的大丰收，总产量将达到七千亿斤以上的空前纪录。这比1957年的粮食总产量（三千七百亿斤），跃进增产了一倍左右。"[2]

1958年11月16日，谭震林和农业部部长廖鲁言向中共中央报送了《关于农业生产和农村人民公社的主要情况、问题和意见》，提出："根据西安、广州、南京、呼和浩特四个分片农业会议的预计，一九五八年粮食总产量是八千五百亿斤。这是经过各省、市、自治区压缩后的数字，压缩的幅度一般是比地、县委报的数字少百分之十到三十。""下面报产，有浮夸虚报的，也有隐瞒产量的。经过省、地、县三级打了些折扣，八千五百亿斤左右是比较可靠的；退一步讲，总不少于七千五百亿斤，可以照此数公布。这比一九五七年的产量三千七百亿斤翻一番，还稍多一点，这是很大的跃进。这一点必须肯定，不能因为少数的虚报浮夸现象以及某些缺点错误而动摇这个总的估计。"[3]

对于这年粮食有大幅度增产，毛泽东也是深信不疑。1958年9月8日，他在最高国务会议第二次讲话中说："今年要争取产

---

[1]《中共中央政治局扩大会议提出今年宏伟目标 为生产一千零七十万吨钢而奋斗》，《人民日报》1958年9月1日。

[2]《五亿农民高举粮食帅旗 一年实现十年增产指标》，《人民日报》1958年10月1日。

[3] 中共中央文献研究室编：《建国以来重要文献选编》第11册，中央文献出版社1995年版，第585—586页。

钢一千一百万吨,比去年翻一番。明年增加二千万,争取三千万吨。后年再搞两千万,不是五千万吗?苦战三年,五千万吨钢。那么,全世界除了苏联同美国,我们就是第三位。""第二个五年计划就要接近或赶上美国。再加两年,七年,搞一亿五千万吨,超过美国,变成天下第一。老子天下第一不好,钢铁天下第一有什么不好?粮食,苦战三年,今年可能是七千到八千亿斤,明年翻一番,就可能是一万五千亿斤。后年就要放低步调了。因为粮食还要找出路。"[1]

同月,他在湖北视察期间同中共湖北省委第一书记王任重谈话时又说:"许多事情看来怪得很,要就没有,或者很少,要就很多很多。过去九年粮食增加得很慢,老愁粮食不足,可是今年一年就增加了几千亿斤。今年翻一番,明年还可能翻一番。这样我们的粮食就多得不得了。钢也是这样。过去九年搞了几百万吨,今年几个月就可能增加几百万吨。"[2]

二、毛泽东为何相信粮食能大幅度增产

毛泽东之所以认为1958年粮食产量有大幅度的增加,可以在1957年的基础上翻一番,主要论据来自如下几点:

第一,通过发动"大跃进",使人民群众释放出了前所未有的积极性和创造性。在发动"大跃进"之初,他多次对此前的反冒进进行过严厉批评,认为反冒进泄了六亿中国人民的气,把干

---

[1]《建国以来毛泽东文稿》第7册,中央文献出版社1992年版,第394页。
[2] 王任重:《札记二则》,《七一》1958年第5期。

部群众搞得灰溜溜的，现在要把干部群众的劲鼓起来。在1958年1月的南宁会议上，他说：不要提反冒进这个名词，这是政治问题。一反就泄了气，六亿人一泄气不得了。在3月的成都会议上，他又说：反冒进是"寻寻觅觅，冷冷清清，凄凄惨惨戚戚"；冒进则是"轰轰烈烈、高高兴兴""不尽长江滚滚来"。因此，要通过对反冒进的批评，克服右倾保守思想，把人民群众的干劲鼓起来，使各项事业实现大跃进。在中共八大二次会议上的讲话中，他高兴地说：劳动人民的积极性、创造性，从来是很丰富的。过去在旧制度压抑下，没有解放出来，现在解放了，开始爆发了。

应当说，对于"大跃进"，有相当多的干部群众是拥护和支持的。中国一向贫穷落后，人民生活水平很低，现在党和政府号召大家鼓足干劲，力争上游，在尽可能短的时间里改变这种贫穷落后状态，赶上并超过英美发达资本主义国家，尽早过上共产主义的幸福生活。这样的号召确实激动人心。当时，许多人赞同"大跃进"，拥护"大跃进"，并全身心地投入"大跃进"，也在相当程度上是主动的。因此，在"大跃进"的特殊背景下，人民群众生产工作的积极性确实很高，表现出前所未有的生产工作热情。这又进一步促使毛泽东相信发动"大跃进"是正确的，在农业生产包括粮食增产上实现一个大的跃进完全可能。

第二，农田水利建设和积肥运动的开展，为粮食大增产创造了条件。1957年9月，中共中央和国务院发出《关于今冬明春大规模地开展兴修农田水利和积肥运动的决定》的指示，要求各地鼓起像1955年冬季农业合作化高潮中的那样一股劲头来，反对保守思想，集中大力开展一个大规模的农田水利建设运动和积肥工作。这个指示的发出，标志着农村的"大跃进"正式启动，全国农村迅速投入了大量的劳动力开展农田水利建设和积肥运动，到 1958 年 1 月，参加水利建设的农村劳动力即达到了 1 亿人。

这场空前规模的农田水利建设运动，确实兴修了一部分小型的水利设施，一些大中型的水利工程也开始上马。与此同时，虚报浮夸也开始出现，一些地方对水利建设的成就和作用过分夸大，纷纷声称已经实现了水利化。例如 1958 年 3 月，中共河北省徐水县委第一书记在全省四级干部会议上作了《苦战三月改变全县自然面貌》的发言，介绍该县从 1957 年 11 月 3 日开始，经过三个阶段，两个高潮，苦战三个月，就基本上消灭了水灾和旱灾的经验。《人民日报》不但全文发表了这个发言，而且还特地配发了《徐水创造了好经验》的社论，称赞该县已"从一个工作很平常的县一跃而为先进县"。毛泽东对徐水的经验也很欣赏，表示应普遍加以推广。由于声势浩大的农田水利建设和积肥运动的开展，使毛泽东相信农业生产的条件已有了重大改善，为这年粮食大增产提供了保证。

第三，通过深翻土地和密植，能使产量大幅度提高。毛泽东看到山东省莒南县大山农业社通过深翻土地，"不多不少，增产百分之百"的材料后，就要求各地都搞深翻。[1] 这年 3 月的成都会议上，他在一位省委书记发言时插话说：应普遍提倡人工深翻地，一年翻一部分，三五年翻完，可以保持三年到五年丰收，这是改良土地的基本建设。《人民日报》应该把土壤学宣传

---

[1] 薄一波：《若干重大决策与事件的回顾》下卷，中共中央党校出版社 1993 年版，第 683 页。

一下。在随后召开的中共八大二次会议上,长葛县委第一书记吕炳光介绍了该县深翻土地的经验:该县从1954年起,一些农业社搞深翻土地,都取得了增产丰收的效果。为此,去冬今春,长葛在实现水利化的同时,开展了大规模的深翻土地运动,截至4月底,全县33万亩早秋地已深翻了一遍,深度都在1.5尺左右。计划今年把全县112万亩耕地来一个"大翻身",争取亩产800斤。毛泽东对这个报告很感兴趣。他在讲话中说:"感谢河南省长葛县第一书记的发言。这个发言很好,我又看了一遍。一年把一百一十二万亩土地全部深翻一遍,深翻一尺五,争取亩产几百斤。这就提出一个新问题,各县是否都能做到?河南长葛县能做到,别的县难道不行吗?"他还说,深翻土地"这是一大发明。深翻一遍,增产一倍,至少增产百分之几十"。

在此之前,南方一些地方通过推广水稻密植提高了产量,1958年3月的《人民日报》还报道了广东全面推广水稻小科密植的情况,说"在这次插秧技术改革中,各地贯彻了毛主席指示的'放手发动群众,一切经过试验'的精神,普遍通过分别集中乡、社、队的干部,层层试插示范,现场辩论,逐级推广,互相评比,做到从干部到群众,既解决思想问题,又大体懂得技术规格;既实行了早插、密植,又保证了技术质量"[1]。毛泽东对广东的密植留下了很深的印象,在中共八大二次会议上,他特地讲到了密植的问题。他说:要合理密植,广东一亩要搞3万蔸,每蔸插3根秧,每根秧发3根苗,结27万个穗,每穗平均60粒,

---

[1] 杨伟群、陈日晶:《广东推广水稻小科密植技术 有示范有辩论改革很顺利》,《人民日报》1958年3月28日。

共 1620 万粒，2 万粒一斤，一亩 810 斤。亩产 800 斤不就算出来了吗？北方的小麦、玉米、谷子、高粱、大豆等，都可以这样算一算。密植就是充分利用空气和阳光，现在不是反浪费吗？就应该把对空气和阳光的浪费也反掉。有意思的是，后来一些地方在发射粮食高产"卫星"时，就是按照这个办法算出亩产量的。

1958 年 6 月 14 日，毛泽东接见了河南封丘县应举社社长崔希彦等人。在谈话时，崔希彦告诉他，应举社今年小麦每亩估计有 150 斤，全年计划平均每亩产粮 800 斤。毛泽东说："你们计划每亩产八百斤，小麦每亩只能收一百五十斤，还有六百多斤，今年是不是有把握实现亩产八百斤？"崔希彦的回答是："完全有把握，而且争取超过。"毛泽东进一步问："都有哪些保证增产的有利条件？"崔希彦回答说："第一，我们合作社已经实现水利化；第二，今年积肥大量增加；第三，把低产作物改为高产作物；第四，我们合作社的每一个人干劲都很大；第五，毛主席前不久在《红旗》杂志上向全国人民介绍了我们社，今天毛主席又亲自接见我们，给了我们宝贵的指示，我们回去一传达毛主席的指示就会变成我们增产的力量，全体社员的干劲就会更大，产量就会更加提高。"毛泽东说："好哇！你们这五条都很对呀！"他还说，不要很久，全国人民每年就可以平均有粮食 1000 斤，再过一个时间，每人每年要平均有 1500 斤，这样全国人民的生活水平就会大大提高。[1] 可见，毛泽东认为，通过开展农田水利建设和积肥运动，深翻土地，推广密植，再加上群众冲天的干劲，

---

[1] 于民生：《幸福的会见 巨大的鼓舞——记毛主席接见河南封丘县应举农业社社长崔希彦》，《人民日报》1958 年 7 月 1 日。

实现粮食大增产是完全可能的。

　　1958年确实是新中国成立以来少有的风调雨顺之年，这年粮食也确实获得了较大丰收。据国家统计局后来核实，1958年全国实产粮食4000亿斤，虽然远不及当时正式宣布的7500亿斤，但比1957年增产了300亿斤。如果不是因为搞全民大炼钢铁，在秋收大忙季节抽调大量的农村劳动力去炼钢炼铁，致使已经成熟的庄稼未能及时收回（据估计，当年约有10%至15%的粮食烂在地里），全年的粮食总产量还要更高些。

三、毛泽东是否相信亩产万斤的高产"卫星"

　　既然毛泽东相信1958年粮食产量能大幅度增加，那么，出身于农民家庭并对农村十分熟悉的他，是否相信那些亩产万斤甚至更多的高产"卫星"呢？

　　1958年8月上旬，毛泽东视察了河北、河南、山东三省农村。视察中，他对于这年的粮食产量特别关心，几乎每到一个地方都必询问当地干部粮食问题。而对于这个问题，得到的答案几乎是相同的：这年粮食大增产而且不是一般的增产。但是，对于过于离奇的粮食亩产万斤之类的"卫星"，他并未从正面作过肯定，基本上是持不置可否的态度，甚至还流露过某种怀疑。

　　其实，对于当年亩产万斤甚至更高的粮食高产"卫星"，如同童话《皇帝的新衣》中所描述的场景，大家明知这样的"卫星"是造假造出的，但却没有人公开来揭穿其真相。其根本原因在于"大跃进"中流行大辩论，那些对高指标有所怀疑、对"大跃进"有所不满者，被指责为"观潮派""秋后算账派"，被认为插的是资产阶级白旗，要使用"大辩论"的方式对其进行批判。而那些敢于提出高指标，敢说大话搞虚报浮夸者，则被认为是解放了思想，破除了迷信，发扬了敢想敢说敢干的精神，插的是无产阶级的红旗，被树为典型加以表扬。这样一来，不但导致了说大话、假话的浮夸风盛行，而且使各类离奇的高产"卫星"大行其道。

有人认为毛泽东是相信亩产万斤的，其中一个重要的原因是受了科学家文章的影响。河南遂平县卫星农业社放出小麦亩产2105斤和3530斤两颗"卫星"后，一位著名科学家在1958年6月16日的《中国青年报》上，发表了一篇题为《粮食亩产量会有多少》的短文。文章认为：农业生产的最终极限决定于每年单位面积上的太阳光能，如果把这个光能换算为农产品，要比现在的丰产量高出很多。把每年射到一亩地上的太阳光能的百分之三十作为植物可以利用的部分，而植物利用这些太阳光能把空气里的二氧化碳和水分制造成自己的养料，供给自己发育、生长结实，再把其中的五分之一算是可吃的粮食，那么稻麦每年的亩产量就不仅仅是现在的两千多斤或三千多斤，而是两千多斤的二十多倍。客观而论，这篇文章对当时放高产"卫星"起到了一些助推作用。然而，这篇文章虽然论证了高产"卫星"的可能性，但文章说得很清楚，是"如果……"这种情况下才可能产几万斤，毛泽东似乎不大可能忽视这个"如果……"，而相信现在亩产就可达万斤。

1957年的时候，报刊上已有亩产一两千斤的报道。毛泽东在1958年1月写作《工作方法六十条（草案）》时，还特地提到了这些高产典型：湖北孝感县的联盟农业社，一部分土地每年种一造，亩产 2130 斤；四川仁寿县的前进农业社，一部分土地一造亩产 1680 斤；陕西宜君县的清河农业社，这个社在山区，一部分土地亩产 1654 斤；广西百色县的那坡农业社，一部分土地一造亩产量 600 斤。这些高产典型很有可能就已有了虚假成分，不过毛泽东没有表示怀疑，而是提出："这些单季高产的经验，各地可以研究试行。"[1]

尽管此前已有了亩产一两千斤的高产典型，但直到 1958 年 6 月河南遂平卫星农业社"放卫星"之前，还没有超过孝感联盟社亩产 2130 斤的报道，更鲜有小麦亩产过千斤之事。而卫星社的"卫星"放出之后，高产"卫星"的涌现一发不可收拾，亩产过万斤的"卫星"比比皆是，更有数万斤甚至十数万斤者。这样的"卫星"实属违背常理，稍有农业常识的人都不可能信以为真，只不过是谁也不愿揭穿真相而已。毛泽东的态度其实也是如此。

毛泽东之所以在 1958 年没有对那些高产"卫星"提出质疑和批评，并且默许了这些"卫星"的存在，一个重要的原因，在于他虽然清楚"大跃进"中存在虚报浮夸，但基于对干部群众"大跃进"热情的肯定和保护，而在一定程度上容忍了这种现象。

在这年 3 月的成都会议上，毛泽东说：要跃进，但不要空喊，指标很高，实现不了。（河北）通县原来 150 斤，1956 年提出要在一年内跃进为 800 斤，没有实现，是主观主义。这也无大害处，屁股不要打那样重。现在跃进，有无虚报、空喊不切实际的毛病？现在不要泼冷水，而是提倡实报、实喊，要有具体措施，保证口号的实现。

---

[1]《建国以来毛泽东文稿》第 7 册，中央文献出版社 1992 年版，第 63 页。

在这次会议的讲话中,他又说:河南提出一年实现"四、五、八",水利化,除"四害",消灭文盲,可能有些能做到,即使全部能做到,也不要登报,两年可以做到,也不要登报,内部可以通报。各省不要一阵风,说河南一年,大家都一年;说河南第一,各省都要争个第一,那就不好,总有个第一,"状元三年一个,美人千载难逢"。可以让河南试验一年。如果河南灵了,明年各省再来一个运动,大跃进,岂是更好?

4月5日,他在武汉主持召开华东和中南两地区的省委、自治区党委第一书记会议上又表示:反冒进把空气砍掉了一半,我们不要砍,只是把空气压缩一下。现在担心会不会再来一个反冒进。如果今年得不到丰收,群众会泄气,到那时议论还会出来,又要刮台风的。此事要向地、县委书记讲清楚,如果收成不好,计划完不成怎么办?要有精神准备。现在劲头很大,不要到秋天泄了气。要搞具体措施,要看结果,吹牛不算。不要浮而不深,粗而不细,华而不实。今年有平津、淮海战役之势,要放手发动群众,一切经过试验。[1]

从毛泽东的这一系列讲话中可以看出,其实他对于"大跃进"中的虚报、空喊并非不清楚,但他对这种现象却没有加以过多制止。他认为,好不容易通过批评反冒进,调动了干部群众的积极性,激发了他们的生产工作热情,如果因为有些过高的指标,有些虚报浮夸的成分,又来一次1956年那样的反冒进,就会压抑他们的积极性和创造性,就会给"大跃进"泼冷水,就会

---

[1] 中共中央文献研究室编:《毛泽东年谱(1949—1976)》第3卷,中央文献出版社2013年版,第334页。

出现如同1957年那样的"马鞍形"。在他看来，1957年群众的生产热情没有1955年高，建设速度没有那么快，取得的成绩没有那样大，而且还出现了右派向共产党和社会主义进攻，就在于1956年搞了一个反冒进，结果"泄了六亿人民的劲"。因此，在"大跃进"已经发动、群众的积极性已经高涨之后，对于虚报浮夸要"打屁股"，但"屁股不要打那样重"，要重打屁股的，倒是那种给群众泼冷水、对"大跃进"不热情甚至消极抵抗的"观潮派""秋后算账派"。所以，不论是对各地发射出的各种高产"卫星"，还是对粮食产量成倍增加的汇报，他都采取了默许和容忍的态度。

"大跃进"运动中农村公共食堂的骤然兴起

1958年下半年起,自古以来就是各家分散做饭的中国农民,忽然拥至新办的公共食堂就餐。至是年底,作为"大跃进"和人民公社化运动新生事物的公共食堂,全国达到了345万个,在食堂吃饭的人口占全国农村总人口的90%以上。一时间,全国5亿农民吃起了名副其实的"大锅饭"。农村公共食堂在如此短的时间里骤然兴起,原因何在?

一、全国农村迅速实现公共食堂化

农村公共食堂最早源于合作社时的农忙食堂,1958年的"大跃进"运动造成劳动力紧张,刺激了公共食堂的发展,而农村人民公社的建立,则加速了全国农村的公共食堂化。

中国农民早就有农忙时集体做饭吃饭的习惯。还在互助组时期,农忙时节便出现了吃"转转饭",即在谁家干活就在谁家吃饭,有时也由几家凑米凑菜一起做饭吃,这样便于早出工,齐出工,提高生产效率。进入合作社后,由于公有化程度提高,生产规模扩大,要求增加更多的劳动力投入生产。加之合作社实行集体劳动,在农忙季节人手紧张时,有的农业社便开始全社集体做饭，集体就餐，由此产生了农忙食堂。农忙食堂是临时性的，长的个把月，短的几天、十几天。也有少数的农忙食堂办起来后一直坚持下来变成常年食堂。湖北省京山县八区合作乡，荆门县东平乡、马平乡，都有从1956年农业合作化高潮中就办起，并一直坚持下来的食堂。荆门的高店乡1957年曾办起了240个农忙食堂，该乡的茶新社还办了5个常年食堂。[1]从合伙做饭到农忙食堂，由农忙食堂到少数常年食堂表明，农村公共食堂早在人民公社建立前就已产生，当时的确是出于群众自愿而办起的，而且在一定程度上提高了生产效率。不过，这种群众自觉自愿办起的食堂，其实质只不过是合伙做饭的相对固定化，与后来人民公社时期的公共食堂是有根本区别的。

　　1957年底，全国农村掀起了大办农田水利建设的高潮，以此为标志，农村"大跃进"迅速展开。在这一过程中，一些大中型水利工程建设打破了社、乡的界限，集中众多的劳动力进行大兵团作战。紧接着，工业战线以大炼钢铁为中心的"大跃进"也开始了。随着钢铁指标的不断加码，大量的农村劳动力被投入找矿、挖煤、砍树烧炭、修土铁路等与钢铁生产有关的工作中。同时，农业生产伴随着大放高产"卫星"，从事无限制的深翻土地、积肥等，又耗去了大量的劳动力。在这种情况下，农村劳动力显得十分紧张。为了弥补劳动力的不足，客观上要求更多的农村妇女脱离家务劳动，投入生产第一线。于是，一些地方与减少家务劳动有关的公共食堂、托儿所（组）等相继办了起来。

　　"大跃进"开始后，河北省徐水县搞所谓劳动组织形式的改

---

[1] 梁久让：《让公共食堂遍地开花》，《七一》1958年第2期。

革，实行以行动军事化、田间管理工厂化、生产集体化、思想共产主义化、领导方法群众路线化的"共产主义大协作"，过去分散的一家一户的生活方式显然与这种"大协作"不相适应，于是大搞吃饭食堂化。至 1958 年 4 月，全县建立食堂 1777 个，到食堂吃饭的有 285000 人，占全县总人口的 80% 以上。其中，建立"野外战斗随营食堂" 1410 处、幼儿食堂 119 处、老年食堂 248 处。[1]

徐水县大办公共食堂的经验得到了上至中央，下至省、地的重视。中共中央农村工作部主办的《农村工作通讯》（半月刊）特地刊载了该县县委关于全县办食堂经验的文章。1958 年 4 月 17 日，《人民日报》发表文章，把徐水县打破地界，组织像军队那样的连、营等劳动组织，实行全社统一调配的劳动大协作，社社建立公共食堂、托儿所、缝纫组，实行家务劳动集体化和社会化等经验，作为共产主义萌芽来赞扬，并对徐水实行的组织军事化、行动战斗化、生活集体化大加提倡。4 月 19 日，中共河北省委发出了《关于学习徐水县委组织农业生产大跃进领导经验的总结的通知》，要求各地学习徐水经验，其中包括办公共食堂的经验。

与此同时，各地的公共食堂也纷纷办了起来。以河南为例，至 1958 年 6 月中旬，河南全省建立了 26 万个公共食堂。[2] 1958 年 6 月，中共沁阳县委向其上级新乡地委报告说：截至本月 23 日，全县已有 357 个农业社建立各种食堂 1236 个，参加食堂吃

---

[1] 中共河北省徐水县委员会：《实现全县食堂化的几点经验》，《农村工作通讯》1958 年第 10 期。
[2] 胡绳：《家务劳动的集体化、社会化》，《红旗》1958 年第 7 期。

饭的有 19669 户，75222 人，占全县总户数的 39.2%，占全县总人口的 37.6%。其中全民食堂 825 个，参加的有 15072 户。水北关、肖寺两个乡已实现了食堂化，参加食堂的户数占到了总户数的 98.5%。其他未建立食堂的社，也正在积极筹备建立。[1]到这年 7 月上旬，河南淅川县也基本实现了食堂化，全县共建立农村食堂 3986 个，加入食堂的农户 89136 户，占全县总农户数的 92.3%，并且全部为常年食堂。[2]至 7 月 22 日，河南林县共建立常年食堂 3496 个，吃饭组（居住分散的社员合伙做饭）27 个，参加农户 93514 户，占全县 116402 户的 80.4%。全县 43 个乡都建立了公共食堂，其中食堂化的乡 37 个，占总乡数的 86%；全县 523 个农业社中，建立了公共食堂的有 502 个，占农业社总数的 96%，其中的 426 个社实现了食堂化。[3]

公共食堂在其他地方也广泛建立起来。至 1958 年 6 月中旬，湖北省荆州地区参加食堂的有 107 万户，占全区农户的 80.4%。[4]广西石龙县至 7 月 2 日，全县建立集体食堂 26655 个，实现了村村食堂化。[5]7 月初，北京市郊区以生产队为单位，已办食堂 1849 个。[6]公社化前，湖南全省的农业社普遍办起了公共食堂，洞庭湖滨的常德专区有 9103 个农业社，办起了 8 万多个公共食堂。武冈、邵阳、新宁、桂东 4 个县，加入食堂的农户

---

[1]《中共沁阳县委关于农业社建立食堂情况的报告》，1958 年 6 月 26 日。
[2] 中共淅川县委：《淅川县建立公共食堂的经验》，1958 年 7 月 7 日。
[3]《林县农村基本实现公共食堂化的经验》，《河南工作》1958 年第 8 期。
[4] 梁久让：《让农村公共食堂遍地开花》，《七一》1958 年第 2 期。
[5] 廖兴元：《农民集体食堂》，《思想解放》1958 年第 1 期。
[6]《首都郊区妇女劳动力大解放》，《人民日报》1958 年 7 月 9 日。

达 85909 户。[1]

办公共食堂的做法得到了中共中央的充分肯定。1958 年 8 月的北戴河政治局扩大会议通过的《中共中央关于在农村建立人民公社问题的决议》中，明确规定："公共食堂、幼儿园、托儿所、缝衣组、理发室、公共浴堂、幸福院、农业中学、红专学校等等，把农民引向了更幸福的集体生活，进一步培养和锻炼着农民群众的集体主义思想。"[2]这样，伴随着人民公社化运动高潮的到来，公共食堂也在全国迅速普及，到 1958 年 9 月底，据江西、陕西、河北、福建四省不完全统计，共建立了公共食堂 563373 处。

这年 10 月 25 日，《人民日报》发表题为《办好公共食堂》的社论。社论说："公共食堂和儿童福利事业这两件事情如果办不好，就不可能巩固生活集体化，不可能从家务劳动中把妇女解放出来，而使整个生产受到影响。办好公社的集体福利事业，特别是办好公共食堂，已成为当前人民公社化运动中的一项十分重要的工作、成为巩固人民公社的一个基本关键。"社论还认为，公共食堂已成为我国人民新的生活方式，办好公共食堂不是生活小事，也不是简单的轻而易举的事务工作，而是全国人民的生活问题，是全民的大事情，因为公共食堂在"解放生产力和建设社会主义、共产主义的伟大事业中起着十分重要的作用"。社论要求各地切实加强对食堂的领导，认真办好公共食堂。11 月 10 日，《人民日报》再次发表题为《再论办好公共食堂》的社论，提出

---

[1]《湖南农业社普遍办公共食堂》，《人民日报》1958 年 8 月 22 日。
[2] 中共中央文献研究室编：《建国以来重要文献选编》第 11 册，中央文献出版社 1995 年版，第 447 页。

办好公共食堂是关系到千百万农民的问题，关系到农村的生产建设，希望各地将之作为一项重要的政治任务来完成。

在舆论的鼓动之下，全国公共食堂的规模迅速扩大，到1958年10月底，全国农村共办公共食堂265万个。到1958年底，全国农村共建立公共食堂340多万个，在食堂吃饭的人口占全国农村总人口的90%。

二、经不起推敲的"优越性"

公共食堂的骤然兴起，固然与"大跃进"造成的人手紧张，需要通过办公共食堂、托儿所等，以便使更多的妇女投入生产有关，更重要的是由于当时在对公共食堂所谓"优越性"问题的认识上，存在严重的误区。

公共食堂办起来以后，各地相继总结出了食堂的种种优越性或好处。中共河南省沁阳县委说，公共食堂有"巨大无比的优越性"，比如能够树立社员的集体主义观念与提高共产主义的思想觉悟，有利于党的"鼓足干劲、力争上游、多快好省地建设社会主义"总路线的贯彻实行。合作化后，生产是集体的，但生活是分散的，经常发生生产集体化与生活散漫的矛盾，食堂是集体生活单位，可以改变一家一户散漫的生活习惯为集体生活习惯，不仅便于生产的集中统一领导，而且有助于树立群众的集体观念和提高社员的共产主义觉悟，克服私有观念。因此，办食堂不单单是有利于生产，而且是生活习惯和思想的一场革命，是走向共产主义的一个革命。[1]由此可见，公共食堂在创办之初，就被上

---

[1]《中共沁阳县委关于农业社建立食堂情况的报告》，1958年6月26日。

升到了树立农民共产主义思想,早日实现共产主义的高度。

中共河南省淅川县委则将公共食堂的"优越性"总结为六个方面:一是挖掘了占人口一半的农村妇女劳动力投入大生产运动,建立食堂后全县每天可节约24568个劳动力;二是大大增强了社员社会主义和共产主义思想,提高了集体主义觉悟,在饭堂里就可以进行总路线的宣传,而且男女老少都能受到教育;三是节约粮食和柴、油的开支,仅烧柴一项,全县每月可节约柴20万担,全年则可节约240万担,以每担1元计算,折款240万元,可买112辆解放牌汽车;四是便于计划用粮,控制粮食浪费户,减少农业社粮食分配的手续;五是由于食堂食物集中管理,炊事人员专业,便于提高技术讲卫生;六是增强了家庭和睦,社员因家庭生活琐事发生吵嘴、打架、闹分家的现象大大减少。[1]

1958年7月8日,《人民日报》发表了题为《促进文明和集体主义思想成长,农业社办食堂一箭双雕》的通讯,介绍了湖南邵阳县、桃源县及湖北公安县和福建安溪县部分农业社办公共食堂受到群众欢迎的情况,其中列举了公共食堂的八大好处,比如:吃饭时间一致了,社员出工开会不再为因互相等待而耽误时间;使妇女从家务劳动中解放出来;解决了单身汉无人做饭的问题;计划用粮,不吃过头粮;等等。这是中央级报刊上最早报道公共食堂优越性的文章。8月18日,《人民日报》又发表了江苏省常熟市妇联主任项珊的《公共食堂有十大好处》一文,这些好处与上面的这篇报道的内容大同小异。1958年第7期的《红旗》也发表了该社编辑李有九的《河南信阳来信》,内称:"干部和群

---

[1] 中共淅川县委:《淅川县建立公共食堂的经验》,1958年7月7日。

众说公共食堂有十二大好处：一、解放妇女；二、节省劳动力；三、改善伙食，节省粮食；四、节省柴禾；……十二、好割掉私有尾巴。我觉得最大的好处是头一条和末一条。"

北戴河会议后，河南南阳地区在不到20天的时间里，在全地区建立公共食堂46397个，参加农户130多万户，占总农户数的93.29%。为此，中共南阳地委农村工作部在介绍该区办公共食堂的经验时，借镇西县柳泉乡群众之口，总结出了公共食堂的十四大优越性：（一）能节省粮食，减少浪费；（二）节约烧柴；（三）能解放大批劳力参加工农业生产；（四）减少了社员繁琐的家务劳动，人人心情舒畅，出勤率空前提高；（五）对病人、孕妇便于照顾；（六）使社员有时间学习文化；（七）吃饭统一，时间一致，不仅有利于生产，而且更便于对社员进行宣传教育和开展各项工作；（八）从根本上杜绝了粮食投机；（九）不论食堂大小，每个社员都能吃得饱、吃得好；（十）进一步解放了妇女；（十一）能大量发展集体副业，改善生活；（十二）进一步密切了干群关系，干部、社员在一个锅里吃饭，能够及时了解情况，解决问题，达到干群一条心；（十三）操心的人多，食堂是集体福利组织，办得好坏社员都非常关心；（十四）生活调剂好，大家都很满意，生产格外积极。[1]

公共食堂是否真有这么大的优越性，这并不是一个难解的问题。比如，各地在开办公共食堂过程中，纷纷认为节省出了大量的劳动力。据称，河南、江西两省仅办公共食堂一项，即解放了

---

[1] 中共南阳地委农村工作部：《办好公共食堂的经验》，《人民日报》1958年10月29日。

846万个妇女劳动力。[1]宁夏自称，公共食堂解放了妇女劳动力10万个以上。[2]河北全省实行家务劳动社会化后，节省劳力281万个，该省东光县妇女出勤率由原来的60%提高到了96%，徐水县妇女出勤率则由原来的50%提高到了100%。[3]河南实现食堂化后，每个社员可以多出3个钟头的时间来进行劳动和学习，提高劳动生产率30%左右，同时使600万个妇女劳动力从繁重的家务劳动中解放出来。[4]

办公共食堂、托儿所等，在一定程度上能使一些常年被家务事缠身的青壮年妇女抽出身来参加生产劳动。而且农业合作化后，农民集体劳动，但各家做饭、吃饭的时间不一致，为了统一出工，必然发生你等我、我等你的现象，这也正是食堂产生之初具有自发性质的原因之一。但是，农村办公共食堂解放出的劳动力是有限的。当年的计算方法，是建立在充分肯定食堂"优越性"上的，很大程度上是带有想当然的性质。比如：1个100户农民的生产队，办公共食堂之前，每家需要1个人做饭，全队共需100个人。由于各家做饭、吃饭的时间不统一，有迟有早，为了等齐出工，要浪费3小时，全生产队200个劳动力，共浪费600小时，以1个工作日10小时计，等于浪费了60个劳动力。公共食堂办起来之后，全生产队只需5个人做饭，与各家各户做饭相比，节省了95个劳动力；加上由于吃饭时间统一，又省出

---

[1] 黄道霞等主编：《建国以来农业合作化史料汇编》，中共党史出版社1992年版，第503页。
[2] 《九千多公共食堂布满宁夏全区》，《宁夏日报》1958年12月6日。
[3] 《我省农村生活向集体化飞跃》，《河北日报》1958年9月9日。
[4] 《办好公共食堂》，《人民日报》1958年10月25日。

了60个劳动力。两者相加，建立公共食堂后共解放出155个劳动力。

如果稍加分析，就会发现这种计算方法是有问题的。食堂化前农民一家一户分灶吃饭时，农村妇女其实并不只是整天做饭，而是能附带做些农活的，有的妇女甚至充当了主要劳动力。而且当时农民的家庭人口一般都比较多，家里有行动能力的老人和半大的小孩，即使无力进行生产劳动，但也可以从事做饭、看管小孩之类的家务劳动。公共食堂办起来后，管理员、炊事员就只能是青壮年劳动力担任。此外，种菜、打柴、磨面等也需要有专人从事，而以前这些事情农民往往是在生产之余附带就可以做的。办公共食堂后，把一些并无多少劳动能力的妇女、老人从家务劳动中"解放"出来，而将大量的青壮年劳动力放在食堂做饭，节省了还是浪费了劳动力，是显而易见的。

计划用粮、节约用粮曾是当年办食堂时总结出来的又一大优点。今天的人们对公共食堂吃"大锅饭"还能节约粮食颇不能理解，但当时的确是那样宣传的。那么，节约出来的粮食是如何计算出来的呢？其实也是出于想当然的推论，计算方法是：每家每户分灶做饭，一家用小锅做饭仅锅巴粘掉的粮食以5钱计，一个80户人家的生产队，则共粘掉粮食2斤8两；如果在食堂用大锅做饭，80户需要三口大锅，每锅粘掉3两，共粘掉9两。两者比较，办食堂后节约粮食1斤9两。办食堂后，粮食不直接分配给社员个人，而是集中在食堂，由食堂按计划用粮，这样避免了有些社员寅吃卯粮。办公共食堂后宣传的各种节约，大都是这样算出来的。但是，公共食堂使农民吃的是真正的大锅饭，少数地方在食堂刚办之初，尚需凭票吃饭，可人民公社化后，分配上实行"吃饭不要钱"的供给制,而且鼓吹"放开肚皮吃饭"后,相当多的农民不免产生攀比心理,觉得自己吃少了就吃了亏,不但放开肚皮吃,而且还随意糟蹋饭菜,加上食堂管理上的漏洞,浪费的粮食又何止能用斤两去计算。

实际上,公共食堂的这些优越性或好处,大都是表层的东西。当时人们之所以看好公共食堂,固然与这些有一定的关系,但更重要的是看好它具有解放妇女和"割私有制尾巴",成为培养集体主义精神的阵地的功能,看好它与"实现共产主义"的关系。尤其是人民公社建立后,实行供给制与工资制相结合的分配制度。供给制被认为是共产主义的萌芽,一度将其视为向共产主义过渡的重要内容,公共食堂则是供给制的载体,因而办公共食堂自然也就成了为实现共产主义创造条件的举措。

恩格斯在《家庭、私有制和国家的起源》一书中说过:"只要妇女仍然被排除于社会的生产劳动之外而只限于从事家庭的私人劳动,那么妇女的解放,妇女同男子的平等,现在和将来都是不可能的。妇女的解放,只有在妇女可以大量地、社会规模地参加生产,而家务劳动只占她们极少的工夫的时候,才有可能。而这只有依靠现代大工业才能办到,现代大工业不仅容许大量的妇女劳动,而且是真正要求这样的劳动"[1]。

列宁也曾指出:"尽管颁布了种种解放妇女的法律,妇女仍然是家庭奴隶,因为琐碎的家务压在她们身上,使她们喘不过气来,变得愚钝卑微,把她们禁锢在做饭管孩子的事情上,用完全非生产性的、琐碎的、劳神的、使人愚钝的、折磨人的事情消

---

[1]《马克思恩格斯选集》第4卷,人民出版社1995年版,第162页。

耗她们的精力。只有在大规模地开始为消除这种琐碎家务而斗争（在掌握国家权力的无产阶级领导下），更确切地说，大规模地开始把琐碎家务改造为社会主义大经济的地方和时候，才会开始有真正的妇女解放，真正的共产主义。"他还说："公共食堂、托儿所和幼儿园就是这些幼芽的标本，正是这些平凡的、普通的、既不华丽、也不夸张、更不显眼的设施，在实际上能够解放妇女，减少和消除她们在社会生产和社会生活中的作用方面同男子的不平等。"[1]

　　经典作家的这些论述，曾是当时人们论证公共食堂与解放妇女之间关系的重要依据。公社化后大办公共食堂之时，人们认为，民主革命的胜利和社会主义改造的胜利，解除了广大妇女在旧社会中所受到的政治经济压迫，妇女在政治经济上取得了与男子平等的权利，但她们被家务劳动所累，不能经常地、更多地参加农业生产劳动，她们所得的劳动报酬有限，以致她们在社会生产和家庭生活上，"还未能真正同男子居于平等地位，有时男子对她们往往有所轻视，把她们看成是被供养者"[2]。于是，办公共食堂、托儿所、缝纫组等所谓家务劳动社会化措施，就上升到了实现男女平等，实现妇女彻底解放，进而实现人类的彻底解放，最终实现共产主义的高度。

　　人民公社一产生就被认定是尽早向共产主义过渡的有效途径。北戴河会议通过的《中共中央关于在农村建立人民公社问

---

[1]《列宁选集》第4卷，人民出版社1995年版，第18、19页。
[2] 胡代光：《四季青蔬菜生产合作社的公共食堂是怎样办起来的？》，《北京大学学报（人文科学版）》1958年第4期。

题的决议》中明确写道:"看来,共产主义在我国的实现,已经不是什么遥远将来的事情了,我们应该积极地运用人民公社的形式,摸索出一条过渡到共产主义的具体途径。"[1]毛泽东也在这次会议上讲过,公共食堂,吃饭不要钱,就是共产主义。当时人们认为,举办公共食堂,使家务劳动社会化和生活集体化,不但适合于集体生产劳动,而且由于家庭生活诸如育儿、养老之事,都变成了公共事业,这就大大地削弱乃至逐渐根除家庭私有观念,克服并防止资本主义思想的滋长,从而巩固社会主义思想并加速共产主义精神的培养。因为社员吃喝在公共食堂,不仅粮食交给了食堂,而且自留地、家庭副业也上缴给集体了,这样,家庭私有制也就彻底瓦解了。合作化后,实现了集体劳动,但生活仍是分散的,个人利益与集体利益容易发生矛盾。当时人们主观地认为,办公共食堂、托儿所、缝纫组,实行供给制,人们不仅集体劳动,而且在吃饭、穿衣、教育子女、赡养老人等方面也成了集体的事业之后,人们就会感到自己真正是集体的一分子,个人利益与集体利益也就融为一体不可分割,"我为人人,人人为我"的共产主义思想就会巩固和发展。不但如此,公共食堂建立起来了,托儿所、幼儿园也建立起来了,中小学生实行集体住校集体就餐,少年儿童也过上了集体生活,这样就容易使他们的集体主义习惯和共产主义品质成长起来,从而培养出共产主义全新的人。[2]

---

[1] 中共中央文献研究室编:《建国以来重要文献选编》第11册,中央文献出版社1995年版,第450页。
[2] 杜任之:《我国农民生活大变样——略论家务劳动社会化和集体化》,《新建设》1958年第10期。

共产主义诚然是十分美妙的，对人们也有着无限的吸引力。然而，共产主义到底是什么样子，迄今为止，人们还只能进行各式各样的猜测、推断乃至幻想，但有一点却是十分清楚的，即共产主义将彻底铲除私有制和彻底摒弃私有观念。随着"大跃进"和人民公社化运动的兴起，共产主义在中国的实现也就被认为是不再遥远的事，人们认为，既然生产资料完全实现了公有，生活资料也应该实现公有。家庭是最基本的私有细胞，是私有制的最后堡垒，吃饭集体化、育儿集体化，就能使这个私有制的最后堡垒得以攻破，那么，共产主义也就很快到来了。

生活方式的变革固然是实现社会变革的条件，但它并不起决定性的作用。生产力水平才是实现社会制度更替的决定性因素。当年大办公共食堂时，人们能从马克思主义经典作家的著作中找到其必要性的依据，却忘记了生产力决定生产关系和生活方式这一马克思主义的最基本原理，这就决定了一哄而上的公共食堂不可能有长久的生命。

三、农村食堂为何能办起来

1958年7月11日，中共河南省妇联新乡专区办事处党组在《关于农村举办全民食堂向地委的报告》中说，在办食堂开始之时，较普遍地存在如下几种思想：贫农、下中农和青年人积极拥护；富裕中农则在试试看，如果不好就散摊，他们怕降低生活水平，怕不自由；老年人怕人多事多不好办，担心婚丧嫁娶、人来客往怎么办，怕天阴下雨刮风吃饭不方便；妇女担心食堂办不长，怕垮台；劳力多的怕搞平均主义吃大锅饭，不能多劳多得按劳取酬，担心平时不好好劳动的懒汉一嘴插到大锅里一样吃；较懒的人有吃大堆的思想，总说"吃着，说着，总不会叫饿着"；勤俭持家的农户怕入食堂后要把自家粮食拿出来，食堂办不好把粮食也搭上了；有的干部怕办食堂粮食超过指标，并且觉得办食堂麻烦。[1]

这份报告反映出来的农村群众和干部对开办公共食堂的顾虑，并不只是新乡一地的个别现象。公共食堂的出现并不完全是新生事物，在互助组、初级社时期就在农村出现过，但那时都是农忙食堂，极少有常年食堂，而且参不参加食堂，群众完全是自愿的，而"大跃进"和人民公社化运动中全民食堂的开办，社员不但要全家去食堂吃饭，而且常年吃大锅饭，这必将给群众的生活带来诸多不便。群众所担心的问题集中起来主要有三点：一是生活不习惯；二是老弱产妇、病人不能照顾；三是搞平均主义。虽说公共食堂一出现，各级组织就将其作为"共产主义的幼芽"来大力推广，宣传种种优越性，但群众的顾虑却是有事实根据的。

任何一个地方公共食堂的开办，群众对此不外乎是这几种态度：一是拥护，二是反对，三是观望。《北京大学学报（人文科学版）》1958年第4期发表了一篇关于京郊四季青蔬菜生产合作社公共食堂的调查报告。据调查报告介绍：

积极拥护赞成办食堂的是贫农、下中农、单身汉、家里小孩多而劳动力少者，还有妇女，特别是青壮年妇女，以及口粮标

---

[1] 河南省妇联新乡专区办事处党组：《关于农村举办全民食堂向地委的报告》，1958年7月11日。

准低的缺粮户。这些人迫切要求摆脱许多家务劳动，以便积极参加生产，同时也好改善生活。

表示反对的，首先是富裕中农，以及有额外收入的家庭。他们在家里伙食吃得好，怕参加公共食堂后，降低了原有的生活水平。有的人甚至先在家里杀鸡买肉，大吃几餐后，才参加公共食堂。其次是懒汉，怕办公共食堂后被动员出来干活。

另有30%左右的人对办食堂持观望态度，他们在等待，盘算着在哪里吃饭省钱，如果在公共食堂吃饭比在家里省钱的话，则愿意加入，否则不加入。[1]

这份调查中提及的群众对开办公共食堂的态度，大体反映出了当时的实际情况。

农民对办公共食堂出现的这种认识上的差异，本来是很正常的，但在当时却被上升到了两条路线斗争的高度，把办食堂看作是坚持走社会主义道路，不愿加入食堂则被视为是走资本主义道路，并就此开展"大鸣、大放、大辩论、大字报"。所谓农村两条道路的大辩论，早在1957年反右派斗争高潮时就开始了，当时主要锋芒是指向农村出现的退社风潮，集中批判的是富裕中农的"资本主义思想和个人主义思想"。随着土地改革的完成和农业合作化的实现，地主和富农作为一个阶级或阶层不复存在，富裕中农就被看成了农村走资本主义道路的代表。此时，对公共食堂持怀疑或反对态度的相当多的农户是富裕中农，所以将入不入公共食堂作为走什么样的道路的问题，似乎也是情理中的事了。

---

[1] 胡代光：《四季青蔬菜生产合作社的公共食堂是怎样办起来的》，《北京大学学报（人文科学版）》1958年第4期。

实际上，大鸣、大放、大辩论、大字报这"四大"出现之后，并不是说什么言论、什么思想都可以放出来，都可以平等讨论或自由辩论。所谓大辩论，实际上是大批判。"鸣放"的目的，其实也是要把各种错误的思想和议论引出，供随后的批判之用。所以，围绕公共食堂展开的"四大"，目的也就在于解除办公共食堂的思想阻力，一旦将吃饭方式这样的生活问题也上升到了走什么样的道路的高度，这种大辩论的结果实际在辩论之初就已经确定。走资本主义道路本身就是一顶沉重的政治帽子，在对社会主义的美好前景进行广泛宣传之后，广大农民也深知走资本主义道路的可怕。这种可怕其实并不是来自他们对资本主义有什么切实的感受，而是一旦沾上资本主义的边，就会带来巨大的社会压力，并由此招来批判和斗争。如此一来，即使有社员对公共食堂有疑虑，有担心，不愿加入，也身不由己，卷入了公共食堂的大潮之中。

1958年"大跃进"过程中公共食堂的骤然兴起，与一些领导人对公共食堂赞赏有加亦不无关系。

毛泽东对"大跃进"中涌现出的公共食堂非常关注。这年7月14日，他看到新华社编印的《内部参考》第2528期上，刊登了湖北省粮食厅工作组写的《农业社办食堂对发展生产改善生活有很大的促进作用》一文后，亲笔批示《红旗》杂志总编陈伯达，要其考虑将该文在《红旗》上发表。半个月后，《红旗》在这年第5期上以《八一农业社的食堂是怎样办好的》为题，发表了该文。1958年8月，毛泽东在视察河北徐水人民公社时，特地去看了公共食堂，并询问了食堂的有关情况。在随后的北戴河会议上他多次讲到公共食堂的问题。在1958年9月的第十五次最高国务会议上,他又说:"公共食堂一来,节省时间,免得往返。节省粮食,节省柴火,节省经费,此外还节省大批时间。"[1]言语之间,对公共食堂颇为赞赏。

1958年6月14日,刘少奇同全国妇联负责人谈话时说:八大二次会议上,河南代表、青年团代表都讲了公共食堂问题,江苏常熟普遍办起了农忙食堂,可见大家趋向共产主义。空想社会主义的想法在那时没有实现的条件,现在马克思主义者抓住了阶级斗争,已经消灭阶级或正在消灭阶级的过程中,这样,把空想社会主义者不能实现的空想实现了。他又说:现在社会上的劳力也有很大浪费,这里牵涉到妇女劳力解放问题。现在家务是各个家庭操作的,家家做饭,家家洗衣,家家带小孩子,家家补衣服、做鞋子,在没有想出新的办法之前,只有这么做,但到了共产主义社会,应该使妇女从家务劳动中解放出来。因此,他有这么一种设想:要建立很多的托儿所、公共食堂,办很多的服务性事业。7月7日,刘少奇到北京市通州区视察。在听取区负责人关于全区农业生产、区乡工业、文教卫生情况的汇报后,他说:"磨面、做饭、带孩子、缝纫、洗衣这些事实现集体化,这就解放了妇女劳动力。生产集体化了,生活也得集体化,否则就和生产集体化不相适应。为生产服务的事业集体化,跟生产集体化配合起来,这就是共产主义的开始。"[2]

毛泽东、刘少奇等领导人对公共食堂问题如此关注,如此一

---

[1]《建国以来毛泽东文稿》第7册,中央文献出版社1992年版,第383页。
[2]中共中央文献研究室编:《刘少奇年谱(1898—1969)》下卷,中央文献出版社1996年版,第431页。

再表明态度，从中可以看出，他们对"大跃进"中涌现出的公共食堂，已不单是看作群众的生活问题，而是将其视为变革旧有的生活方式乃至生产方式的重要问题。毛泽东在北戴河会议上说，人民公社的建立，标志着对资产阶级法权的进一步破坏。他认为所有制的社会主义改造，解决不了破除资产阶级法权的问题。整风反右，将军当兵，干部种试验田，已经相当地破坏了资产阶级法权。公社工资发给每个人，不发给家长；实行粮食供给制，吃饭不要钱；开展大协作，自带工具、粮食等等，这就是对资产阶级法权的进一步破坏。对资产阶级法权的彻底破坏，当时被认为是实现共产主义的必备条件。毛泽东、刘少奇对人民公社实行供给制、办公共食堂的赞同，原因之一就在于他们认为这种方式比较好地彻底废除了私有制，破除资产阶级法权，能培养农民的集体主义思想和共产主义思想，为过渡到共产主义创造条件。他们的这种态度，又必将给积极主张办公共食堂的各级干部乃至普通群众以极大的鼓舞，使公共食堂短短几个月时间在全国农村遍地开花。

公共食堂在萌生之初是农民自发自愿的一种集体吃饭方式，本身并没有特别重要的意义。而且，农民是在家里吃饭，还是在食堂吃饭，完全是农民自己生活方式的问题。"大跃进"的所谓组织军事化、行动战斗化，客观上要求更多的劳动力投入生产，要求生活集体化与之相适应，于是各地公共食堂相继出现。这一"新生事物"被赋予特殊的政治意义，上升为政治问题，成为建立人民公社的重要内容之后，便以排山倒海之势在全国普遍兴起，使5亿农民有90%的人在公共食堂吃饭，多则几千人，少则几十人，成为我国当年农村生活的一道独特风景。到1958年底，公共食堂的弊端逐渐暴露了出来，随之也有一些食堂被解散，但1959年庐山会议后，在"反右倾"风暴中，办公共食堂再次被提到"坚守社会主义阵地"的高度，解散了的食堂又被恢复。公共食堂一直艰难地维持到1961年《农村人民公社工作条例（修正草案）》公布之后才解散，中国农民在公共食堂吃了4年之久的大锅饭。

农村人民公社建立的缘由

1958年8月，中共中央政治局在北戴河召开扩大会议，通过了《中共中央关于在农村建立人民公社问题的决议》，决定在全国农村建立以"一大二公"为特征的人民公社，并以此作为向共产主义过渡的具体途径。随后，全国农村迅速掀起人民公社化运动，仅过了一个月的时间就将全国的数十万个农业合作社合并成两万多个人民公社。当年为什么要将这些新合并起来的大社命名为公社，笔者试图就此作点简要的梳理。

一、"摸索出一条过渡到共产主义的具体途径"

对于建立人民公社与实现共产主义的关系，当时的认识是非常清楚的。人民公社化运动中有一句家喻户晓的话——"共产主义是天堂，人民公社是金桥"，这就清楚地表明了人民公社与共产主义的内在联系。因为当时人们认为：人民公社实行工资制与供给制相结合的分配制度，包含有社会主义的按劳取酬和共产主义的各取所需，并且能实现前者到后者的过渡；人民公社公共食堂、托儿所的建立，实现了家务劳动社会化，解放了妇女，消灭了私有制残余；人民公社办工厂、办红专大学、建新村等，便于消除城乡差别、工农差别、体力劳动与脑力劳动的差别。凡此种种，使得共产主义不再遥远、渺茫和神秘，不久的将来人们就能生活在共产主义时代，正如《中共中央关于在农村建立人民公社问题的决议》所言："看来，共产主义在我国的实现，已经不是什么遥远将来的事情了，我们应该积极地运用人民公社的形式，摸索出一条过渡到共产主义的具体途径。"[1]

那么，既然"不是什么遥远将来"，那到底是什么时候呢？有亲历者回忆，北戴河会议讨论的一个文件中写的是第三个五年计划，即 1967 年前，毛泽东改活了一点，改成第三、第四个五年计划，即 1967 年或 1972 年以前。[2] 后来这个文件没有公开发表，但起码与会者对实现共产主义的时间表已是明确的了，无怪乎当时的人们说"我们这一代人将生活在共产主义时代"。一些地方甚至还提出以更短的时间建成共产主义的设想。山东寿张县（1964 年建制撤销，并入山东阳谷县和河南省范县）计划 2 年建成一个"像样的共产主义"，山东范县（1964 年划归河南省）提出在 1960 年过渡到共产主义，山东莒县的口号是"大战两百天向共产主义过渡"，河南修武县打算在 5 年内实现共产主义。

在过去革命战争年代，进行的是新民主主义革命，革命者们虽然坚信共产主义一定会实现，但他们思考得更多的是如何推翻反动统治阶级，建立一个新民主主义新中国的问题，自然不会更多地去考虑共产主义的实现时间。因为新民主主义革命之后才能进行社会主义革命，建立社会主义制度。至于实现共产主义，更

---

[1]《中共中央关于在农村建立人民公社问题的决议》，《人民日报》1958 年 9 月 10 日。
[2] 薄一波：《若干重大决策与事件的回顾》下卷，中共中央党校出版社 1993 年版，第 766 页。

是以后的事情了。为此,毛泽东在 1940 年初发表的《新民主主义论》中,一再强调要将对共产主义的思想体系和社会制度的宣传,同对新民主主义行动纲领的实践区分开来。在 1945 年中共七大上所作的书面政治报告《论联合政府》中,他又指出,任何一个共产党人及其同情者,如果看不起资产阶级民主革命,而空谈什么社会主义和共产主义,那就是有意无意地、或多或少地背叛了社会主义和共产主义,就不是一个自觉和忠诚的共产主义者。

但是,1953 年过渡时期总路线提出后,毛泽东在对中国的未来发展进行设想时,急于建成社会主义的情绪就开始有所流露,特别是 1956 年社会主义改造基本完成后,他在这方面的表现就更为明显。

1954 年一届全国人大召开前夕,毛泽东在中央人民政府委员会第三十次会议上所作的《关于中华人民共和国宪法草案》的讲话中,曾这样说:"我们的总目标,是为建设一个伟大的社会主义国家而奋斗。我们是一个六亿人口的大国,要实现社会主义工业化,要实现农业的社会主义化、机械化,要建成一个伟大的社会主义国家,究竟需要多少时间?现在不讲死,大概是三个五年计划,即十五年左右,可以打下一个基础。到那时,是不是就很伟大了呢?不一定。我看,我们要建成一个伟大的社会主义国家,大概经过五十年即十个五年计划,就差不多了,就像个样子了,就同现在大不一样了。"[1]

到 1956 年,原定 15 年左右完成的社会主义改造实际上不到

---

[1]《毛泽东文集》第六卷,人民出版社 1999 年版,第 329 页。

4年就基本完成，这使毛泽东对建成社会主义和过渡到共产主义开始有了新的设想。他在《一九五七年夏季的形势》一文中说，"只有经过十年至十五年的社会生产力的比较充分的发展，我们的社会主义的经济制度和政治制度"，才算获得了比较充分的物质基础，社会主义社会才算从根本上建成了。"十年至十五年以后的任务，则是进一步发展生产力，进一步扩大工人阶级知识分子的队伍，准备着逐步地由社会主义过渡到共产主义的必要条件，准备以八个至十个五年计划在经济上赶上并超过美国。"[1]

毛泽东的这番话，是在1957年7月反右派斗争的高潮中讲的。进入1958年，他亲手发动了"大跃进"运动，目的就在于要加速中国社会主义建设的进程，实现经济社会的超常规发展。"大跃进"与高指标是紧密相连的。高指标导致了浮夸风和"放卫星"的盛行，这又促使人们一面为农村出现的万马奔腾景象所鼓舞，一面又为浮夸风所迷惑，以为中国农村的生产力已经有了一日千里的发展，共产主义的到来已为期不远。

1958年的《新华半月刊》上曾刊载过一份统计资料——《今年农产品高产纪录统计表》，里面详尽地记载了截至这年9月25日省级以上党报发布的"卫星"，如：中稻产量最高的"卫星"是广西环江县红旗人民公社，亩产130434斤10两4钱；小麦产量最高的是青海柴达木盆地赛什克农场第一生产队，亩产8585斤6两；还有亩产26968斤12两的花生（福建晋江县集力社自强生产队）、亩产7239斤1两的芝麻（河南西平县东风人民公

---

[1] 中共中央文献研究室编：《建国以来重要文献选编》第10册，中央文献出版社1994年版，第491页。

社）、亩产202735斤的南瓜（河南息县包信乡张大庄农业生产合作社）等。对于这些离奇的高产"卫星"，人们不一定完全相信（尽管这些"卫星"都煞有介事地进行过验收），但对于这年的粮食大丰收许多人则是深信不疑的。此前，7月23日，《人民日报》在社论《今年夏天大丰收说明了什么？》中自豪地宣称："只要我们需要，要生产多少就可以生产多少粮食出来。"中共广东省委第一书记陶铸发表文章，专门驳斥"粮食生产有限论"。1958年12月，两位主管农业工作的负责人在给中共中央的报告中说："下面报产，有浮夸虚报的，也有隐瞒产量的。经过省、地、县三级打了些折扣，八千五百亿斤左右是比较可靠的；退一步讲，总不少于七千五百亿斤，可以照此数公布。这比一九五七年的产量三千七百亿斤翻一番，还稍多一点，这是很大的跃进。"[1]

农业领域的高指标、浮夸风，又影响到工业和其他部门也搞浮夸风、"放卫星"，以致各种"卫星"满天飞，1958年的中国真是热闹非凡。既然生产力如此飞速发展，生产关系自然需要进行相应的改变，以摸索出一条过渡到共产主义的具体途径，人民公社就是在这样的背景下建立起来的。

当时，各种报刊还发表了大量的文章，论证建立人民公社与实现共产主义的关系。一位省委第一书记曾撰文说："人民公社也是由社会主义社会逐步过渡到共产主义社会的最适合的组织形式。它便于逐步缩小工人和农民的差别、城市和乡村的差别以及脑力劳动和体力劳动的差别。人民公社既执行工农业并举的方

---

[1] 中共中央文献研究室编：《建国以来重要文献选编》第11册，中央文献出版社1995年版，第586页。

针，那末，农村也便有了工业，农民也就兼做了工人。今后的工业布局，要有计划地把大、中、小工业配合起来，星罗棋布地分散各地，加以城市和乡村的密切协作，城乡的差别就会逐渐消失。由于扫盲，普及小学教育和中学教育，普遍办红专学校，劳动者很快就可以获得科学文化的知识，掌握科学、技术、文化的武器。而知识分子和干部又必须参加体力劳动，使自己工农化。这样，脑力劳动和体力劳动的差别也就会逐渐消失。人民公社的建立，也更有利于冲掉一切个人主义、本位主义、资本主义等旧的思想习惯，提高广大人民的社会主义和共产主义的思想觉悟，培养共产主义的道德品质。这就为逐步过渡到共产主义社会创造了条件。"[1]这已将为何要建立人民公社的意图说得很明确了。

二、来自苏联的影响

世界各国的马克思主义者都有一个共同的理想：推翻不合理的资本主义制度，建立社会主义制度并实现共产主义。为了实现这一美好的社会制度，许多人洒出了热血，献出了生命。共产主义理想是一代又一代马克思主义者奋斗不止的精神动力。一旦旧制度被推翻，社会主义制度被确立，人们自然会憧憬社会主义的未来，关注社会主义向共产主义的过渡。1920年10月，十月革命胜利不久，列宁就宣布："至于现在15岁的这一代人，就能够看到共产主义社会，也要亲手建设这个社会。"他还说，现在是15岁的一代青年，"再过10—20年就会生活在共产主义社会

---

[1] 吴芝圃：《由农业合作社到人民公社》，《红旗》1958年第8期。

里"。[1]可见，在列宁看来，实现共产主义也不是"遥远将来的事情"，而是只需一二十年的时间。

斯大林在1936年宣布，苏联已经实现社会主义。1938年苏联开始第三个五年计划时，提出要在10到15年的时间里经济上超过主要资本主义国家，并在5年内"完成无产阶级的社会主义建设并从社会主义逐步过渡到共产主义"。1941年卫国战争的爆发，打断了苏联向共产主义过渡的进程。战争结束之后，经过几年的重建，苏联的经济恢复到了战前的水平，斯大林再次提出向共产主义过渡的问题。1952年10月，苏共召开十九大，此次大会决定将有几十年历史的"全联盟共产党（布尔什维克）"即"联共（布）"改称为"苏联共产党"。改名的原因，是因为苏共的双重名称——"共产主义的"和"布尔什维克的"——是由于历史上同孟什维克进行斗争而形成的，目的是为了同孟什维克划清界限。现在，孟什维克早已退出历史舞台，党的双重名称也就失去意义，而"共产主义的"这个概念最能确切地反映党的任务和马克思主义的实质，即建立共产主义社会。

斯大林逝世后，赫鲁晓夫在苏共二十大上所作的秘密报告中，对斯大林的个人崇拜问题进行了揭露，却没有放弃斯大林提出的向共产主义过渡的思想。1957年11月，在庆祝十月革命胜利40周年纪念大会上，赫鲁晓夫宣布苏联"在15年内不仅赶上并且超过美国"。与此同时，苏联在内部确定，从1959年算起，以12年的时间即在1970年实现共产主义。1959年1月，苏共二十一大上，赫鲁晓夫在《关于1959—1965年苏联发展国民经

---

[1]《列宁全集》第39卷，人民出版社1986年版，第311页。

济的控制数字》的报告中提出:苏联已进入"全面展开共产主义社会建设的时期","这个时期的主要任务,是建立共产主义的物质技术基础,进一步加强苏联的经济力量和国防力量,同时日益充分地满足人民不断增长的物质需要和精神需要"[1]。

正是因为赫鲁晓夫提出苏联15年赶上和超过世界头号资本主义大国——美国,毛泽东才提出中国15年赶上和超过世界第二号资本主义国家——英国。苏联提出的实现共产主义的时间表无疑给中国领导人既带来了启示,也带来了压力。毛泽东始终认为,中国应当为人类做出更大的贡献。如果苏联进入了共产主义,中国还在慢吞吞地搞社会主义,实在不成样子。要实现共产主义,就必然要改变原有的基层组织结构,构想出一种向全民所有制和共产主义过渡的组织形式。于是,"一大二公"的人民公社应时而生。

1958年将新合并的大社取名为公社,苏联农业集体化运动给予了直接的影响。十月革命胜利后,苏维埃俄国就启动了农业集体化(即集体农庄)运动。1929年之后,苏联开始全盘农业集体化,到1934年苏联的农业集体化基本完成。苏联开展农业集体化主要是建立集体农庄。苏联的集体农庄有三种组织形式:一是土地共耕社,成员集体劳动,除土地外(十月革命后苏俄实行土地国有)的生产资料仍属于农民个人所有;二是劳动组合,成员从事集体劳动,实行按劳分配,但允许保留一定数量的宅旁园地和从事一定的家庭副业;三是农业公社,成员不但集体劳动,而且

---

[1] 沈志华、于沛等编著:《苏联共产党九十三年》,当代中国出版社1993年版,第524页。

全部生产资料与生活资料公有，实行"按需分配"。斯大林曾指出过农业公社与劳动组合的区别："劳动组合只把生产资料公有化，而公社直到不久以前为止不仅把生产资料公有化，而且把每个社员的生活也公共化了，就是说，公社社员和劳动组合成员不同，他们没有私有的家禽、小家畜、奶牛、谷物和宅旁园地。"[1]

然而，苏联农业公社在集体农庄组织中占的比重并不大，在1929年土地共耕社占60.2%，农业劳动组合占33.6%，农业公社占6.2%。到农业集体化基本完成的1931年，农业劳动组合已占91.7%，农业公社却下降到只占3.6%，土地共耕社占4.7%。列宁和斯大林不赞成大规模地组织农业公社，是因为他们认为苏联目前还没有建立农业公社所需要的强大物质基础。所以斯大林在联共（布）第十七大所作的报告中说："将来的公社是从发达的富裕的劳动组合中成长起来的。将来的农业公社是在劳动组合的田地上和养畜场中有了十分丰富的谷物、家畜、家禽、蔬菜和其他各种产品的时候，在劳动组合中附设有机械化洗衣坊、现代化厨房、食堂、面包厂等等的时候，在庄员看见从养畜场领取肉类和乳类比自己饲养奶牛和小家畜便宜的时候，在女庄员看见在公共食堂吃饭、向面包厂取面包、在公共洗衣坊洗衣比自己料理这些事情方便的时候产生出来的。将来的公社是在更发达的技术和更发达的劳动组合的基础上，在产品十分丰富的基础上产生出来的。"[2]

由此可见，不论是列宁还是斯大林，他们虽然都对急急忙忙

---

[1]《斯大林选集》下卷，人民出版社1979年版，第333页。
[2]《斯大林选集》下卷，人民出版社1979年版，第333—334页。

地建立农业公社持批评态度,并不是因为公社这个名称不好。恰恰相反,他们始终认为公社与共产主义紧密相联,是农业集体化的最高形式,也是农村过渡到共产主义的具体途径。斯大林曾说:"这当然不是说公社根本不需要了,它不再是集体农庄运动的高级形式了。不,公社是需要的,它当然是集体农庄运动的高级形式,但不是目前的在技术不发达和产品不足的基础上产生并且自然改为劳动组合的公社,而是将来的在技术更发达和产品十分丰富的基础上产生的公社。"[1]这就说明,列宁、斯大林对建立公社也是向往的,只是他们认为现在还不具备大规模建立公社的条件。

我国的农业合作化运动经历了互助组—初级社—高级社这样三个互相衔接的阶段,但也有许多的地方,并没有经过初级社这一环节,而是直接由互助组甚至个体农民建立高级社。我国的互助组相当于苏联的共耕社,农业合作社特别是高级社相当于苏联的劳动组合。有所不同的是,苏联实行的是土地国有,而我国的互助组与初级社是土地归农民个人所有,高级社是土地归集体所有,但在农业集体化的步骤和合作组织内部的运作上,两者之间是相类似的。虽然我国的农业合作化有自己的特点,但受苏联集体化理论和实践的影响也是显而易见的。

1953年12月,中共中央通过了《中国共产党中央委员会关于发展农业生产合作社的决议》,其中特地引用了列宁关于公社的论述。列宁说:农民"都是实际主义者,都是务实的人,我们应当向他们作出具体的例子来证明'公社'是最好的东西","应

---

[1]《斯大林选集》下卷,人民出版社1979年版,第333页。

把公社组织得尽善尽美，以便取得农民的信任"。[1]这个《决议》在我国农业合作化运动的历史上是一个极为重要的文献，标志着我国的农业合作化由以发展互助组为主，转变为以发展农业合作社为主。这个文件曾在《人民日报》上公开发表，各级组织以此对农民进行了广泛的农业合作化的宣传教育。由此不难看出，至少是文件的起草者认为中国农业合作化的最终目的，也是应当建立公社的。

三、空想社会主义和经典作家的启示

中国古代虽有"公社"之名，但它与我们今天所讲的公社是完全不同的两码事，中国古代的"公社"是祭祀天地神鬼的地方。《礼记·月令第六》中说："孟冬之月，……天子乃祈来年于天宗，大割祠于公社及门闾。"显然，1958年所建立的人民公社，与中国古代的"公社"没有什么直接联系。

然而，1958年把由若干农业社合并而成的大社取名为"公社"，却与欧洲空想共产主义有某种关联。在空想共产主义者关于未来社会的设想中，"公社"是共产主义社会的基本单位，甚至是共产主义的代名词。18世纪法国著名的空想共产主义者巴贝夫认为，所有制方面的革命，应当从在国家中成立共产主义原则的"全民公社"（又译为"国民公社"）开始。在巴贝夫的"全民公社"里，人们共同劳动，共同拥有国内财富。在这里，每个

---

[1]《中国共产党中央委员会关于发展农业生产合作社的决议》，《人民日报》1954年1月9日。

人都按照法律向当局领取所需之物。每个公社社员,都获得整洁卫生的房屋、衣服、日用品、食品、药物等,每个人都应该到公共食堂就餐。巴贝夫还认为,一切劳动人民,都会很愿意加入"全民公社",至于公社以外不愿放弃私有财产的人们,则不能享受任何权利,并且将被赋以极重的累进税,迫使其破产、逃亡或赶紧加入公社。

被誉为科学社会主义理论来源之一的英国著名空想社会主义者欧文,也把他理想中的共产主义社会的构成单位命名为公社。1820年,欧文发表《致拉纳克郡报告》,大力宣传他的空想共产主义思想。他在这篇文章中对其共产主义新村有过详细的描绘:公社(又叫协作社)的人数最好是800—1200人,需要的土地为600—1800法定英亩;新村为大平行四边形,四周设置成年人的寝室和起居室、入学儿童的公共宿舍、存放产品的储藏室或仓库,以及宾客招待所和医疗所,中间为教堂、学校、厨房和食堂;公社把产品平均地按照需要进行分配,每个成员依照年龄及能力安排适当的工作;等等。欧文设想中的公社,是一个集工、农、商、学、兵于一体的组织。欧文认为:"新的公社将把大城市的一切优点集中于一身,而没有大城市造成的任何害处。公社的每一个成员从广阔的土地上得到的好处,将大大超过在目前的个人主义制度下最富有的地主所得到的好处。"[1]

欧文不但提出了建立公社的设想,而且还试图将这种设想变为现实。1823年,他提出一个建立共产主义公社的计划,并于次年和他的一些追随者前往北美印地安纳州,用30万英镑购买了

---

[1]《欧文选集》第2卷,商务印书馆1997年版,第19页。

一片土地，并从欧洲移去900人从事他建立共产主义公社的试验。他将自己创建的公社取名为"新和谐"。根据欧文的思想所制定并得到他认可的《新和谐公社组织法》规定："全体公社成员是一个大家庭，任何人的活动都没有高低之分。人人都将按照年龄的区分，在供应所能做到的范围内，得到同样的食物、衣服和教育；只要可以办到，全体社员将住同样的住宅，而且在一切方面都得到同样的安排。每个社员都要按照公社通过的章程和决议，为公共福利作出可能最大的贡献。"[1]该《组织法》还规定，公社的立法权属于年满21岁的社员组成的全体大会，公社的行政权则属于由公社的书记、司库、管理员和4个部的总经理组成的理事会。公社分设6个部，即农业部，工业和机械部，文学、科学和教育部，家政部，一般经济部，商业部。每部设一总经理，其中管理员是家政部的总经理，司库是商业部的总经理。

同为19世纪法国空想共产主义者的德萨米，则提出了一个以公社为基本单位的共产主义大家庭设想。在德萨米的设想中，这种公社"将集中城市和乡村的一切特点，它既从事农业又从事工业"。与欧文等人的设想有所不同的是，德萨米认为，公社的人数最好以1万人左右为宜。公社设有供社员活动的公社宫。公社宫建在公社的中央，四周则是耕地、果园和牧场等。公社还设有公共食堂，所有的社员在规定的时间内到公共食堂就餐，每个公民都有自己舒适的个人宿舍，且所有宿舍的格局和布置都一样。[2]在德萨米的公社中，除了属于个人消费的东西外，其余的

---

[1]《欧文选集》第2卷，商务印书馆1997年版，第190页。
[2] 参见郭一民：《公有法典》中译本序，商务印书馆1996年版，第5页。

一切财产都归公有。公社中各种生活娱乐设施齐全,人人平等但均须参加劳动,个人消费品按比例平等分配。

19世纪法国另一空想共产主义者卡贝,曾在他的《伊加利亚旅行记》中对伊加利亚共产主义作了传神的描绘。这个共产主义的共和国划分为面积和人口大体相等的100个省,每个省有10个面积和人口几乎相等的公社,每一个公社镇都设在公社的中央,一个公社除了公社镇外还在四周设有8个村庄和许多的农场。[1]在伊加利亚共和国的每一个公社中,生产资料和消费资料实行社会所有,人们所需要的食品、服装、住房、家具等由社会供给,公社人人平等且人人劳动,等等。

在巴贝夫、欧文、德萨米和卡贝等人的眼中,公社与共产主义是紧密联系在一起的,是他们理想社会的基本构成单位。这种公社与1958年建立的人民公社确实有某些惊人的相似之处。虽然现在还很难说空想社会主义者和空想共产主义者关于未来社会的设想,对1958年建立的人民公社有多大影响,但毛泽东、刘少奇都表示过,前人的乌托邦的空想,我们要实现。这年6月14日,刘少奇在同全国妇联党组谈话时说:空想社会主义者的想法在那时没有实现的条件,现在马克思主义者抓住了阶级斗争,已经消灭阶级或正在消灭阶级的过程中,这样就把空想社会主义者不能实现的空想实现了。1958年8月21日,毛泽东在北戴河会议上谈到人民公社问题时也说:空想社会主义的一些理想,我们要实行。[2]

---

[1] [法]埃蒂耶纳·卡贝:《伊加利亚旅行记》第1卷,李雄飞译,商务印书馆1997年版,第32页。

[2] 薄一波:《若干重大决策与事件的回顾》下卷,中共中央党校出版社1993年版,第774页。

从中也就不难看出，1958年建立的人民公社，至少受到了空想共产主义者关于公社设想的启发。

马克思、恩格斯、列宁在他们的著作中，也常常把他们设想的共产主义社会的基层组织称为公社。1845年2月8日，恩格斯发表了《在爱北斐特的演说》，对共产主义社会作了细致的描述，演说中有两处提到公社。一处是："在共产主义社会里无论生产和消费都很容易估计。既然知道每一个人平均需要多少物品，那就容易算出一定数量的人需要多少物品；既然那时生产已经不掌握在个别私人企业主的手里，而是掌握在公社及其管理机构的手里，那也就不难按照需求来调节生产了。"[1]恩格斯在另一处说，在共产主义社会里，不会有资本主义社会那种繁杂的运输方法，中央管理机构可以"容易地知道全国各地和各公社的消费量"[2]。恩格斯在《共产主义原理》一文中也说：废除私有制的革命进程需要若干步骤，其中之一就是"在国有土地上建筑大厦，作为公民公社的公共住宅。公民公社将从事工业生产和农业生产，将把城市和农村生活方式的优点结合起来"[3]。在马克思、恩格斯的著作中，关于公社的论述还有很多。

列宁对于公社的论述也不少。例如，他在其早期著作《什么是"人民之友"以及他们如何攻击社会民主党人？》中写道："要组织没有企业主的大生产，首先必须消灭商品的社会经济组织，代之以公社的即共产主义的社会经济组织，那时调节生产

---

[1]《马克思恩格斯全集》第2卷，人民出版社1957年版，第605页。
[2]《马克思恩格斯全集》第2卷，人民出版社1957年版，第607页。
[3]《马克思恩格斯选集》第1卷，人民出版社1995年版，第240页。

的就不象现在这样是市场,而是生产者自己,是工人社会本身;那时生产资料就不属于私人而属于全社会。这样用公社占有形式来替代私人占有形式,显然需要预先改造生产形式,需要把小生产者分散的细小的独立的生产过程融合成一个社会生产过程,总而言之,需要的正是资本主义所创造的物质条件。"[1]十月革命之后,列宁多次论及消费公社问题。他在《苏维埃政权的当前任务》一文中指出:"社会主义国家只能在以下情况下产生:它已经成为一个生产消费公社网,这些公社诚实地计算自己的生产和消费,节省劳动,不断提高劳动生产率,因而能够把工作日缩短到每天7小时或6小时以至更少。"[2]

1958年"大跃进"启动后,党内普遍产生了一种中国生产力能得到迅速发展,能在不长的时间里即可实现共产主义的想法。这年4月,时任中共中央宣传部部长的陆定一受命编辑《马克思恩格斯列宁斯大林论共产主义社会》一书。6月,这本书编辑完成,随后由人民出版社出版。这本书摘录了马克思主义经典作家关于共产主义的论述(如第一篇就是恩格斯的《在爱北斐特的演说》),其中许多是关于"公社"的观点,而且书稿的第十个标题就是"生产公社、消费公社"。这本书对毛泽东的影响很大,在北戴河会议上,他一再向与会者推荐这本书。薄一波回忆说,该书对毛泽东"最后决定把新合并起来的大社叫做人民公社看来起了不小的促进作用"[3]。

---

[1]《列宁全集》第1卷,人民出版社1984年版,第212页。
[2]《列宁全集》第34卷,人民出版社1985年版,第167页。
[3] 薄一波:《若干重大决策与事件的回顾》下卷,中共中央党校出版社1993年版,第736页。

四、对大同社会的向往

毛泽东一再讲，人民公社是群众自发搞起来的，他无发明之权，只有建议之权。"人民公社这个事情是群众自发的，不是我们提倡的。因为我们提倡不断革命，破除迷信，敢想、敢说、敢做，群众就干起来了。不仅南宁会议没有料到，成都会议也没有料到，八大二次会议也没有料到。我们的人民在农业合作社的基础上搞起的人民公社不是空想的，他们就是有那么个趋势，想要干起来。"[1]在1958年12月中共八届六中全会的一次谈话中，他又说：人民公社的出现，这是3月成都会议、5月党代表大会没有料到的。其实，人民公社4月已经在河南出现，这就是卫星公社。我们一直到8月才发现这件事。我们找到了一种形式来建设社会主义，便于从现在较低级的所有制（集体所有制）进到高级的所有制（全民所有制），便于从社会主义的全民所有制进到共产主义的全民所有制，便于办工业、办教育、办民兵，工农商学兵，各种事业综合起来搞，规模大，人多。这是一件极好的事情。[2]

客观而论，1958年"大跃进"中，不只是一些领导人头脑发热，广大基层干部和群众其实也处于一种极度的亢奋之中。近代以来，中国贫穷落后，受人欺凌，中国人民忍气吞声了一个多世纪。新中国的成立，使中国人民政治上翻了身，生活也有了很

---

[1] 中共中央文献研究室编：《毛泽东年谱（1949—1976）》第3卷，中央文献出版社2013年版，第424—425页。
[2] 中共中央文献研究室编：《毛泽东年谱（1949—1976）》第3卷，中央文献出版社2013年版，第550页。

大的改善，但中国生产力仍很落后，经济上还没有彻底翻身。毛泽东发动"大跃进"，人民群众投身"大跃进"，都是希望早日改变中国贫穷落后的面貌，以最快速度把我国建设成为一个强大的社会主义国家。这也正是"大跃进"没有任何阻力就发动起来的一个重要原因。"大跃进"开始后，原有的社会体系确有与新形势不适应之处，而当时又想不出既不改变原有的生产关系，又能进行大规模建设的妥善办法，自然只有在扩大社会组织的规模上打主意。于是，小社并大社在一些地方自发产生了，而办大社又恰好是党的领导人提倡的。所以并社运动很快在全国铺开，各个大社也就有了五花八门的名称，其中有的直接叫大社或集体农庄，也有的称"共产主义建设公社""农业公社""人民生产公社"和"人民公社"等。

1958年建立的人民公社带有浓郁的理想主义色彩，甚至可以说是空想主义色彩，这又与毛泽东早年接触过的某些政治思想，尤其是中国传统文化中的一些空想主义、国外的空想社会主义等旧思想，有着或多或少的联系。

毛泽东在《论人民民主专政》一文中说过："康有为写了《大同书》，他没有也不可能找到一条到达大同的路。"[1]这自然是不错的。但由此也可以看出，一方面，他为此时中国已经找到了一条通向大同的路而高兴；另一方面，他并不认为康有为的大同理想有什么不对，康有为的问题主要是找不到如何去实现大同的路。

大同世界是古代中国人虚构的太平盛世。《礼记·礼运》中

---

[1]《毛泽东选集》第四卷，人民出版社1991年版，第1471页。

说:"大道之行也,天下为公,选贤与能,讲信修睦。故人不独亲其亲,不独子其子……货恶其弃于地也,不必藏于己;力恶其不出于身也,不必为己……是谓大同。"康有为的《大同书》,是中国传统的大同思想,是将西方的"乌托邦"思想、基督教教义、达尔文进化论、卢梭"天赋人权论"等糅合而成的中国式的空想社会主义。

毛泽东在青年时期,曾读过《礼记》,对中国古代的大同思想颇为赞许。1917年8月23日,他在致老师黎锦熙的信中说:"彼时天下皆为圣贤,而无凡愚,可尽毁一切世法,呼太和之气而吸清海之波。孔子知此义,故立太平世为鹄,而不废据乱、升平二世。大同者,吾人之鹄也。"[1]可见,青年毛泽东对大同世界是非常向往的。毛泽东青年时期是否读过《大同书》,现在还难以断定。但是,当时涌现出的一些社会主义思潮,如无政府主义、新村主义、工读互助主义,对毛泽东等渴望改造中国的先进青年来说,却是产生了深刻影响的。1919年12月,已经历了五四运动洗礼的毛泽东,在湖南教育月刊上发表了《学生之工作》,其中在谈到他的新村计划时说:"合若干之新家庭,即可创造一种新社会。新社会之种类不可尽举,举其著者:公共育儿院,公共蒙养院,公共学校,公共图书馆,公共银行,公共农场,公共工作厂,公共消费社,公共剧院,公共病院,公园,博物馆,自治会。"[2]

成为马克思主义者之前,毛泽东对东西方许多思想家的著作

---

[1]《毛泽东早期文稿》,湖南出版社1990年版,第89页。
[2]《毛泽东早期文稿》,湖南出版社1990年版,第454页。

都有涉猎，从孔孟儒家、宋明理学到进步思想家顾炎武、王船山；从资产阶级理论家康有为、梁启超、谭嗣同、严复、孙中山到中国最早的马克思主义者李大钊、陈独秀；从赫胥黎的进化论、康德的二元论到欧洲的空想社会主义、日本的新村主义。他在1936年曾对斯诺说："在这个时候，我的思想是自由主义、民主改良主义、空想社会主义等思想的大杂烩。我憧憬'十九世纪的民主'、乌托邦主义和旧式的自由主义，但是我反对军阀和反对帝国主义是明确无疑的。"[1]可见，中国古代的大同思想，西方舶来的"乌托邦"思想等，曾在他心目中引起了很大的共鸣。这也不难理解，和当时其他的中国先进青年一样，毛泽东在对黑暗的现实强烈不满的同时，以天下兴亡为己任的使命，又驱使他如饥似渴地从中外思想家身上寻找救国救民的良策和改造中国社会的各种方剂。经过五四运动的洗礼，毛泽东抛弃了各种芜杂的旧思想，成为马克思主义者。但是，一个人青年时期接受的思想观念，总难免在脑海中留下某些痕迹。此时，毛泽东已是60余岁的老年人，与普通老年人一样，这个年龄的他喜欢忆旧，也容易忆旧，青年时代曾憧憬的理想蓝图，再次从他的思想意识中流露出来，使以前一再强调实事求是的他也陷入了空想之中。

1958年的人民公社化运动之所以选择农村率先向共产主义过渡，还有来一次新的农村包围城市的用意。民主革命时期，中共长期把农村作为工作重心，成功地走出了一条农村包围城市的革命道路。新中国成立后，又顺利地完成了土地改革和农业合作

---

[1][美]埃德加·斯诺：《西行漫记》，董乐山译，生活·读书·新知三联书店1979年版，第125页。

化，这使许多中共干部不但对农民有很深的感情，而且也熟悉农民，善于组织和动员农民，做起农村工作来得心应手。虽然在中共七届二中全会上，毛泽东就明确宣布从此全党进入了城市领导农村的时期，但许多干部还是习惯于将工作的着力点放在农村，所以"大跃进"运动发源于农村，人民公社化运动也由农村开始（按照当时的设想，不但农村要公社化，工厂、学校、机关、街道等也要公社化，而且郑州、哈尔滨等城市也曾建立了城市人民公社）。在北戴河会议上，毛泽东多次讲到，搞人民公社，农村又走在城市的前头。中共中央政治局委员谭震林在江苏座谈人民公社问题时，当江阴县马镇公社谈到实行"吃饭不要钱"后，一部分家在农村的工人家属如何处理时，他说：农村包围城市，这是中国革命的经验，民主革命是如此，建立农村根据地，而后夺取城市；社会主义革命也是如此，先农业合作化，而后才是资本主义工商业的公私合营；共产主义革命看来也是如此。谭震林又说：成立人民公社，这是一个伟大的转变，是质的变化，"反正农村包围城市，农村共产主义化了，你城市不得不化了"。这段话，把为何要先在农村实现公社化说得很明确了。

关于第一个人民公社的几点考辨

1958年3月,中共中央在成都召开工作会议,其中一项重要的内容,就是通过了《中共中央关于把小型的农业合作社适当地合并为大社的意见》。这个文件认为:"为了适应农业生产和文化革命的需要,在有条件的地方,把小型的农业合作社有计划地适当地合并为大型的合作社是必要的。"[1]此后,全国许多农村掀起了小社并大社的热潮,这实际上成为人民公社化运动的先声。在这个过程中,一些地方先后将新合并的大社命名为"公社"。那么,究竟谁最早使用"公社""人民公社"的名称呢,笔者将就此作几点考辨。

一、最早使用"公社"名称的大社

在发动"大跃进"的过程中,毛泽东和刘少奇就开始描绘中国未来的共产主义蓝图。1958年4月下旬,刘少奇去广州向毛泽东汇报中共八大二次会议的准备情况。据刘少奇后来自己讲,在火车上,他与周恩来、陆定一(中共中央宣传部部长)、邓力群

---

[1] 中共中央文献研究室编:《建国以来重要文献选编》第11册,中央文献出版社1995年版,第209页。

（中共中央书记处办公室组长）等"吹半工半读，吹教育如何普及，另外就吹公社，吹乌托邦，吹过渡到共产主义。说建设社会主义这个时候就为共产主义准备条件，要使前一阶段为后一个阶段准备条件，我们搞革命就是这样的，开始搞前一步的时候，就想到下一步，为下一步创造条件。我们现在建设社会主义，就要为共产主义创造一些顺利条件。还吹空想社会主义，还吹托儿所，集体化，生活集体化，还吹工厂办学校，学校办工厂，半工半读"。车到郑州时，刘少奇还对河南省省长吴芝圃说：我们有这样一个设想，你们可以试验一下。[1]

在广州，毛泽东向刘少奇等人谈了他对于农村发展的设想。1958年5月19日在中共八大二次会议上陆定一在题为《马克思主义是发展的》的发言中，将这些设想透露出来了。发言稿中说："毛主席和少奇同志谈到几十年以后我国的情景时，曾经这样说，那时我国的乡村中将是许多共产主义的公社，每个公社有自己的农业、工业，有大学、中学、小学，有医院，有科学研究机关，有商店和服务行业，有交通事业，有托儿所和公共食堂，有俱乐部，也有维持治安的民警等等。若干乡村公社围绕着城市，又成为更大的共产主义公社。前人的'乌托邦'想法，将被实现，并将超过。我们的教育方针和其他教育事业，也将朝这个目标发展。"[2]

根据这个发言，中共浙江省委政治研究室于1958年6月20

---

[1] 薄一波：《若干重大决策与事件的回顾》下卷，中共中央党校出版社1993年版，第731—732页。
[2] 薄一波：《若干重大决策与事件的回顾》上卷，中共中央党校出版社1991年版，第732—733页。

日形成了《浙江省1958年—1962年农业发展纲要（初稿）》，发给正参加浙江省三级干部会议的人员讨论并征求意见。《纲要（初稿）》的最后一条即第三十三条是"我们的奋斗目标——向共产主义公社方向前进"，接着有这样一段文字："农业合作社应当过渡到共产主义公社，每一个公社有自己的农业和工业，有大学、中学、小学，有医院，有科学研究机关，有商店和服务性行业，有交通运输业，有托儿所和公共食堂，等等。许多农村共产主义公社围绕着城市，城市就是更大的共产主义公社。从现在开始，就要在领导干部中、党员中和积极分子中宣传这样一个思想：共产主义的乐园，就要在我们这一代人的手中建成。"[1]这段话差不多是搬用陆定一在八大二次会议上的发言。与此同时，中共浙江省委书记处书记林乎加在三级干部会议上也说，各县都可以搞个把共产主义雏形的乡、社。

参加会议的诸暨县城南乡党委书记丁祖铭对此印象很深，回到乡里后，立即召开了几次干部会议，研究成立共产主义公社的问题。

城南乡共有4个农业社，各社的经济均有较好的基础，公共积累有100多万元，仅种在田埂边的水果，一年的收入就可达10多万元。各社还办了大小30余个社办工厂，年产值可达30万元。于是，城南乡的干部们认为，已经具备建立共产主义社会的基本条件，乃于7月5日将全乡的4个社合并为1个共产主义公社（随后改名为"红旗共产主义建设公社"），并订出了共产主

---

[1] 中共浙江省委政治研究室：《浙江省1958年—1962年农业发展纲要（初稿）》，1958年6月20日。

义公社十大规划，如 1959 年实现农业机械化，工业产值占工农业总产值的 60% 以上；1958 年冬至 1959 年春完成土地平整化，取消自留地；发展文教事业，1958 年秋建立高中 1 所，1959 年建立大学 1 所；举办集体福利事业，做到队队有托儿所，村村办俱乐部，负担学龄儿童的书籍费，社员看病免费医疗；改善居住条件，逐步把分散的村庄集中为大村庄；取消评分记工，社员实行十级工资制等。

该公社建立后，各高级社原有土地无代价地归公社，山林、树林、果园、竹园等原为高级社所有者转归公社，高级社尚未偿还的价款由公社负责偿还，尚为社员私有者作价归公社所有，分期偿还。各高级社的公共积累一律归公社所有，所欠的债务亦转归公社偿还。同时把原来 12 所民办中小学全部转为社办，子弟上小学一律免费，升中学经济有困难时由公社适当补贴；成立幼儿园和托儿所，社内幼儿免费入园入所，教员、保姆工资一律由公社负担，村村办起公共食堂；公社开始规定看病一律免费，结果看病人数每天较平时增加 5 倍以上，随后改为"半公费医疗制"，即社员看病挂号费自己负担，医药费每次在 0.3 元以下由公社负担，0.3 元以上部分自己负担，无力负担者经公社批准可适当给予补贴。公社建立管理委员会、社员代表大会和监察委员会，社下以原高级社或村为单位建立大队，队内设队委会，大队以下设若干个班，每班三五十户不等，作为包工包产的生产单位。[1]

这年 7 月 28 日，红旗共产主义建设公社拟定了一份章程，

---

[1] 参见中共新乡地委赴浙江诸暨县城南乡参观红旗共产主义建设公社参观团：《关于参观浙江省诸暨县城南乡共产主义建设公社情况的报告》，1958 年 7 月 28 日。

明确提出"红旗共产主义建设公社是工人、农民、教职员等劳动者在共产党、人民政府的领导和帮助下，在自愿基础上组织起来的工、农、商、学、信贷等事业单位的初级形式的共产主义经济组织，并努力地争取在短时间内建设成为高级形式的共产主义经济组织——全民所有制"。该章程共分为十章五十条，如规定公社要逐步地从按劳取酬的社会主义分配原则过渡到各取所需的共产主义分配原则；原属高级社的土地无代价地转为公社集体所有，社员的自留地也在发展公共食堂的条件下逐步地达到归公社所有；等等。[1]

二、第一个使用"人民公社"名称的大社

1958年2、3月间，河南新乡县的七里营相继成立了杨屯、八柳树、曹村等8个农业合作社联社。7月初，晋、冀、鲁、豫、陕、京六省市在郑州召开农业协作会议。会议期间，中共中央政治局委员、书记处书记谭震林在听取遂平县嵖岈山地区建立大社的汇报后，要七里营派代表去嵖岈山参观学习。七里营的代表经过一番走马观花般的参观，回来后就在本乡大力宣传嵖岈山的经验和办大社的好处。

这时，七里营不少高级社纷纷到乡政府要求办大社，一部分群众还敲锣打鼓到乡里表决心、递申请书。七里营乡党委认为办大社的条件已经成熟，乃于7月16日拟定了一份《中共七里营乡党委关于并大社意见》，报请新乡县委审批，很快得到同意。7

---

[1]《诸暨红旗共产主义建设公社章程（草案）》，1958年7月28日。

月20日上午，由全乡26个高级社并成的七里营大社成立。

大社成立后，对于大社叫什么名称，干部社员颇费了一番脑筋。有人建议叫大社，也有人建议叫联社，但又觉得都不合适。于是，又有人建议叫公社，理由是马克思、恩格斯的著作中多次讲到"巴黎公社"，大家觉得公社这个名字不错，就建议叫作"七里营共产主义公社"，意即为向共产主义过渡创造条件。于是，就在乡政府门口挂了"七里营共产主义公社"的牌子。[1]

可是，这块牌子刚挂出去，七里营村的一个老汉看后说："我早盼共产主义，晚盼共产主义。我想，我能熬到共产主义活三天就心满意足了。可谁知共产主义的牌子挂出去了，就是这样子。难道我们现在这个样子就算是共产主义社会了？"人们一听，觉得这个老汉的话也有道理，认为称"共产主义公社"确实有些不妥。于是又有人建议说："我们现在是建设社会主义，向共产主义过渡，就叫共产主义建设公社吧。"

一时间，大社叫什么名字好成为七里营干部们议论的重要话题。这时，有人想起了前不久《红旗》杂志发表的陈伯达的文章《全新的社会，全新的人》里，曾提到"把一个合作社变成既有农业合作又有工业合作的基层组织单位，实际上农业和工业相结合的人民公社"，就提议说，咱们大社里有农业，有工业，有工人，也有农民，有学校，还有商店，而且我们的国家叫人民共

---

[1] 七里营将大社命名为"共产主义公社"，可能是受到诸暨红旗共产主义建设公社的影响。在人民公社化运动高潮中，中共浙江省委农村工作部在一份题为《全省人民公社试点情况和基本经验》的材料中说，诸暨红旗共产主义建设公社建立后，新乡专区曾派人来参观。不久毛泽东视察七里营，七里营名声大振，浙江又派人去参观，新乡专员和地委秘书长都说："我们是从你那里学来的。"

和国，政府叫人民政府，银行叫人民银行，总之一切都离不开人民，不如干脆将大社改称为"人民公社"。这一名称提出后，得到了干部群众的一致认可。于是"七里营共产主义公社"正式更名为"七里营人民公社"。8月1日，七里营大社在行文中首次启用了"七里营人民公社"的称呼。8月4日，又由公社木器厂制作了一块长方形的标牌挂在公社的大门口。[1]

这年8月3日，中共河南省委农村工作部的李玉亭、陈传于与新乡县、乡、社干部，共同研究拟出了《关于建立人民公社政策问题的初步意见（草稿）》。其中说："新乡县七里营乡在党的总路线的鼓舞下，根据群众的要求，在26个农业合作社的基础上于1958年7月20日成立了人民公社。"[2]根据这份材料判断，至少在8月3日前，七里营大社已经称为"人民公社"了。至于这里所说的7月20日，应当指的是大社成立的时间。虽然在此之前，已有一些地方将新合并的大社称之为"共产主义公社"或"农业公社""人民生产公社"，但据笔者掌握的材料，这是全国第一个将大社命名为"人民公社"的地方。

1958年8月6日下午4时，毛泽东来七里营视察。毛泽东走到公社大院门口，看到了"新乡县七里营人民公社"这块牌子时，停下脚步，一字一顿地念起来。新乡县委书记胡少华随即对毛泽东说："这是全县的第一个人民公社。"旁边的新乡地委书记耿起昌问道："他们起这个名字怎么样，行不行呀！"毛泽东

---

[1] 参见中共新乡市委党史研究室编：《七里营人民公社简史》（内部本），2000年10月编印，第21—22页；中共河南省委党史研究室编：《河南省人民公社化运动》，河南人民出版社2005年版，第288页。

[2] 李玉亭等：《关于建立人民公社政策问题的初步意见（草稿）》，1958年8月3日。

用肯定的语气说:"人民公社这个名字好!"[1]人民公社这个名称得到了毛泽东的肯定。随后,各地乃将合并的大社一律称为人民公社。

三、嵖岈山卫星集体农庄更名时间

在许多关于人民公社问题的论著中,常常将河南省遂平县的嵖岈山卫星公社称之为全国第一个人民公社。那么,嵖岈山大社是何时更名为公社的呢?

嵖岈山地处遂平西部。"大跃进"开始后,这里和全国其他地方一样,也掀起了农田水利建设运动的高潮。在兴修水利的过程中,社与社之间围绕用地、劳动力使用等方面出现了一些矛盾,乡社干部和群众由此产生了并社的想法。1958年4月15日,信阳地区(遂平县时属信阳地区,今属驻马店市)专员张树藩在遂平县委书记处书记娄本耀的陪同下,到嵖岈山地区检查工作,地处嵖岈山的杨店、土山等乡的干部在汇报时提出了并大社的请求。4月18日下午,杨店、土山、鲍庄3个乡的男女社员8000多人,抬着申请书,汇集到杨店街,向地区领导申请并大社。张树藩在请示地委后答应了群众的要求,但提出必须搞好当前生产和除"四害"工作,群众当即散去回家。

4月18日这天,嵖岈山大社并没有正式成立。于是,这3个乡19个社再加上邻近的槐树乡7个社、玉山乡3个社、张堂乡1个社的社员共计15000多人,于4月20日再次集会杨店街,要

---

[1] 林英海主编:《毛泽东在河南》,河南人民出版社1993年版,第156页。

求并大社，遂平县委当即同意了社员的请求，批准杨店、土山、鲍庄3个乡19个社和张堂乡的友谊第八社共20个高级社合并成1个大社。不久，他们根据报纸上报道的苏联成功发射了人造地球卫星的消息，将大社正式命名为"卫星集体农庄"（又叫"卫星农业社"）。[1]

卫星集体农庄成立时共6566户，30131人。原来的20个高级社改为生产大队，分管原有的215个生产队。实行组织军事化、行动战斗化、生活集体化，规定社员外出要报告，回家要请假，上下工要集合排队。实行伙食供给制，建立公共食堂，全农庄共建立农忙食堂198个，参加食堂的农户占总数的92.5%。

在1958年7月间的华北六省市农业协作会议上，谭震林特地讲到了嵖岈山卫星农业社的问题。他说，像遂平县嵖岈山卫星社已经不是农业合作社，而是共产主义的公社，有工业部、农业部、林业部、水产部、畜牧部、财经部、交通部、文教部八大部。会议期间，谭震林把嵖岈山卫星农业社的干部请到郑州作汇报，并向他们讲了办公社的道理。就在这次谈话后，"嵖岈山卫星农业社"改称"嵖岈山卫星公社"。这年11月13日，毛泽东为召开武昌会议途经遂平时，找中共遂平县委和嵖岈山管理区（人民公社化运动中，遂平又将全县合并成一个人民公社，即遂平卫星人民公社，原来的嵖岈山卫星公社变成了遂平卫星人民公社下面的一个管理区）负责人谈话，嵖岈山区委书记陈丙寅汇报说："原来叫农庄，以后到省里给谭书记（即谭震林）汇报，谭书记说叫公社，我们回来就改成公社了。"在一旁的谭震林接过

---

[1] 参见：《遂平嵖岈山人民公社（初稿）》，1959年，第33—34页。

话头说:"那时候他们汇报了,我说过去有个巴黎公社,中央也没研究,他们回去就干起来了。"[1] 华北六省市农业协作会议后,《红旗》杂志常任编辑李友九被派到嵖岈山调查研究。李友九于 8 月 8 日给《红旗》杂志写信说:"他们这里并大社,原来也只是为了并大一点,好搞建设。到郑州一汇报,谭震林同志向他们讲了毛泽东同志和党中央关于办包括'工农商学兵'的大公社一番道理,回来就叫成公社了。"[2]

现在很难确定"卫星集体农庄"(卫星农业社)更名为"卫星公社"的具体时间。华北六省市农业协作会议是 7 月 14 日结束的,卫星社更名的时间应当在 14 日以后。在 7 月 16 日的共青团信阳地委四级干部会议上,中共信阳地委秘书长赵光作了题为《关于遂平卫星社由小社并大社的报告》的报告,报告中使用的仍是"卫星农业社"的称呼,并没有"卫星公社"的提法。这一年,遂平县创办了自己的报纸——《遂平县报》。该报第一次出现"公社"的称呼是 7 月 21 日。这天的报纸上有几则这样的报道:一则是《共产主义公社建立幸福院》,另一则是《共产主义公社办起十八处农业大学》,再一则是《卫星公社九十五名社员走进农业大学》,这里的共产主义公社指的就是卫星公社。由此可见,遂平嵖岈山卫星社更名为卫星公社,大致可确定在 7 月 16 日至 20 日之间。虽然嵖岈山地区是河南省较早将大社冠名为"公社"的,但其名称却在"公社"前缺少"人民"二字,也就是说尚没有直接称之为"人民公社"。

---

[1] 蔡中田、娄本耀等:《幸福的会见,巨大的鼓舞》,1958 年 11 月 13 日。
[2] 李友九:《河南信阳来信》,《红旗》1958 年第 7 期。

如果单从名称上看，遂平县嵖岈山卫星公社既不是最早将大社命名为"公社"的，也并非第一个命名为"人民公社"的地方，但卫星公社在人民公社化运动中所产生的影响却是任何公社所不能比拟的。在当年人们的心目中，卫星公社就是最早的人民公社，是人民公社的样板。在这年8月12日，中共河南省委书记处书记史向生在遂平召开的全省农村工作战地会议上说："我们省委来卫星社一批人，第一是学习，第二是贺喜。学习的第一个是卫星社麦收时，在河南放了第一颗卫星，……学习的第二个是小社并大社，也是我省第一个，这是有很大历史意义的。""小社并大社、搞公社，是卫星社带了头。"[1]8月22日，河南省委在给中共中央的报告中也说："开始是遂平卫星社建立了第一个人民公社，接着全县实现了公社化，以后很快在信阳、新（乡）郑（州）地区全面展开，其他各县都进行试办。"[2]

卫星公社获得如此殊荣，与那份《嵖岈山卫星人民公社试行简章（草案）》密不可分。嵖岈山卫星集体农庄成立后，曾几次放小麦高产"卫星"，一时名声大噪。加之它规模大，又在河南率先将大社更名为公社，一时反响很大，成为"大跃进"运动中一颗耀眼的新星。8月初，河南省委在嵖岈山召开地、县农村工作部长会议。参加会议的有省委书记处书记史向生，省委农村工作部正副部长赵定远、崔光华，河南日报社社长丁希凌，中共信阳地委书记路宪文、地委秘书长赵光，《红旗》杂志常任编辑李友九等。8月4日，由李友九草拟一份卫星人民公社的简章，史

---

[1]《史书记在省委农村工作战地会议上的发言（记录稿）》，1958年8月12日。
[2]中共河南省委：《关于建立人民公社情况给中央的报告》，1958年8月22日。

向生、赵定远、路宪文等人也参与了研究和修改。卫星公社更名为卫星人民公社大约就在此时。

这份《简章（草案）》规定了公社的性质、宗旨和任务，社员成分和入社手续，公社对原农业生产合作社财产和个人财产的处理，公社对农具改良、农村电气化、发展工业的规划，公社设立供销部、信用部及其经营方式，公社的教育及科学研究工作，公社实行全民武装及民兵的组织、训练和任务，公社的权力机关、组织形式，公社的粮食、工资分配，公共食堂的管理等共26条。例如，它规定：各个农业合作社合并为公社，根据共产主义大协作的精神，应该将一切公有财产交给公社，多者不退，少者不补；社员转入公社，应该交出全部自留地，并且将私有的房基、牲畜、林木等生产资料转为全社公有；公社按照乡的范围建立，一乡一社，实行乡社结合；在分配上实行工资制与粮食供给制，全体社员，不论家中劳动力多少，都可以按照国家规定的粮食供应标准，按家庭人口得到免费的粮食供应；公社要组织公共食堂、托儿所和缝纫小组，使妇女从家务劳动中解放出来；等等。

8月6日，史向生将《简章（草案）》交给了正在郑州的毛泽东。毛泽东表示，"如获至宝，这东西好"[1]。李友九也将《简章（草案）》寄给了陈伯达，陈又转报了毛泽东。毛泽东在8月17日亲笔批示："此件请各同志讨论。似可发各省、县参考。"[2] 这份《简章（草案）》曾在8月中旬召开的北戴河会议上印发，9

---

[1] 林英海主编：《毛泽东在河南》，河南人民出版社1993年版，第62页。
[2] 《建国以来毛泽东文稿》第7册，中央文献出版社1992年版，第345页。

月 1 日出版的《红旗》杂志第 7 期全文刊登,《人民日报》全文转载。可以说,全国各地的农村人民公社,差不多都是按照这份《简章(草案)》依样画葫芦建立起来的。这也是人们认为它是"第一个人民公社"的根本原因。

1958年人们心目中的共产主义社会

发生在1958年的"大跃进"和人民公社化运动，是一桩急于实现共产主义的大实验。这年8月北戴河会议通过的《中共中央关于在农村建立人民公社问题的决议》明确表示："看来，共产主义在我国的实现，已经不是什么遥远将来的事情了，我们应该积极地运用人民公社的形式，摸索出一条过渡到共产主义的具体途径。"[1]那么，在当时人们的心目中，共产主义社会是什么样子的呢？

一、嵖岈山的"全面规划"

在1958年的人民公社化运动中，河南遂平的嵖岈山卫星集体农庄（即后来的卫星人民公社）可谓大出风头，不但在《人民日报》发出了两颗著名的小麦高产"卫星"，而且在河南率先开展并大社，一时在省内外产生了巨大影响。1958年6月26日，卫星集体农庄出台了一份《1958年到1962年全面规划（草案）》，该《规划（草案）》的主要内容有：

---

[1] 中共中央文献研究室编：《建国以来重要文献选编》第11册，中央文献出版社1995年版，第450页。

（一）大力提高粮食、油料、棉花、烟叶和其他经济作物的单位面积产量。其具体要求是：粮食1958年平均亩产达到8000斤，1962年4万斤；棉花1958年平均亩产达到300斤，1962年1000斤；烟叶1958年平均亩产达到500斤，1962年3000斤；麻类1958年平均亩产达到500斤，1962年5000斤；蔬菜1958年平均亩产5万斤，1962年15万斤；芝麻1958年平均亩产达到300斤，1962年1000斤；甘蔗1958年平均亩产达到2万斤，1962年4万斤，达到每人平均80斤糖。

（二）大力兴修农田水利，做好水土保持。《规划（草案）》对此提出的口号是："全体社员一条心，风云听令水服人；沟河节节筑成坝，遍地修成水库群；500公厘（按：即降雨量）不成灾，一年无雨保丰收；旱田变成自流化，幸福生活乐无穷。"

（三）大力发展地方工业。在未来5年，以发展机械制造和修配、钢铁冶炼、化学肥料、煤炭、电力和农副业加工工业为主，计划1958年的工业产值超过农业产值40%，1962年超过农业产值80%。其中，机械工业要做到小修不出队，大修不出社，1960年前试制成功并生产小型拖拉机20台，锅拖机200部，煤气机200部；钢铁工业1958年开采铁矿5座，产铁50万吨、钢10万吨，1962年发展到16座钢铁厂，年产铁180万吨、钢40万吨；化肥工业1958年兴建化肥厂1座，年产3万吨，1962年扩建为2个厂，年产10万吨；1958年开采煤矿1座，年产10万吨，1962年提高到60万吨。此外，《规划（草案）》还对电力、纺织、建筑材料、食品、被服、药材、造纸、陶瓷等工业一一订出了发展目标。

（四）交通运输业。到1962年，卫星公社的公路将全部修成柏油路，到时大队有电车，小队有1至4辆大卡车，各户有自行车和收音机。那时的情景将是："社会主义多华丽，高楼排房平地起，到处安装电话网，户户都有收音机，兴建石子柏油路，汽车电车驰如飞，四通八达多方便，生产运输不费力。"

（五）大力发展家畜家禽和山区多种经济。到1962年，卫星公社将有羊93000只，鸡280万只（每人60只），鸭38万只，兔47万只，蜂5万群，鱼2亿尾，果树300万棵，年产水果10亿斤，用材林3亿棵，油茶产油3万斤，药材50万斤，蚕2千筐。

（六）文化教育：1958年达到每个青壮年具备初中文化程度，能看书报写信，队队建立图书馆、俱乐部、报刊发行网和老年幸福院；1960年前社员全部达到高中文化水平，队队有10至20个大学生；各小队建立俱乐部，大队建立文化宫，全社有6个电影队，2个电影院，6个养老院，6个跳舞厅；户户有1至3个弹簧床，2至5个沙发椅；队队都建立露天电影院，每个社员每月看5次电影；1962年社员普遍提高到相当于大学文化水平。

（七）除"四害"讲卫生：1958年消灭狼、虎、野猪和臭虫，基本控制乙型脑炎、流行感冒、黑热病、痢疾、百日咳、白喉、肺结核、霍乱和麻疹，并消灭全部甲状腺病，达到队队有卫生室、保健站、医疗组，社员全部实现公费医疗。1960年建立6个疗养院，达到村村有浴池，每人每月可洗5次澡。

此外，该《规划（草案）》还包括大力积肥增加施肥量、扩大高产作物、改良土壤、推广新式农具、消灭农作物病虫害、大力繁殖和推广优良品种、普及科学技术、绿化、商业、加强兵役工作、保护妇女和儿童、巩固无产阶级专政、加强对干部的学习领导、加强对社员的政治思想工作、改变领导方法等方面

的内容。总之,到1962年,卫星公社将是:

"坚决执行总路线,乘光驾电赶苏联;全面实现电气化,工厂林立像鞍山。牛羊成群猪满圈,绿林遮日不见天;苹果结的赛西瓜,棉花桃儿像鸭蛋;鲤鱼长的比船大,粮食收的堆成山;年年喜庆大丰收,米面鱼肉顿顿餐。房子全部换新里,户户住在楼上边;街道修成柏油路,五彩电灯两边安;澡场戏院电影院,人民公园养老院;青年男女入大学,各个学的红又专。祖国建设需人才,人人都是技术员;儿童送进托儿所,妇女产期住医院;吃饭都是食堂化,苹果罐头作另餐;出门坐着小卧车,夜宿沙发去安眠;休息时有俱乐部,假期逛逛嵖岈山;大干苦干三年整,幸福生活乐无边。"

按照这个规划,卫星公社到1962年已不是共产主义而胜似共产主义了。

1958年10月1日,中共遂平卫星公社委员会(1958年9月,遂平将全县各个公社合并为1个公社,将遂平县改为遂平卫星公社,实行一县一社,这时的卫星公社委员会相当于原来的遂平县委)又制定了《遂平卫星人民公社发展国民经济第二个五年规划》,这实际上是一个在1962年实现共产主义的规划。其中提出,到1962年,全公社(即全县)的工业产值将达到48亿元,工业产值将占工农业总产值的80%,实现高度工业化和高度电气化。到时,卫星公社的交通将极其发达,将有通往嵖岈山的轻便铁路1条,全县实现石子公路化,开辟遂平至汝南的航线50公里,全遂平将是公路如网,水陆贯通,达到河内通汽轮,两岸通汽车,队队有汽车,户户有自行车,社员上工外出一般不再步行。社员的文化程度也将有极大提高,年满18岁的社员一律提高到中等文化程度,现有中等文化程度者提高到大学文化程度,并设立工、农、林、医、艺、师、水产等学院。人均粮食占有量将达到 22000 斤以上,皮棉 100 斤,食油 1600 斤,肉类 1000 斤,糖 600 斤,水果 1500 斤,牛奶 350 磅,蔬菜 4200 斤,鱼 1000 斤,海味 5 斤,鸡蛋 1000 个,社员生活达到丰衣足食。总之,到 1962 年,"广大社员生活水平正式过渡到伟大的共产主义社会"。

据时任嵖岈山管理区党委书记陈丙寅回忆,1958 年 10 月,到遂平进行调查研究的陈伯达,还曾设想在嵖岈山搞共产主义新村的试验。随后,陈伯达与遂平县人民银行行长共同设计了一种代替货币的交换券。这种交换券没有面值,只起证明作用,社员拿交换券可以在共产主义新村进行物物交换,他们又制订了几个小册子,确定了进行内部交换的标准。由于物资紧缺,没几天的工夫,供销社的物品就被交换一空。[1] 不久,中共中央通知陈伯达去郑州参加中央工作会议(即第一次郑州会议),共产主义新村的试验也就不了了之。

二、徐水的试点

河北徐水县在"大跃进"和人民公社化运动中,曾是一颗耀眼的新星,还曾是中央领导确定的向共产主义过渡的试点单位。

1958 年 8 月 4 日,也就是毛泽东视察徐水的当天夜里,中共

---

[1] 中共河南省委党史研究室编:《河南人民公社化运动》,河南人民出版社 2005 年版,第 278—279 页。

徐水县委就召开全县大型电话会议，乡乡社社都宣誓保证这年粮食亩产超过2000斤，各个战线都要有无数"卫星"发射上天。

8月5日，中共徐水县委召开"徐水县共产主义思想文化跃进大会"，县委第一书记张国忠在会上作了《向共产主义进军》的讲话。张国忠说：今天是共产主义思想文化跃进大会，这是我们县要向共产主义迈进很重要的会议，这就是要使我们思想、文化教育全面提高，向共产主义进军。要建设共产主义，就要有共产主义思想。我们党领导群众多年，就是为建设共产主义，使人民进入生活、劳动幸福的乐园。

张国忠还说：现在高级社改公社，就是共产主义的基层组织。把人民的生活、政治、经济、文化、教育都包括在内。那么，什么是共产主义呢？张国忠说：大车、牲口全要公有，粮食很多，有新房，有胶皮（大车）、机器，哪个是个人的？存款还算自己的。这就叫共产。越共越好，一共就富了。私产是贫苦受罪，粮食不能高产。显然，这位县委领导人把共产主义同"共产"等同起来了。

根据一位中央领导同志的指示，中共中央农村工作部副部长陈正人于8月6日来到徐水，指导徐水进行共产主义试点，并给徐水带来了马克思的《哥达纲领批判》和康有为的《大同书》。8月8日，陈正人在徐水召开座谈会，参加会议的有中共河北省委秘书长尹哲、副省长胡开明、保定地委书记李悦农，以及徐水县委领导、南梨园乡党委书记和大寺各庄、北邵庄、双营、六里铺等四个社的支部书记。会上，徐水县委领导及南梨园乡党委书记詹登科、大寺各庄农业社主任李江生，向陈正人汇报了前一阶段的工作。随后，陈正人就进行共产主义试点的问题讲了话。

陈正人说：第二个五年计划，社会主义差不多了，第三个五年计划，就向共产主义过渡了。过去没有到跃进得这么快，今年钢产量可以搞到1200万吨，炼钢设备可以搞到2000万吨，明年钢产量达到3000万吨，超过英国；这样逼得我们想问题了，就要搞共产主义过渡的试点，搞共产主义，搞工、农、兵、学、商结成一体，在农村、机关、学校都搞。

为何要选择在徐水搞试点呢？陈正人解释说：在徐水搞试点是合适的，因为徐水工作跃进很快，搞了军事化，大大解放了劳动力，在水利建设上有创造性，一年来群众运动中也有了很多锻炼，农业上有了很大基础，交通很方便，虽然有些缺点，如资源不太丰富，但也可以改变和克服，并不是太难的事情，这些中央可以帮助，省、地委更要帮助，当然主要还是靠自己。

座谈中，陈正人还要求徐水的干部看几本书，如《共产党宣言》《哥达纲领批判》《政治经济学》的分配与生产部分、马恩列斯毛有关社会主义和共产主义的文章选集。他还提到了康有为的《大同书》，并说康有为的书只能当小说读，糟粕很多。[1]据参加这次座谈会的著名作家康濯回忆："陈正人来徐水带来了一些书，其中有康有为的《大同书》。当时他问我：'你是文化人，《大同书》看过没有？'我说：'看过。'他说：'《大同书》有原始共产主义思想，可以看一看。'"[2]

既然中共中央将徐水作为向共产主义过渡的试点地区，河北

---

[1]《中共中央农村工作部陈正人副部长在徐水县、乡、社干部座谈会上提出的一些指示》，1958年8月6日。
[2]康濯：《谈谈徐水共产主义试点的情况》，《河北党史资料》第15辑，第338页。

省委自然要积极配合。8月12日,省委召开书记处会议专门讨论徐水的共产主义试点问题,并决定成立规划小组,请中央派人参加。规划的总要求是使徐水的发展速度比其他地方快两三年,以便取得经验,向全国推广。

为了搞好向共产主义过渡的全面规划,中央有关部门、河北省委、保定地委和徐水县委组织了有100多人参加的规划班子,其中仅中共中央农村工作部、国家计委等就有70多人,另有河北省委派来的10余人。这个班子对徐水未来5年的工农商学兵、政治、经济、文化、人民生活、建筑等全面进行了规划。1958年8月22日,这份题为《关于加速社会主义建设向共产主义迈进的规划草案》的文件编制出来了;8月26日,《徐水报》予以全文刊登。

《规划草案》分为"基本情况""工农业生产和经济文化生活规划""关于并乡并社及组织机构问题"三大部分。

关于农业生产,《规划草案》提出:到1962年,总播种面积160万亩(县扩大以后的面积,此时徐水邻近的容城、安新两县撤销并入徐水县),1959年粮食播种90万亩,平均亩产3000斤,总产27亿斤。其中小麦80万亩,亩产1500斤,总产12亿斤;甘薯30万亩,亩产折粮5000斤;棉花30万亩,亩产皮棉500斤;花生8万亩,亩产1000斤;芝麻2万亩,亩产150斤;蔬菜10万亩(包括白菜5万亩),平均亩产5万斤;糖类3万亩,平均亩产1万斤;瓜果烟麻5万亩;其他造林、饲草等占地10万亩。到1962年,缩小播种面积,优种化,争高产,亩产粮食1万斤,每人平均4000斤。发展多种经济,有计划地推行轮休制。1959年木材林发展到80万亩,1962年发展到100万亩。1959年果树种植达到200万棵,1962年达到390万棵。1959年骡马发展到3

万匹，驴4万头，牛25万头（包括奶牛、菜牛），羊20万只（包括奶羊），猪160万口，鸡250万只，兔160万只，蜂2500窝，蚕2000张，鱼6000万尾。1962年骡马达到8万匹，牛50万头，羊50万只，猪350万口，鸡500万只，兔250万只，蜂8000窝，蚕2万张，鱼2.5亿尾。根据这个发展规划，到1959年，徐水平均每人将占有粮食4000斤，棉花227斤，油料125斤，肉类200斤。到1962年，平均每人占有粮食4000斤，棉花330斤，食油133斤，猪肉400斤，蛋品800个，糖266斤。除外调外，人民生活完全达到丰衣足食的程度。

关于工业生产：新建12座县营企业，所有县营的工厂，一般都办红专学校，都种试验田和菜园，适龄青年都编入民兵；兴建多种社营工厂，所有社营工厂的工人，都逐渐实行轮换办法，两年一换，亦工亦农。这些厂子建成投入生产后，加上上级的支援，就可以加速装备农业，1958年冬实现排灌机械化，1959年春实现电气化，1959年实现耕作机械化。这样，人民的劳动时间和劳动强度就可以大大减轻，主要劳动都被机器代替，工作时间减为8小时，人民的生活资料就可以得到充分的供应。

关于交通运输业：全县建轻便铁路60公里；建设水泥路面公路100公里，高级路面都通无轨电车；建设碎石公路1000公里，使所有的社都与县干线贯通，所有社的居民点、卫星村都用普通公路联结起来；全面消灭铁轮车，社社有汽车，队队有胶轮车，户户有自行车，人们下地下厂劳动一般不再步行；修建飞机场，买飞机3架，解决大面积捕蝗除虫问题；从刘家台水库经瀑河水库直通白洋淀，节节建闸，开展航运；村村建立邮政代办所，村村都有电话机。

关于文教卫生事业：扩建综合大学1所，设立农学院、工学院、医学院、师范学院和艺术学院；建立科学研究院；建立综合医院1所；建立文工团1个，文化宫1所，图书馆1所；建立体育馆1所；设立人民出版社，出版县报1种，建有线广播电台1所。在7—10年内普及大学教育，从这年算起所有30岁以下的人都达到专科以上文化程度，人人是专家。那时，旧的分工形式要改变，体力劳动和脑力劳动的本质差别将消失。

关于城乡规划和居住条件：县城人口，一般达到5万—7万人，最多不过10万人，另外把容城、固城、大王店发展为3万人以上的小城市，既是社的所在地，又是县城的卫星城；社址所在地一般为2万人左右，每个社建立4个居民点，每个居民点人口为5000人左右，普遍改善居住条件，建设楼房，每4户1幢；县城和社址，都有自来水，村村都有洗澡堂。

为了加快向共产主义过渡，徐水除了将实行供给制作为向共产主义过渡的内容外，还宣布在全县范围内实行全民所有制，并将集体所有制商业、公私合营商业改为国营商业，同时实行全县统收统支，统一供给标准，统一核算。为了扫除人们的私有观念，社员住房也被宣布公有，并随意加以拆毁而另盖居民楼，社员私养的家畜家禽和宅旁林木也归了公。为了消灭工农差别和体脑劳动的差别，不顾现实条件硬办起了39个县办工厂和1348个社办工厂，建立了11所所谓的大学和84所红专学校。

然而，徐水当年的生产力水平很低，人民群众的温饱问题才刚刚解决，根本不具备实现共产主义的条件。所谓的全面供给制基本上没有兑现，徐水《关于加速社会主义建设向共产主义迈进的规划草案》出台不到两个月，连吃饭都成了问题，所谓共产主义试点也就只得草草收场。

三、寿张的共产主义标准

1958年8月27日,《人民日报》发表了一篇题为《人有多大胆,地有多大产》的文章,介绍了山东寿张县"放卫星"的情况。文章一开头就说:"这次寿张之行,是思想再一次的大解放。今年寿张的粮食单位产量,县委的口号是'确保双千斤,力争三千斤'。但实际在搞全县范围的亩产万斤粮的高额丰产运动。一亩地要产五万斤、十万斤以至几十万斤红薯,一亩地要产一、两万斤玉米、谷子,这样高的指标,当地干部和群众,讲起来像很平常,一点也不神秘。一般的社也是八千斤、七千斤,提五千斤指标的已经很少。至于亩产一、两千斤,根本没人提了。这里给人的印象首先是气魄大。"于是,寿张以"人有多大胆,地有多大产"而闻名全国。其实,当年寿张的"气魄大",不但表现在敢于"放卫星",而且还曾制定了一个两年实现共产主义的规划,计划率先进入共产主义呢。

寿张的"大胆"是从"大跃进"后开始的。1957年12月底,中共寿张县委制定了1958年至1967年农业发展规划,提出1958年要达到亩产400斤,也就是只用一年的时间实现中共中央、国务院确定的黄河以北1968年粮食亩产400斤的指标。而该县的台前农业社更是提出,1958年将实现亩产800斤。此后,随着"大跃进"的逐步升温,寿张也不断提出许多不切实际的口号,如"苦干一年,实现千斤县","苦战五昼夜,实现五洁(室内洁、院内洁、厨房洁、厕所洁、街道洁)四无(无苍蝇、无蚊子、无老鼠、无麻雀)"、"苦干五十天,全部水利化"等。

中共八大二次会议后,寿张的"大跃进"更是进入紧锣密鼓阶段,浮夸风也开始盛行。这时已是夏收时间,台前农业社率先放出了亩产小麦3175斤的"卫星",创下山东全省小麦最高纪录,顿时闻名于齐鲁大地。从此之后,寿张的"卫星"越放越多且越放越大。8月下旬,城关乡北台农业社放出一颗谷子大"卫星"——亩产干谷子10546斤15两(当年1斤为16两)。接着,城关人民公社台前耕作区(即原来的台前农业社),放出亩产玉米20125斤和亩产谷子21787斤的大"卫星"。

1958年9月,寿张宣布:全县几万亩早秋谷子和玉米,平均亩产都超过了5000斤。其中玉米11064亩,平均亩产5814斤,谷子52345亩,平均亩产6028斤。进入10月,寿张又宣布:全县50万亩粮食作物预计总产量能达25亿多斤,平均亩产5000斤,比去年亩产290斤增产16倍多,成为全国第一个平均亩产超过5000斤的县。由于寿张大胆"放卫星",名气越来越大,成为山东著名的"大跃进"典型,并被树为山东省建设社会主义总路线"红专标兵",中共山东省委还多次在寿张召开现场会,总结推广其经验。

这年8月9日,毛泽东视察山东历城县北园乡,明确提出"还是办人民公社好"。消息见报后,各地都在酝酿成立人民公社。作为"大跃进"典型的寿张当然不能落后。8月23日,寿张召开建立人民公社万人动员大会,当天晚上,全县第一个人民公社——城关人民公社宣布成立。4天后,全县实现人民公社化,原有的129个农业社被合并为8个公社。不久,又将8个公社合并为1个公社,命名为寿张人民公社。

10月上旬，寿张县委召开扩大会议，认为在粮食问题已经解决的情况下，完全有能力在三四年里把寿张建设成为一个像样的共产主义社会。接着，该县委又根据山东省委的要求，提出到1960年即可建成共产主义。10月25日，寿张人民公社制定了相应的规划，题名为《高举红旗，乘胜前进，加快步伐，到1960年建设成共产主义社会的建设规划（草案）》。

《建设规划（草案）》提出：随着工农业生产的全面跃进，已为尽快加速社会主义建设，过渡到共产主义奠定了物质基础和思想基础；随着公社的建立，社会主义大协作已经巩固；全民实现了组织军事化，生活集体化，生产战斗化；工农商学兵已经结合为一体；全民所有制已在农村占据绝对优势；主要生活资料——粮食问题已经完全解决。为此寿张县提出，大干猛干2年，过渡到美满幸福的共产主义社会。

《建设规划（草案）》制定了实现共产主义的标准：一是实现工业化，工业产值应占总产值的70%至80%，能生产中小型机器；二是实现农业机械化，主要笨重的农活70%使用机械操作；三是实现电气化、沼气化，照明、做饭全用电；四是35岁以下的男女社员，都能达到或超过高小文化程度，力争7—10年内提高到大学文化程度；五是改善居住条件，全体社员都迁居新村，大部分住上二层楼；六是托儿所、幼儿园、幸福院、食堂、校舍、剧场、电影院、洗澡塘、花园等设施应有尽有；七是实现"各取所需"的分配制度，社员享受丰衣足食的生活。

《建设规划（草案）》共分为20个具体指标，即：

（一）半年建立工业网，2年实现工业化。1958年要建立中小型工厂1万余个，1959年将其扩建为1000余个大中型工厂，到 1960 年工业产值达到 70 亿元，占公社总产值的 70% 以上。

（二）大办钢铁工业，扩大钢铁基础。1958 年生产钢铁 6500 吨，1959 年生产 3 万吨，1960 年生产 40 万吨，实现人均产钢铁 1.25 吨。

（三）大搞机械工业，保证实现机械化。1959 年将公社现有的农具修配厂扩建为通用机械厂、机械制造厂、滚珠轴承厂各 1 座。1959 年生产 15 马力锅驼机 400 台，柴油机 300 台，运输汽车 100 辆，拖拉机 300 台，机床 500 台，基本上满足运输排灌机械化的需要。1960 年在此基础上继续扩大，基本实现农业机械化。

（四）实现电气化。1958 年修建水力发电站 20 处，发电 2000 万千瓦，火力发电站 1 处，发电 2500 万千瓦，并实现村村有沼气站，力争做饭、点灯全用电。

（五）大力发展农业生产，提高单位面积产量。计划 1959 年种植粮食作物 42 万亩，亩产 2 万斤，争取 3 万斤，总产 84 亿斤，每人平均占有粮食 27000 斤。花生 8 万亩，亩产 1 万斤；棉花 8 万亩，亩产皮棉 1300 斤；黄烟 2 万亩，亩产 5000 斤；黄麻 2 万亩，亩产 5000 斤；糖菜 2 万亩，亩产 8 万斤。1960 年实行土地"三三制"，即 1/3 种植农作物，1/3 植树绿化，1/3 休闲。

（六）发展畜牧业。到 1960 年将达到 1 万头牛，150 万头猪（人均 5 头），600 万只家禽（人均 20 只），1 万头奶牛，2 万只奶羊，60 万只兔。

（七）发展水产业。1959 年计划养鱼 5 亿尾，1960 年达到 10 亿尾，保证每人每天半斤鱼。

（八）大力发展林木果园，实现园林化。到 1960 年造林植果 20 万亩，到时将是："公路河网绿成荫，修楼盖房有材林；到处都有花果树，寿张变成一片新。"

（九）发展化学工业。到1960年，建化肥厂1座，年产350万吨，每亩平均1万斤；酒精厂10座，年产2万4千吨；酒厂100处，年产3千万斤，人均94斤；橡胶厂1座，年产40万斤；细菌肥料厂1处，年产3000吨。

（十）发展食品工业，满足人民需要。到1960年，生产食油2700万斤，人均90斤；产糖3600万斤，人均180斤；淀粉1.26亿斤，人均400斤。

（十一）建筑器材工业。到1960年将年产砖4亿块，水泥6000万斤，石灰1亿斤，建玻璃厂1座。

（十二）发展纺织业。1959年建纺织厂1座，年产布3万匹，再加上国家的供应，满足人民穿衣的需要；同时队队设立服装、鞋帽加工厂，达到本社自产自给。

（十三）发展交通运输业。1959年达到社队公路标准化，队队都能通汽车；实现水利河网化；修建120公里的轻便铁路；在县城北面修建一处飞机场。

（十四）发展教育事业。全社16岁至35岁的男女青壮年，1959年基本达到高小文化程度，争取7至10年内达到大学文化程度；1960年培养出各类专家3万人；普及中小学教育。

（十五）发展福利事业。到1960年，普遍在新村建立设施完备的幼儿园、托儿所；所有的新村普遍修建新的幸福院，使老年人都能过上幸福的晚年；新村普遍修建澡堂、理发室，社员能够经常免费洗澡、理发。

（十六）改善居住条件。全体社员1960年全部迁居新居，大部分住上二层楼。

（十七）丰富人民文化生活。到1960年，每3000人将有1座文化宫，另建立大型图书馆130个，小型图书馆1000个，平均每个图书馆有图书1万册；每个新村都有不同种类的剧团4个，大型展览馆1至2个，有大型公园1座，电影院2至3个；每个新村有1座广播站，每20人有1个广播喇叭，每10人有1台收音机；将县报四开二日刊改为对开日报，发行到6万份以上；创办理论刊物和文化刊物各1个，建立出版社，年出版书籍百万册。

（十八）发展卫星事业。1960年，每个新村都有1家综合性医院。随着全民军事化的实现，广泛开展体育活动，逐步消灭各种危害人民身体健康的疾病。

（十九）普及科学技术。公社建立普及科学委员会，层层设研究小组，到1960年将培养一支由1万名专家组成的科学研究队伍，以定期组织科学座谈会、广播会、放映会等方式传授科学技术。

（二十）全民丰衣足食化。到1960年，全体社员将享受丰衣足食的共产主义生活。届时，衣：每人全年100尺布，有单、有夹、有棉，人人有绒衣，并逐步达到有毛衣、皮衣；食：每人全年麦粮500斤，粗粮100斤，肉类180斤，鸡蛋320个，食油45斤，水果300斤，糖40斤；住：所有社员迁到新村，大部分住上二层楼，居住环境绿化、香化，门窗玻璃化、家具齐全化、室内照明电气化，假期放假制度化；行：全社到处公路化，社员出远门坐汽车，到田间生产骑自行车；娱乐：看戏、看电影免费，人人都有定期休假疗养的时间。

这个"乌托邦"式的规划刚刚制定出来，寿张人面对的却是如何吃饱肚子的问题。这一年寿张的实际亩产量只有312斤，却虚报为 5000 斤。既然寿张农业获得了如此大的丰收，国家在实行粮食征购时，就给寿张下达了 1.1534 亿斤的征购任务，按说这个数字不到寿张自称的年总产量 25 亿斤的一个零头，但那 25 亿斤是吹牛皮吹出来的，实际产量只有 4.2525 亿斤，在完成国家征购任务后，全县人均口粮只有 283 斤。因而到了 1958 年底，寿张就出现了浮肿病和人口非正常死亡现象，并有大量人口外流。这份 2 年实现共产主义的规划也就成为一份历史笑料。

四、范县的"新乐园"

在 1958 年的共产主义试点中，山东的范县（今属河南）也颇有名气。在这年 11 月的武昌会议上，毛泽东看了该县 3 年过渡到共产主义规划报告的摘要后，写了一段批语："此件很有意思，是一首诗，似乎也是可行的。时间似太促，只三年。也不要紧，三年完不成，顺延可也。"[1]

范县过去本不怎么知名，在"大跃进"运动之初也没有显示多少特别之处。这年 8 月前，各地农业生产已争相"放卫星"，范县在这方面还是没有多少动静。当时，与范县相邻的寿张县已大放"卫星"。这年 6 月 22 日，寿张县台前农业社放出小麦亩产 3175 斤的"卫星"，号称创下了山东小麦的高产纪录。寿张县委还宣布：1958 年夏季小麦获得了大丰收，出现了亩产 300 斤、500 斤、800 斤的大面积丰产田和亩产 1000 斤、1500 斤、2000

---

[1] 中共中央文献研究室编：《毛泽东年谱（1949—1976）》第三卷，中央文献出版社 2013 年版，第 494 页。

斤的高额丰产田，并作出即将放射15000亩地瓜、玉米、谷子、大豆"卫星"的决定，寿张顿时成了山东全省"大跃进"的明星县。

寿张出名后，引起了中央领导人的关注。这年7月中旬，刘少奇前往山东视察。7月15日，刘在济南同寿张县委负责人及该县部分乡社干部进行了座谈，了解有关情况。7月17日，他又驱车前往寿张，参观了台前农业社的高额丰产田。在这期间，刘少奇曾要求山东5年建成社会主义。

既然中央领导同志提出了明确要求，中共山东省委自然不敢怠慢。为了贯彻刘少奇的指示，山东省委立即在寿张召开各地（市）、县委书记参加的现场会。范县县委第一书记谢惠玉和县长李普光参加了会议。

这是一次"插红旗、拔白旗"的会议。会上，各县自报夏收小麦的产量。这年范县的小麦亩产是96斤，与往常相比是一个不错的年份，谢惠玉就如实地报了这个数量。可是，邻近的寿张报出的产量却是每亩260斤，差不多是范县的3倍。范县与寿张地理位置、自然条件都大致相同，可报出的产量却远远低于寿张。这样一来，受到了主持会议的一位省委领导的点名批评，认为范县是"右倾保守"，挡了5年建成社会主义之道。在这全面"大跃进"的年月，谁也怕被指责为"右倾"，这时，坐在台下的范县负责人十分紧张，赶紧检讨。接着，他们又和在家的县委常委通电话，要县委立即组织人员来寿张参观。

当时，能否"跃进"的一个重要标志，就是敢不敢"放卫星"。范县自从被省委领导批评为右倾后，也只得大着胆子搞浮夸。这次会议不久，范县向外界宣布：登封农业社的5亩试验田，亩产小麦2013斤，全县小麦总产量比1957年增长了62%。这个头一开，范县的"卫星"就越放越大，小麦亩产量一直放到了亩产5067斤，只比寿张少了9斤，而全县谷子平均亩产则达到5000斤。这下范县的牛皮也吹响了，不但上了省委机关报《大众日报》，而且《人民日报》还多次报道其发射"卫星"的情况。

这年8月13日，新华社报道了毛泽东视察山东农村的情况，其中特地提到毛泽东表示"还是办人民公社好"，于是全国农村迅速掀起了大办人民公社的热潮。8月26日，范县第一个人民公社在龙王庄乡成立。几天时间，全县就实现了公社化。9月14日，又将全县的10个公社合并为1个大社，即范县人民公社，范县县委也就成了公社党委，县人民委员会变成公社管理委员会。

10月中旬，华北和东北九省市在西安召开秋季农业协作会议，讨论当前办好、巩固农村人民公社的主要问题和1959年农业生产如何实现更大跃进。分管农业工作的中央政治局委员谭震林在会议的总结报告中说，1958年全国粮食产量8000亿斤是肯定的，1万亿斤是可能的。参加会议的一位山东省委领导汇报说，全省粮食预计可达800亿斤，寿张、范县平均亩产5000斤以上。谭震林当即表示，寿张、范县不仅是山东的旗帜，也是全国的旗帜，没有搞好的地方，都应到那里开现场会。这样一来，范县的牛皮不但吹响了，也吹大了。

在这之前，河北徐水县搞起了向共产主义过渡的试点，并吸引了许多地方派代表去参观，山东省委也派人去徐水取经，并要到了徐水《关于加速社会主义建设向共产主义迈进的规划草案》。接着，山东省委农村工作部在济南召开会议，中心议题是如何加速建成社会主义,实现共产主义。范县县委派办公室副主任岳喜建参加了会议。因为刘少奇曾要求山东5年建成社会主义,山东省委考虑到聊城地区是全省"大跃进"的典型,认为该地区建成社会主义的时间要更早一点,于是便确定聊城建成社会主义的时间为3年;而寿张、范县又是聊城地区的典型,那么建成社会主义的时间就要更早一些,乃提出这两个县2年建成社会主义,并要求两县制订具体的规划。

岳喜建从济南回来后,向范县县委汇报了会议的情况。县委对此很重视,要求县委农村工作部负责规划的起草。农村工作部秘书张先举是县里有名的笔杆子,写过许多大材料,于是就成了起草规划的当然人选。县委又从县委农工部抽调几个人,山东省委农工部也派办公室主任协助规划的起草。

所谓建成社会主义,其实就是实现共产主义。可是,共产主义是什么样子?以什么作为实现的标准?参加规划起草的人谁也不知道。正在他们犯难的时候,一本描写苏联集体农庄的书启发了他们,这本书中有集体农庄的各项经济指标和农庄庄员的生活指标。据张先举回忆:起草人员"就按照写苏联集体农庄的这本书算账。如鸡蛋吧,建成社会主义过渡到共产主义,一人一天能吃多少鸡蛋,需养多少只鸡;再如,猪肉、鱼,需要多少头猪,多少尾鱼。粮食、机械等都是这样算的账,是瞎编的。记得每一段文字后面都还编了一段顺口溜"[1]。范县2年过渡到共产主义的

---

[1] 岳鸿胤:《范县两年过渡到共产主义规划产生前后一些情况的调访录》,载中共河南省委党史研究室编:《回忆·思考·研究》,河南人民出版社2003年版,第439页。

规划报告就这样产生了。

10月28日,范县召开共产主义建设积极分子万人大会。会上,县委第一书记谢惠玉作了题为《高举毛泽东思想红旗,乘风前进,为加速建成社会主义并到1960年过渡到共产主义而奋斗》的报告,正式向全县公布了2年过渡到共产主义规划的内容:

(一)工业。报告提出,1年实现地方工业网,2年实现工业化、电气化。规划包括:钢铁工业,土洋结合,内外结合;集中力量大搞机械工业;电气化,1958年建立水电站8处,1960年建成黄河水利工程大型发电站1处,除供给工业用电外,农村、城镇全部达到电气化、电灯化,并开始研究和利用原子能;大搞化学工业;大力发展生活用品工业;大力发展建筑工业。完成这些规划后,范县将是:各种工厂遍地起,处处烟囱如林立,工厂机器轰轰响,大小机器自己使,生产操作按电钮,难分劳动和休息。能产钢铁能产布,能造化肥发电机,拖拉机汽车也会造,生产用品样样齐,果品罐头范县酒,何时需要何时有。电灯电话收音机,使用起来真便利,这样的日子何时到,苦干二年拿到手里。

(二)农业生产万斤化。报告提出:1960年粮食作物种植15万亩,保证亩产2万斤,争取3万斤,总产39亿斤;棉花种植15万亩,保证亩产籽棉1.5万斤,争取2.5万斤,总产22.5亿斤;花生种植15万亩,保证亩产5万斤,争取8万斤,总产75亿斤;甜菜种植5万亩,保证亩产3万斤,争取5万斤,总产15亿斤。这年水利要实现河网化;1959年全部土地田园化,灌溉自流化、标准化;1960年达到灌溉电气化、自流化。到那时,田间耕作用机器,灌溉自流用电力;粮食亩产好几万,堆大敢与泰山比;

棉絮开放似雪野，花生多得不用提；丰收一年顶百季，人人喜得了不得。

（三）共产主义的乐园建设规划。（1）根据全公社工农业生产布局和有利于生产、美化环境的原则，把全县993个自然村在3年内合并为25个合乎共产主义的新乐园。每个新乐园内设有：妇产院、剧院、影院、幼儿园、养老院、疗养院、休假院、公园、托儿所、卫生所、图书馆、展览馆、文化馆、理发馆、青年食堂、养老院食堂、大礼堂、会议厅、餐厅、跳舞厅、浴池、养鱼池、供应站、广播站、体育场、发电厂、自来水供应厂、畜牧场等，达到八院、二所、四馆、三厅、两池、三站、四场。（2）根据共产主义新乐园的规划，范县将筑成"经三、纬五"8条宽达30公尺的大马路，贯穿全公社25个新乐园。田间也修成笔杆条直四通八达的12公尺宽的管理区道，除当中铺成马路外，两旁培植果树和花草。总之要实现：新乐园真正强，四面八方是楼房，有大学有工厂，公园街上百花香，柏油马路明又亮，汽车穿梭排成行，有电影有戏院，劳动以后去听唱，冬天室内有暖气，夏天开开电扇乘乘凉，生活真是大变样，万年幸福乐无疆。

（四）文教、科学、卫生、福利。（1）文教。1959年普及小学教育，凡是适龄儿童全部入学。2年建成大学4至6处，师范学院1处，中学80至100处，普及中学教育。（2）科学。1959年建公社气象总站1处，分站10处，正规红专大学11处，科学院1处，分院10处，农业大学1处，党校、团校、医校各1处。各院、部、站和学校，均购买一套比较完整的工农业科学研究仪器，并应有自己的工农业试验田。（3）卫生。1958

年除实行公费医疗外，1959年扩建10个床位的医院、妇产院各25处，百个床位的公社医院、妇产院各1处，门诊部100个；1960年除已建立的院、部进行扩建外，再兴建公社疗养院4处。（4）福利。在1958年已建戏院、图书馆、澡堂22处的基础上，1959年扩建戏院、澡堂、电影院、体育场、公园、图书馆、俱乐部各25处。（5）邮电。1959年把生产队、食堂、工厂等单位均安上电话，户户有喇叭；1960年生产大队建总机，托儿所、妇产院、医院、图书馆等单位均安上电话。真正达到各种生产用机器，劳动学习娱乐"三八制"；出门坐上电汽车，到处花香真喷鼻；室内室外公路电灯化，有事摇摇电话机，定时广播有喇叭；饭前饭后开开收音机，北京上海好戏随便听听它。

（五）丰衣足食。到1960年基本实行"各尽所能，各取所需"的共产主义分配制度。到那时，"人人进入新乐园，吃喝穿用不要钱；鸡鸭鱼肉味道鲜，顿顿可吃四大盘；天天可以吃水果，各样衣服穿不完；人人都说天堂好，天堂不如新乐园"。

1958年11月初，中共山东省委在济南召开宣教工作会议，中共中央宣传部副部长张子意参加了会议，并将范县的这个规划带回了北京，刊登在中宣部11月4日编印的《宣教动态》第134期上。

仅过了两天，毛泽东就看到了《宣教动态》上的这个规划，并批示印发给即将召开的八届六中全会与会人员，还提议陈伯达、张春桥、李友九等人去范县看看。这时，毛泽东已开始对"大跃进"和人民公社化运动中的"左"倾错误进行局部纠正，所以对范县的规划并不欣赏。他在此间召开的郑州会议上的讲话中说："现在有一种偏向，好像共产主义越快越好。实现共产主义是要有步骤的。山东范县提出两年实现共产主义,要派人去调查一下。现在有些人总是想在三五年内搞成共产主义。"[1]不久,陈伯达等人到了范县了解情况,并对范县一些过"左"的做法作了批评。范县也因大放"卫星",号称粮食获得大丰收,结果实行高征购,甚至将群众的口粮都征购走了,到1959年春,不要说实现共产主义,就是吃饭都成了大问题,山东省给其紧急调拨了500万斤粮食才勉强渡过了1959年的夏荒,至于那份两年实现共产主义的规划,就只能收进档案馆了。

此外,其他一些地方也制定了类似的规划。如山东莒县制定了"大战二百天向共产主义过渡"的规划,河南修武县制定了"三年丰衣足食、五年内建成社会主义并向共产主义过渡"的规划,等等。其内容与徐水、寿张、范县的规划大同小异,结局则完全相同。

五、"究竟什么是共产主义"

1958年6月7日,广东省委第一书记陶铸和省检查团在博罗县鸡麻地乡的小山上,和十几个乡、社干部谈生产,谈生活。谈话中,陶铸问:"你们看,共产主义生活是个什么样子?"这时,农业社主任李辉迟疑片刻后回答说:"第一,社员都住营房那样的房子;第……"李辉的话未完,省里来的干部就忍不住笑起来了。此时,陶铸说:"别笑,让他说下去,第二呢?"李辉接着说:"第二,社员都吃个饭后果。"李辉列举了其他几条,如户户

---

[1]《毛泽东文集》第七卷,人民出版社1999年版,第436页。

点电灯,人人上中学,每亩产粮1500斤,等等。[1]

甘肃省礼县盐官公社中川生产队在公社化后,曾召开了一次有8户社员参加的座谈会。在谈及实现共产主义的问题时,一个社员说:"现在好了,不愁吃不愁穿,我看如今就是共产主义了。"另一个青年社员说:"有一双球鞋、两套衬衣就是共产主义。"参加座谈的8人中有6人认为已经达到了共产主义。还有些社员认为共产主义就是平均主义,他们说:"共产主义的第一个目的,就是为了平均。平均了,就成全民所有制了。"有社员说:"公社是全民所有制,有啥大家用,家里所有的财产除碗筷被子外,凡能变成钱的都是私有尾巴,都应归社。"更有社员说:"钱也是私有尾巴,有钱能置家具,置下家具就成了私有尾巴。"[2]

1958年11月,江苏省宝应县召开四级干部大会,县委主要负责人在报告中说:"所谓'公',就是彻底消灭私有制尾巴,实行组织军事化、行动战斗化、生活集体化。""全县吃饭不要钱,马上穿衣、住房子、坐车子都不要钱。每人发一点钞票调剂调剂,会抽烟的人抽抽烟,不会抽烟的买点糖吃吃,有些人不会抽烟又不喜欢吃糖,买些东西玩玩。""衣、食、住、行都不花钱,以后逐步扩大到一个人从小到大到老一直不花钱。""现在还有些人在钱上想点子,共产主义就不要钱,因为有钱就有剥削,共产主义就靠劳动生活。"[3]

1958年12月,中共河南省第一届代表大会召开第三次会

---

[1] 杜导正:《新的追求——东江、韩江旅行散记》,《人民日报》1958年8月8日。
[2] 王菁华:《大抓思想是整社的关键》,《甘肃日报》1959年1月5日。
[3] 周彪:《"宝应事件"研究》,《广西师范大学学报(哲学社会科学版)》2004年第2期。

议,在讨论建成社会主义和实现共产主义的标准时,一位县委书记说:"按照中央建成社会主义社会的标准,不需要很长时间,三五年就可以了,住房问题可以解决,明年可以实现电气化,全县年产钢的数量,按人口计算推算全国,明年全国可产钢1亿多吨。"有的代表说:"公社化了食堂化了,托儿所成立了,就是共产主义。"也有代表认为:"苦战三年基本改变了我国面貌以后,就到了共产主义","有肉吃、有面粉吃、有新棉衣穿等就是共产主义"。还有代表提出:"一个县一个人民公社能不能先过渡到共产主义,按照革命的不平衡性,应该有些地区先进入共产主义社会。"[1]

在1958年9月西安市的一次干部会议上,一位从北京来的高级干部曾对共产主义社会作了这样的描述:

要组织一个强大的队伍,广泛地宣传什么是共产主义。究竟什么是共产主义,就是我刚才讲的。

第一,吃要吃得很好,不是光吃饱。每顿都有荤,或者吃鸡子,或者吃猪肉,或者吃鱼,或者吃鸡蛋。山珍海味是比较困难的,可是一年吃两次,国庆节、五一节吃吃山珍海味是必要的,也是可能的。要吃的花样更多而不是更少,中国人吃是有本领的,在全世界是数第一位,我们吃的花样相当多,到了共产主义花样要更多。就是说不是像现在这样只是吃馍。一顿吃一斤,将来一顿吃两片馍就够了,主要吃肉食、吃青菜。就是吃的方面,吃要吃得饱、吃得好、吃的花样很多,适合于每一个人。

---

[1] 中共河南省委党史研究室编:《河南人民公社化运动》,河南人民出版社2005年版,第168页。

第二，穿也是应有尽有，各种花色，各种式样，都有，不是乌鸦一片黑，也不是一片蓝。现在是艰苦阶段，叫作苦战，慢慢就向这方面发展。将来普通的布是用来做工作服，工作之外，其余的时间都是绫罗绸缎，都是毛料呢绒。当然每一个人都有一件狐皮大衣恐怕办不到，因为没有那么多狐狸。因此就要发展狐狸，人民公社都要饲养狐狸，狐狸养得越多，才有狐皮大衣。也要养水獭、老虎，没有老虎不行，不养老虎就没有虎皮。……总会有这么一天，每个人可以得到一件狐皮大衣，这就看我们养的狐狸多少来决定。这是走向共产主义的穿，生产规划要把这些东西规划进去。

第三，住要跟现代城市比。谁最现代化？就是人民公社。是不是一步就建设起来了？那当然要考虑，开始阶段暖气不容易解决，因此都搞成三层楼房，不能烧炕又没有暖气就把人冻坏了。可是到第三个五年计划，或者到第四个五年计划，这个问题就可以解决。人民公社通通是高楼大厦，通通是现代设备，而且每一个居住的地方就是一座花园，居住的条件、居住的环境要现代化，要比现代化的城市还好。

第四，对于交通，除了赛跑，凡是要走路的都有工具。不赛跑也行，光坐汽车、火车，那两条腿也成问题了，腿越来越小，身子越来越大。所以每天要跑步，每个人要赛跑，要开展体育运动，不开展体育运动将来人会发展成个什么东西？腿可能像个灯草那样细，那怎样成哩！但是除了赛跑以外，要到什么地方去就有汽车、火车、飞机、轮船。

第五，每个人都受到高等教育，要普及教育。……将来要出现几万个常香玉，几万个梅兰芳。每个人都是作家，都能够写文章，都能够写剧本，都能够写大的马列主义著作，都能够搞科学研究。每个人都是体育健将，我们把全世界的体育冠军通通拿回来……

共产主义大体就是这样几条：吃、穿、住、行加文化娱乐、科学研究、体育，这些总起来叫共产主义。这些看起来在我们国家是很快，不是遥遥无期，不仅在座的同志，你们大多数都是中年人，都可以看到，我们这些老年人也是可以看得到的，我们这些五十多岁的人，再过十五年，第二个五年计划，第三个五年计划，第四个五年计划，不过是七十多岁，七十岁大概可能吧！或许还要超过，大跃进嘛！

上面这些话，大致也反映了那个时代大多数人对于共产主义的理解。

人民公社建立之初的供给制

1958年夏秋间一哄而上建立的农村人民公社，对我国农村的政治、经济以及社会生活各个方面都产生了深远影响。各地人民公社建立之初，普遍实行的是工资制加供给制的分配制度。所谓供给制，通俗的说法是"吃饭不要钱"。这种"吃饭不要钱"的供给制，不但超越了我国农村生产力水平的承受能力，而且严重挫伤了广大农民的积极性。

一、"吃饭不要钱，就是共产主义"

人民公社建立之初，在分配上普遍实行的是工资制加供给制的制度。人民公社之所以在分配制度上不再使用农业合作社时期的评工记分按工分分配制度，而大力推行供给制，与毛泽东、刘少奇等领导人的大力倡导密不可分。

在决定在农村普遍建立人民公社的北戴河会议上，毛泽东多次以赞赏的语气讲到供给制问题。在1958年8月19日的讲话中，当谈及人民公社问题时，毛泽东说：关于人民公社，我的意见就叫人民公社，这仍然是社会主义性质的，不过分强调共产主义。人民公社一曰大，二曰公。人多，地大，生产规模大，各种事业大，政社是合一的，搞公共食堂，自留地取消，鸡、鸭、屋前屋后的小树还是自己的,这些到将来也不存在了。粮食多了,可以搞供给制,还是按劳付酬,工资按各尽所能发给个人,不交给家长,青年、妇女都高兴,这对个性解放有很大好处。我们现在搞社会主义,也有共产主义的萌芽。学校、工厂、街道都可以搞人民公社。[1]

1958年8月21日,毛泽东在会上说:"人们在劳动中的相互关系,是生产关系中的重要部分。搞生产关系,不搞相互关系,是不可能的。所有制改变以后,人们的平等关系,不会自然出现的。中国如果不解决人与人的关系,要大跃进是不可能的。在所有制解决以后,资产阶级的法权制度还存在,如等级制度,领导与群众的关系问题。整风以来,资产阶级的法权制度差不多破坏完了,领导干部不靠威风,不靠官架子,而是靠为人民服务、为人民谋福利,靠说服。要考虑取消薪水制,恢复供给制的问题。过去搞军队,没有薪水,没有星期天,没有八小时工作制,上下一致,官兵一致,军民打成一片,成千上万的人调动起来,这种共产主义精神很好。不搞点帮助别人,不搞点共产主义,有什么意思呢?取消薪水制,一条有饭吃,不死人;一条身体健壮。"他还说:"进城后,有人说我们有'农村作风'、'游击习气',把我们的一些好的东西抛掉了,农村作风吃不开了,城市要求正规化,衙门大了,离人民远了。要打成一片,要说服,不要压服,多年如此,这些怎么都成了问题呢?原因在于脱离群众,在于特殊化。我们从来就讲上下一致,官兵一致,军民一

---

[1]中共中央文献研究室编:《毛泽东年谱(1949—1976)》第3卷,中央文献出版社2013年版,第414—415页。

致，拥政爱民，拥军优属，但进城以后变了。经过整风，群众说八路军又回来了，可见曾经离开过。过去我们成百万的人，在阶级斗争中，锻炼成为群众拥护的共产主义战士。二十二年的战争都打胜了，为什么建设共产主义不行了呢？是不是由干部带头恢复供给制？我们已经相当地破坏了资产阶级的法权制度，但还不彻底，要继续搞。不要马上提倡废除工资制度，但是将来要取消。我们的同志一年搞一个月劳动，与人民打成一片，对自己的精神状态会有很大影响。这一回要恢复红军、八路军、解放军的传统，恢复马克思主义的传统，要把资产阶级思想作风那一套化掉。"[1]

1958年8月30日，毛泽东又对供给制、工资制的问题发表了许多看法。他说："人民公社的特点是两个，一为大，二为公。我看是叫大公社。人多，地多，综合经营，工农商学兵，农林牧副渔，这些就是大。大，这个东西可了不起，人多势众，办不到的事情就可以办到。公，就比合作社更要社会主义，把资本主义的残余，比如自留地、自养牲口，都可以逐步取消，有些已经在取消了。办公共食堂、托儿所、缝纫组，全体劳动妇女可以得到解放。农业是个工厂，实行工资制度。工资是发给每一个人的，而过去合作社是发给一个户，一个家长。青年人和妇女非常欢迎现在这个工资制度。人民公社的公的特点比较合作社大为提高。这是最近一个很短的时间之内出现的一个新问题。看起来，只要一传播，把章程、道理一讲，发展可能是很快的。今

---

[1] 中共中央文献研究室编：《毛泽东年谱（1949—1976）》第3卷，中央文献出版社2013年版，第417、418页。

年一个秋、一个冬,明年一个春,可能就差不多了。当然要实行工资制度,粮食供给制,无论谁人,都有饭吃。吃饭不要钱,还要有个过程,明年还要苦战一年,也许有些要苦战三年。"又说:"搞共产主义,第一个条件是产品要多,第二个条件是精神要好,就是要共产主义的精神。一有命令,自觉地做工作,懒汉甚少,或者没有懒汉。实行薪水制以来的缺点就是衣分三色、食分五等,坐椅子都要有等级的,办公桌是有等级的。这样一来,脱离群众"。[1]

毛泽东的这些讲话表明,他对进城以来,尤其是实行薪金制以来干部作风的变化是不满意的,认为薪金制、军衔制这些东西,等级分明,使得干部脱离群众,出现官僚主义。对于过去战争年代的军事共产主义,却是相当地留恋,认为正是靠军事共产主义,靠政治觉悟,才取得了革命的胜利。在试办人民公社的过程中,一些地方搞供给制,实行吃饭不要钱,引起了他对战争年代供给制的美好回忆。既然供给制能打败日本鬼子,能打败蒋介石,那么为什么在向自然界开战时,就不能同样取得胜利?所以,他对供给制、吃饭不要钱不但十分感兴趣,而且希望在全国实行。

北戴河会议通过的《中共中央关于在农村建立人民公社问题的决议》中,虽然仍规定"人民公社建成之后,也不必忙于改变原有的分配制度,以免对生产发生不利的影响",同时表示,在条件成熟的地方可以改行工资制,在条件不成熟的地方,仍旧实行按劳动日计酬的制度,在条件成熟后再加以改变;但是,其倾

---

[1] 中共中央文献研究室编:《毛泽东年谱(1949—1976)》第3卷,中央文献出版社2013年版,第425、426页。

向性是十分明显的,即提倡和鼓励实行供给制和工资制,只是要看条件。可是,当年不论干什么都鼓吹打破条件论,甚至提出"不怕做不到,就怕想不到",北戴河会议后,各地便不论条件成熟与否,争先恐后地推广起供给制来。

北戴河会议后,毛泽东出巡大江南北。1958年9月16日至20日,毛泽东来到安徽。9月16日,毛泽东来到舒城县视察舒茶人民公社,得知这个公社办公共食堂后,已经实行了吃饭不要钱时,毛泽东说:"吃饭不要钱,既然一个社能办到,其他有条件的社也能办到。既然吃饭不要钱,将来穿衣服也就可以不要钱了。"在合肥期间,与妇女干部谈话时,毛泽东又说:"如果每年每人没有一千斤、两千斤粮食,没有公共食堂,没有幸福院、托儿所,没有扫除文盲,没有进小学、中学、大学,妇女还不可能彻底解放。"他还说:人民公社实行工资制、供给制,工资发给每个人,而不发给家长,妇女、青年一定很高兴,这样就破除了家长制,破坏了资产阶级法权思想。9月29日,《安徽日报》对毛泽东视察安徽的情况作了报道。几天后,《人民日报》转发了这篇报道。自此,"吃饭不要钱"在全国成为家喻户晓的一句口号。

与此同时,刘少奇就供给制问题也发表了不少谈话。1958年9月10日,刘少奇离京前往河北的徐水、定县、石家庄、邯郸等地视察。这期间,在谈及供给制时,针对徐水的什么都不要钱,刘少奇说:实物工资和供给制还是有区别的,供给制不算钱也不给钱,给实物算钱就是工资形式。搞供给制,也不要搞许多项目,开始先搞粮食,项目少些,逐步来,一项一项增加。粮食供给制为什么可以搞呢?就是吃不完。

9月下旬,刘少奇来到江苏视察。当地领导告诉他,江苏省不少人民公社准备在这年秋收后实行粮食供给制。刘少奇对此很关心。在访问常熟县和平人民公社时,他问乡党委书记:"秋后实行粮食供给制,群众拥护不拥护?"乡党委书记回答说:"大家一听说吃饭不要钱,都高兴得跳起来了,有个老头说,过去担心受苦一辈子,怕吃不饱肚子,这下子可好了。"中共苏州地委第一书记储江也在汇报时说:"群众都非常赞成实行粮食供给制,他们说:'一个心思丢下了,一个心思又来了。'丢下的是几千年愁吃愁穿的苦心思,又来的心思是怎样把生产搞得更好,不然就对不起共产党。"听到群众这样的反映,作为党的领导人,自然是很高兴的。刘少奇认为,苏州农民的这两句话说明,实行供给制不但不会出懒人,而且群众的情绪更高了,生产更积极了,这是人民共产主义觉悟提高的表现。他对陪同视察的当地干部说:"全体人民都养成了这样的劳动习惯和劳动态度,个别的懒人就会完全孤立,会被大家看成很没有道德的人,大家都瞧不起他,他也就势必会改造过来,参加集体的劳动。只有彻底地实现共产主义,才能彻底地消灭懒汉。"[1]

一些高级干部也撰文充分肯定供给制。一位国务院副总理在参观人民公社后,发表文章说:"北戴河会议的时候,有的同志提出'吃饭不要钱',现在看来,全面实行这个办法并不困难。我想,其他生活必需品也是这样,哪一种产品丰富了,哪一种就实行供给制的办法,按需分配和定量供给的部分逐步扩大,按劳取酬的部分逐步缩小,这样,一步一步地向共产主义过渡。"[2]中

---

[1]《少奇同志视察江苏城乡》,《人民日报》1958年9月30日。
[2]李先念:《人民公社所见》,《人民日报》1958年10月7日。

央政治局委员、中央书记处书记谭震林也专门发表文章对人民公社的供给制进行论述,认为工资制和供给制相结合的分配制度中,"供给部分则是带有按需分配的共产主义因素的","这种分配制度,是适合我国当前生产力的发展的,是广大社员的迫切要求。它既照顾了劳动力多的户,又照顾了劳动力少人口多的户,并使所有社员都得到了可靠的社会保险"。"这种分配制度不仅在目前的经济条件下是一个优良的分配制度,就是在将来社会经济有了一个极大的发展,也还是一个优良的分配制度,不同的只是供给的范围会逐步扩大,供给标准会逐步提高。"[1]

1958年在全国一哄而起的人民公社化过程中,河南有两个人民公社典型,一为遂平县嵖岈山卫星人民公社,一为新乡县七里营人民公社。这两个公社曾在全国产生了广泛影响,可以说,全国各地的人民公社都是按照其模式依样画瓢建立起来的。在两个人民公社样板的章程中,都对供给制做了明确规定。

《嵖岈山卫星人民公社试行简章(草案)》第十五条规定:"在粮食生产高度发展、全体社员一致同意的条件下,实行粮食供给制。全体社员,不论家中劳动力多少,都可以按照国家规定的粮食供应标准,按家庭人口得到免费的粮食供应。实行粮食供给制,必须使家中劳动力较多的社员,仍然比过去增加收入。"[2]

《七里营人民公社章程(草案)》第二十二条关于供给制的内容是:"在保证满足公社全体人员基本生活需要的基础上,实行按

---

[1] 谭震林:《谈人民公社的供给制》,《人民日报》1958年12月30日。
[2] 中共中央文献研究室编:《建国以来重要文献选编》第11册,中央文献出版社1995年版,第394页。

劳分配的定级工资制。即从全年总收入中首先扣除税金、生产费用、公共积累，然后再由公社统一核定标准，扣除全社人员基本生活费用（包括吃饭、穿衣、住房、生育、教育、医疗、婚丧等一切开支），实行按劳评级，按级定工资加奖励的分配办法。"[1]

当时，主要报刊都刊登了嵖岈山卫星人民公社和七里营人民公社的章程，在全国产生很大的示范作用。1958年国庆节前，全国基本上实现了人民公社化。在分配制度上，工资制和供给制逐渐成为人民公社分配的主要方式。据各省、市、区向中央农村工作部的汇报，河南、广西等几个省，计划1958年或1959年1月普遍推行工资制和粮食供给制。其他各地也都在重点试点，准备推广。很多公社一建立，就不再分现粮，实行以人定量，把粮食统一拨给食堂，给社员发就餐证，实行吃饭不要钱。少数公社已实行衣、食、住、行、生、老、病、死、学、育、婚、乐都由公社包干供给。群众反映是一有盼头（共产主义），五不操心（吃、穿、零花、孩子、工分），因此，"更加鼓舞了人们的干劲，增强了人们的集体主义思想，促进了生产力的发展"[2]。

二、"可贵的共产主义幼芽"

根据当时报刊上的介绍，在人民公社建立前，有的农业社在分配上就已搞起了供给制，安徽无为县响山农业合作社就是一例。

---

[1] 黄道霞等主编：《建国以来农业合作化史料汇编》，中共党史出版社1992年版，第487页。

[2] 黄道霞等主编：《建国以来农业合作化史料汇编》，中共党史出版社1992年版，第504页。

响山农业社成立于 1955 年。1956 年春，国家投资整修长江沿岸的无为大堤，社里一部分社员在堤上做工，共得劳动报酬 11660 元。当时，这个社刚刚办起，底子薄，社员生活还有不少困难。这时，社主任、复员军人陈广复提议，把社员在堤上做工的劳动报酬折成劳动日，在秋后一起分红，从这笔钱中拿出一部分购买一些生产资料，另一部分交给社里统一购买粮食和一些生活必需品，按照实际需要进行分配。这个意见却遭到了领导社员在堤上做工的党支部书记李平的反对。李平认为这是社员的劳动所得，理应全部分给个人。至于社内资金缺乏，生产和生活上有困难，可以向国家贷款。

对于这笔钱如何处理，响山社先后召开了党支部会和社员大会，就此进行讨论，结果陈广复的意见被采纳，李平的意见被否决。几年后，《安徽日报》在报道这件事时说："在辩论中，大家一致批判了李平的主张，认为李平的主张反映了富裕中农的资本主义思想。社员们指出，社员在堤上的做工和社内参加生产一样，所得的收入，应该参加社的集体分配，放在自己的腰包是不符合社章规定的。"[1] 不久，李平的党支部书记被撤销，供给制开始在响山社实行。

响山社实行供给制的办法是：社员的劳动收入，统一存放在社内，由社供给社员主要生活资料，需钱用时经社批准可以领取，最后结算。社员应分的粮食不是一次分到户，而是统一存在社内，以后逐月按国家粮食定量标准发放；生活必需品由各户根据实际需要报告生产队，以生产队为单位统一报社领导批准后，

---

[1]《响山实行供给制》，《安徽日报》1958 年 10 月 9 日。

到社内的供销社领取。这些生活必需品包括柴、盐、食油、毛巾、肥皂、猪肉、香烟。过年过节，社员除了向社里领取现金外，社里还发给过节消费品。遇到生老病死和婚丧嫁娶，有存款的社员可以根据自己的需要，向社里领取实物或现金，属超支户的社员，经社领导批准后社里也可贷给实物或者现金。社员生病，可以到社内建立的卫生所医疗。上述这些内容，社员不要付现金，都在秋后决算分配时一次算账。

到了人民公社全面推行供给制时，响山社这一自发的供给制典型被发现，并为推行供给制提供了佐证。于是，响山社的经验被广为宣传，中共安徽省委还为其总结出了三大好处：第一，这种分配制度减少了商品的流通环节，缩小了货币流通范围，社员的主要生活资料都由社供给，而不是从市场上购买，社员的收入统一由社掌握，使用要通过一定的审查批准，这就"突破了个人的所有权，可以由社调节使用"，"这些都可以进一步堵死资本主义自发势力的道路，有利于向未来的共产主义社会过渡"。第二，这个分配制度增加了社的流动资金，促进了生产发展，"群众生活也大为改善"。第三，"大大促进了社员的共产主义思想的成长，加速了生产资料私有制残余的消灭"。总而言之，响山社的供给制是"可贵的共产主义幼芽"。[1]

山西大仁县马连庄农业生产合作社在公社化前也曾实行过供给制。这个社不管社员劳动多少，生产资料报酬多少，每人都分给300斤粮食，全社卖余粮款6740元，全部扣在社里未分，社员私有的生产资料的报酬7993元和生产投资16082元都未归还。

---

[1]《可贵的共产主义幼芽》，《安徽日报》1958年10月9日。

统购时国家给余粮户多留的 20% 的机动粮 53300 斤也被扣留在社里。这样做了之后，就用所谓供给制的办法解决社员的生活问题。社员没有菜吃，社里就派大车从外村买回萝卜，先按各户人数分了之后，余下的谁愿要多少就给多少。社员没烧柴，就派车拉回煤炭来，按户数灶，每个灶分给 100 斤。社员结婚，规定由社里借给现金 50 到 70 元、黍子 200 斤。连妇女买顶针、针线，小学生买纸、墨、笔、砚花的钱，也都到社里临时借支。这个社因吃起了名副其实的"大锅饭"，社员谁也不积极劳动。[1]

到了人民公社化时期，这种"共产主义幼芽"立即破土而出，成为基本的分配制度。人民公社成立之初推行的供给制，有三种类型：第一种是粮食供给制，这是各地普遍推行的方式，其办法是在公社预定分配给社员个人的消费基金中，口粮部分按国家规定的留粮指标，统一拨给公共食堂，社员无代价地到公共食堂用饭，菜金和副食品部分仍由社员出钱负担。嵖岈山卫星人民公社实行的就是这种供给制。如果将副食品也包括在供给的范围之内，就变成了第二种类型，即伙食供给制。第三种类型是基本生活供给制，供给的范围包括伙食、衣服、住房等基本生活需要，供给多少种时称多少"包"，如供给的内容包括七种，就简称"七包"，当然也有"八包""十包"或者十几包的。在名目繁多的各种"包"中，有几个地方的"包"格外有名。

河南新乡县七里营人民公社曾搞了衣、食、住、行、生、老、病、死、学、育、婚、乐、理、浴、缝、电等"十六包"

---

[1] 马石纪：《农业生产合作社分配收益时必须反对平均主义》，《人民日报》1955 年 6 月 17 日。

供给制,具体标准是:

衣:按国家供应棉布标准,每人每年供应棉布2.1尺,皮棉2斤,鞋4双,折款18.7元,分别于春秋两季发给社员,由其自己掌握使用。

食:根据国家规定的社员留粮标准,实行以人定量,油盐、燃料等杂费由公社供给,每人每年生活标准为139元,这些钱粮由公社分给各食堂,由食堂负责供应。

住:社员住房全归公社所有,对无房或缺房户由公社调剂,公社负责改善住房条件。

行:干部和社员因公出差,乘车住宿费凭票报销,每天补助生活费0.8元。到县里开会每天补助生活费0.3元,外出运输每天补助1元。

生:妇女生孩子入住公社妇产院,费用由公社负担,并补助鸡蛋20个,红糖1斤,或折补助费3.1元。

老:无依无靠的老人入住幸福院,生活费每人每年100元。

病:实行公费医疗,每人每年医疗费2元,由公社卫生院掌握。

死:社员死后由公社供应一副薄棺材殓葬。

学:对学龄儿童及社员文体教育,在校学生的费用由公社开支,社办学校教员的工资由公社负责,公杂费实行包干,每人每年2元。

育:学龄前儿童分别送往幼儿园和托儿所,幼儿园单独建立食堂,儿童生活费由公社负责,每人每月5元。

婚:社员结婚男女双方各补助10元,公社食堂给予其改善一次生活。

乐：公社建立电影院、剧院、图书馆、俱乐部、游泳池、公园，成立剧团、歌唱队、体育队，满足社员文化娱乐和健身的需要。

理：社员每年发免费理发票12张。

浴：社员每人每年发免费洗澡票20张。

缝：社员持票到公社缝纫厂做衣服，超支自理。

电：凡使用电灯的社员，电费由公社开支；未安装电灯者由公社发给灯油费，每人每年1.05元，凭票到公社商店领取。

七里营人民公社成立后，时任中共上海市委宣传部部长的张春桥到七里营参观后，发现这里搞的是吃饭不要钱，认为是个新发明，回去后就此向中共上海市委第一书记、市长柯庆施汇报。柯就把这个口号宣传出来。这样，人民公社的供给制（主要是粮食供给制）有了一个通俗而响亮的叫法："吃饭不要钱"。

河北徐水县则在全县范围实行基本生活供给制。其中，针对农民的供给内容有：

伙食：男女整半劳力、大中学生（这里的大学生是指红专大学的学生）每人每月5元，小学生每人每月4元，幸福院老人每人每月4元5角，幼儿园儿童每人每月3元5角，托儿所儿童每人每月3元。伙食费一律不发给本人，以食堂为单位掌握。伙食用粮发给食堂，以食堂为单位发给供应证，凭证到附近粮库领取，其他部分一律折款发给货币。为了便于掌握，各食堂可发给个人饭证。农民出门原数带走饭费，到另一食堂吃饭交费。

服装日用品：男女整半劳力，每人每年发给服装布24尺，棉花1斤，鞋3双，袜子2双，毛巾1条，肥皂2块，根据需要发给草帽1顶。大中小学生、幸福院老人、儿童都有相应的规定，连托儿所儿童每人每年也发给服装布 8 尺，袜子 3 双，毛巾 2 条，帽子 1 顶，香皂 1 块，小毛巾 1 条。

津贴：根据劳动态度、技术高低、劳动强度分为二等，一等每月 2 元，二等每月 1 元，一、二等各占 50% 左右。大中学生每人每月零用钱 5 角，小学生、幸福院老人、婴幼儿每人每月分别为 1 角、3 角、1 角，不发给个人，由集体掌握。

其他：农民的医疗费，由县财粮部发给各公社，由各公社统一掌握，农民看病在本公社有效，本公社不能治疗经医生证明转院，转院治疗一律付现款；结婚男女双方每人补助 1 元 5 角，生育补助 3 元；死亡丧葬适当发给丧葬费；看戏、看电影、洗澡不花钱，每 10 天发洗澡票 1 张，20 天发理发票 1 张，1 月发电影票 1 张；取暖以每年 105 天计算，每户每天煤 2 斤，折款一次发给各户。[1]

此外，河南修武县也是实行全县范围的供给制。根据修武县人民公社 1958 年 9 月份制定的《关于全民实行供给制和工资制的试行方案（草案）》，修武县供给部分和工资部分的具体标准是：

（1）伙食。农民：按实有人数不分大人小孩每人每月 3.86 元，菜地 0.1 亩；中等学校、红专大学学生：在县城集体搭伙者每人每月 7 元，在农村者与农民相同；工人：煤矿井下工和高温作业工每人每月 15 元，其他工人 13.5 元；干部：县级干部参加工作 8 年以上、区级干部参加工作 12 年以上、一般干部参加工作 15 年以上者，每人每月 18 元，其他干部 13.5 元。此外，县

---

[1]《中共徐水县委员会关于人民公社实行供给制的试行修正草案》，《徐水报》1958 年 10 月 17 日。

城居民和干部家属伙食费每人每月7元。

（2）被服、日用品。农民：不分大人小孩每人每年棉布18尺，棉花2斤，布鞋2双，袜子1双，以上各项折合市价12.24元，每月1.02元。工人、干部：每人每年棉布18尺，棉花3斤，鞋3双，袜子3双，帽子1顶，牙刷1把，牙膏2瓶，香皂2块，每人每月洗澡费0.5元，理发费0.25元，以上各项每人每月3.25元。

（3）工资。参加劳动的社员根据劳动态度、体力强弱，干部根据德、才与现任职务，统一划分为十级，干部为一至三级，最高者15元，最低者4元；工人为三至六级，最高者7元，最低者1.5元；农民六至十级，最高者2元，最低者0.2元。

（4）福利。公费医疗全体社员每人每年2元；结婚补助3元；生育补助一般女社员2元，双生4元，女干部8元，双生13元；社员死亡发埋葬费5元；家在外地的干部经领导批准者往返路费由公社报销。[1]

在"大跃进"和人民公社化运动中，徐水、修武、嵖岈山和七里营，都是全国知名的典型，是各地办人民公社的样板。它们率先实行供给制的经验被披露后，立即引起全国各地的人民公社群起仿效，只不过是有的公社"包"得多，有的公社"包"得少，但"包"得最少的，也实行粮食供给制，即"包"吃。

人民公社这种以"吃饭不要钱"为特征的供给制分配办法，是公共食堂得以迅速普及的根本前提，而公共食堂又成了供给制

---

[1] 中共河南省委农村工作部：《关于修武县人民公社实行供给制情况的报告》，1958年11月11日。

不可缺少的载体。在人民公社化运动前的"大跃进"中，一些地方就建立了农村公共食堂，实现人民公社化后，公共食堂迅速普及。公共食堂与供给制是公社化运动的核心内容，二者互为关联。没有供给制，公共食堂难以大量建立，建立了也不能持久；没有公共食堂，供给制就会失去依托。两者的紧密结合，才使全国性的人民公社的供给制和公共食堂顽强地维持了三年之久。

三、"粮食多了怎么办"

人民公社不但办起了公共食堂，而且亿万农民过上了"吃饭不要钱"的供给制生活。"吃饭不要钱"这种今天看来荒唐的口号，当时却被广为宣传并大力推行，究其原因，主要在于以下几点：

其一，对供给制的所谓"共产主义幼芽""共产主义因素"认识上的误区。

1958年"大跃进"中出现的群众的生产热情，以及由于头脑发热而导致的浮夸风，使相当多的人包括不少领导干部产生了一种错觉，以为中国的生产力已得到了空前的发展，中国用不着很久就会超过英、美这样的发达资本主义国家，共产主义就会在中国实现。当时之所以如此看好人民公社，在没有什么实验、试点的基础上，全国一呼隆实现了公社化，也是看中它与实现共产主义的关系。"共产主义是天堂，人民公社是金桥"，生动形象地反映了二者间的关系。

当时，不论党内、党外，也不论干部、群众，都存在急于实现共产主义的心理。要实现共产主义，一则需要丰富的物质条件，二则需要共产主义的思想觉悟。"大跃进"过程中盛行的说大话、浮夸风，使相当多的人认为，第一个条件已经不成问题。对于共产主义思想觉悟，则认为可以通过改变人们的生活习惯和分配方式来解决。办公共食堂，实现家务劳动社会化的用意之一，也在于此。而供给制的分配方式，实则是共产主义按需分配的一种体现。

对于共产主义到底是怎么一种社会境界，在这种社会里人们究竟如何生活，给人们的印象实际上是朦胧的。但有一点又是肯定的，经过多年的宣传教育，共产主义作为一种理想和追求，已在许多中国人的头脑中扎下了根。到了"大跃进"和人民公社化时期，通过各种形式的鼓动，人们对实现共产主义的愿望更加迫切。在此前，中国人的心目中，共产主义虽然美妙，但还是非常陌生，非常遥远。现在不同了，人们感到它已不再是虚无缥缈的空中楼阁，不再是可望而不可即的遥远未来，甚至认为自己都能目睹共产主义的来临，享受共产主义的美好生活。

马克思主义经典作家在对资本主义制度进行无情批判的时候，不但深刻地揭露了社会主义代替资本主义，人类最终实现共产主义的历史必然性，而且对未来的共产主义社会有过粗线条的描绘，其中之一便是曾经论述过共产主义实行各尽所能、按需分配的分配方式。马克思在《哥达纲领批判》中写道："在共产主义社会高级阶段，在迫使个人奴隶般地服从分工的情形已经消失，从而脑力劳动和体力劳动的对立也随之消失之后；在劳动已经不仅仅是谋生的手段，而且本身成了生活的第一需要之后；在随着个人的全面发展，他们的生产力也增长起来，而集体财富的一切源泉都充分涌流之后，——只有在那个时候，才能完全超出资产阶级权利的狭隘眼界,社会才能在自己的旗帜上写上:各尽所能,按需分配!"[1]

按劳分配与按需分配虽然只有一字之差,却是两种性质不同的分配制度,也代表两种不同的社会境界。既然人民公社是通向共产主义的金桥,那么,人们在人民公社的分配方式上也就自然想到要改变农业合作社原有的按劳分配,而逐渐过渡到按需分配。中共河北省委宣传部关于农村人民公社实行半供给制半工资制问题的宣传提纲中,针对供给制概括了十大好处,其中第一条是有利于巩固人民公社,巩固生活集体化,有利于最后消灭私有制度的残余;第三条是有利于培养人们集体劳动、共同幸福的共产主义、集体主义精神,培养人们为大公、爱大公,为集体、爱集体,我为人人、人人为我的高尚的共产主义道德品质。[2]当时人们还认为,随着生产力的发展,供给的数量愈来愈充裕,供给的范围愈来愈大,就可以逐步过渡到完全的各取所需。[3]如此一来,供给制就成了分配方面向共产主义社会过渡的理想形式。不但如此,实行供给制,"还打破了我们对于共产主义的某些神秘观点,使我们对共产主义社会的轮廓,由看得模糊,到看得比较清楚了"[4]。

与"发扬共产主义觉悟"相联系,供给制还起到割资本主义

---

[1]《马克思恩格斯选集》第3卷,人民出版社1995年版,第305—306页。

[2] 中共河北省委宣传部:《关于农村人民公社实行半供给制半工资制问题的宣传提纲》,《河北日报》1958年10月7日。

[3] 马家培等:《试论人民公社化运动中农村分配制度的变革》,《经济研究》1958年第10期。

[4] 佐牧:《试论人民公社中的共产主义萌芽》,《江海学刊》1958年第8期。

尾巴的作用。实行供给制，建立公共食堂后，粮食不再分给社员个人掌握，而是拨给食堂，社员到食堂就餐。这样一来，一方面社员手中已没有粮食，无粮可卖；另一方面，社员吃喝在食堂，没有必要去买粮食，农村的粮食市场不复存在，从而"彻底堵死了农村资本主义自发势力复辟的漏洞"[1]。一旦彻底消灭了粮食投机，也就"堵塞了农民走资本主义道路的可能性，进一步使农民树立起以社为家的集体主义思想"[2]。

其二，片面地认为供给制不但不会出懒汉，而且能使农民的积极性大增。

人民公社实行供给制的范围，一般以社为单位，个别地方以县为单位，如河南的修武县、河北的徐水县。当时农村的生产力水平很低，在分配上虽然划分为工资与供给两部分（所以人民公社的分配方式又称为半工资半供给制），但实际上大多数公社的工资比重都不很大。河南新乡地区共有294个人民公社，实行基本生活供给制的有185个，实行伙食供给制的有104个，实行粮食供给制的有5个。从实现公社化到1958年11月，全地区有152个社发了1次工资，34个社发了2次工资，19个社发了3次工资，总共发工资710万元，每人平均2元左右。[3]这还是公社化之初的情况。相当多的公社发了一两次工资后已无力再发。在人民公社的分配制度中，真正起作用的是供给制，这也是农民最为关心的问题。

---

[1] 汪凤元、吴惠群：《粮食供给制好不好？》，《七一》1958年第5期。
[2] 中国青年出版社编：《论人民公社》，中国青年出版社1958年版，第118页。
[3] 《中共新乡地委关于农村人民公社实行供给加津贴制的情况报告》，1958年11月22日。

不论哪种供给制，凡供给的物品都是不要钱，当然，"吃饭不要钱"是其主体，这种"不要钱"的表象背后，实际上是彻底的平均主义，或者说是挂着共产主义招牌的平均主义。表面上看来，实行供给制后，农民吃饭不要钱，实际上并非如此，农民所吃的并非是别人的给予，而是自己的劳动所得。只不过是在全公社范围内不管劳动好坏、多寡，搞平均主义。农民自然清楚这种所谓的"不要钱"是怎么回事。所以，尽管对供给制的"优越性"作了不遗余力的宣传，仍有部分社员对这种"共产主义萌芽"有所抵触。河北省藁城县红旗人民公社社员对供给制的态度，就有一定的代表性。

该公社自称，社员对待供给制的态度，分为几种情况：第一种是"绝大多数的贫农和下中农积极拥护"。具体是哪些人拥护？一是劳力少人口多的。该社城子村社员张洛藏，夫妇俩养7个孩子，妻子料理家务不能下地，4个应上学的小孩只有1个上小学，全家只有张洛藏1个劳力，听说要实行半供给制，他说："这回算熬出来了。"二是老头老太婆，尤其是无儿无女者。东下村的万洛友，老两口都过了工资评级年龄，听说要实行半供给制，高兴地说："俺老两口一辈子无儿无女，怎么想老了也得受罪，想不到现在实行半供给制，吃穿都不用惦记了。"三是年轻的媳妇和姑娘，她们感到工资发到自己手中，从此用不着张口向老人要钱。四是小学生，过去他们买书买文具、交学费都要向家长要钱，现在上学不花钱，自然高兴。第二种是"少数社员随大流，半信半疑"。这些人多半是人口和劳力大体相称，分配制度的改变对他们影响不大。第三种是"个别的有抵触情绪"，主要是劳力多人口少的社员。据该社对孟村三队84人的典型调查，积极拥护的58人，占69.5%；半信半疑随大流的21人，占25%；有抵触情绪的5人，占5.95%。[1]这些数据的真实性暂且不论，就算完全真实，也说明即使如此被看好的供给制，社员也并不是完全拥护的。要使这种制度普遍推广，办法就是开展所谓大辩论。

辩论之一，驳倒供给制吃亏论。实行供给制，对劳动力多的农民来说，吃亏是明显的。驳倒的理由是：搞社会主义，就是人人都有工作，人人都有饭吃，实行供给制就可以家家户户过好日子，不能光看眼前，只计较个人得失，现在劳动力多的，过几年也许会变得劳动力少；现在劳动力少的，过几年也许会变成劳动力多。没有孩子的老了由谁养？光棍汉还不是要娶媳妇添人口？现在孩子少的，将来会不会孩子多增人口？江苏省句容县黄梅人民公社大同大队在讨论实行供给制时，有人说：今年收入不如去年分红多，自己养活了别人，吃亏了。反驳者说：现在吃饭不要钱，还只是第一步，将来还要实行穿衣不要钱，住房不要钱，剃头、洗澡、看戏不要钱，等等。和那时比起来，现在的生活算得了什么。每个人都应该放远眼光，不能只计较个人利益。按照过去的分配办法，愁的愁，笑的笑，就不能共同富裕。不能共同富裕，一个人好一点，也不痛快。况且，劳力、人口等条件也会变化的，谁能保证没有三灾四病，劳力永远比别人强？各人都有老的时候，靠工分不如靠公社。[2]这实际上是用平均主义的互不

---

[1] 河北省藁城红旗人民公社：《结合半供给制，展开共产主义教育》，《农村工作通讯》1958年第15期。
[2] 赵力田：《看事实 讲道理 谈远景 鼓干劲——江苏句容黄梅人民公社大同大队开展共产主义教育的初步经验》，《人民日报》1958年11月19日。

吃亏论去说服农民，因而辩论也就可以轻而易举地得出了结论："实行半供给制，不是谁占便宜谁吃亏，而是人人都可以永远过着富裕的生活。"[1]

辩论之二，驳倒供给制出懒汉论。实行吃饭不要钱，会不会出懒汉？当年的回答是：否，不但不会出懒汉，还可以改造二流子。广东阳江县东风人民公社为此进行了一场大辩论，得出的结论是：第一，实行供给制后，人人要公社供给，人人就要为公社劳动，每个人的劳动已不光是为了自己，而是为了公社大家庭，所以群众的互相监督精神就会大大发扬起来，懒惰的人就难以躲过千百双眼睛；第二，因为公社实行了劳动组织军事化，生产行动战斗化，人人要遵守制度和纪律，否则给予批评，懒汉再也偷懒不了，就会逐渐变得勤快；第三，实行供给制后，生活得到解决，丢掉了沉重的家庭包袱，贫农和下中农就会更加积极劳动。[2]不但如此，供给制出懒汉这种观点，"过低估计了劳动人民在党的领导下特别是大跃进下愈来愈高的思想觉悟，广大劳动人民不会因为吃饱吃好，老幼生活有保障而不积极生产，相反会更加积极地劳动，集中精力提高生产，在人民内部要靠政治挂帅和共产主义教育，去提高人们的思想觉悟和道德品质，而不能只拿物质奖励去刺激人们的积极性"[3]。实行供给制，"由于群众共产主义觉悟的提高，集体观念的进一步加强，批评与自我批评更加广泛地开展，对懒汉的教育和监督更加严格"。因此，供给制

---

[1] 标崇强：《吃饭不要钱，干劲冲破天》，《思想解放》1958 年第 4 期。
[2] 黄科云、李沁沅：《驳倒各种"吃亏论" 顺利处理今年收益分配问题》，《人民日报》1958 年 11 月 19 日。
[3] 《论半供给制》，《东风》1958 年第 4 期。

不但不会出懒汉，而且还能改造懒汉。[1]

辩论之三，驳倒按劳取酬优越论。按劳分配本是社会主义的根本分配原则，也是社会主义制度优越性的重要表现，但是，在人民公社化运动后开展的破除资产阶级法权思想的讨论中，按劳分配原则也成了资产阶级法权，各地在开展"吃饭不要钱"的讨论时，对所谓"按劳分配优越论"也开展批判。1958年10月中旬，江苏常州地委召开各县农村工作部长会议，研究这年秋收后人民公社的分配问题。高淳、扬中两县提出应采取"按劳取酬加照顾"的办法，认为这样可以调动劳动力多、劳动力强的社员的生产积极性，减少劳力强弱的矛盾。结果，高淳、扬中两县的分配办法在会上受到批判。会议认为，"按劳取酬加照顾"的办法实质上是按劳取酬，不仅缺少共产主义成分，而且使社员斤斤计较，助长个人主义和本位主义。高淳、扬中两县农工部长也只得赶忙打电话回去，要县里赶快大搞粮食供给制，开展以分配为中心的共产主义教育运动。[2]

其三，在浮夸风的误导下，想当然地认为粮食问题已经解决。

人民公社化后大张旗鼓地宣传"吃饭不要钱"的供给制，还有一个重要的原因，就是为当年所谓的粮食"卫星"所迷惑，以致主观地认为粮食已经很充足，多得到了吃不完的地步。

"放卫星"是"大跃进"期间特有的一个名词术语。1957年，苏联成功发射了人造地球卫星，在世界上引起了很大的轰动。受

---

[1] 群力：《论人民公社的半供给半工资制》，《上游》1958年第5期。
[2]《批判"按劳取酬优越论"》，《新华日报》1958年10月21日。

苏联人造地球卫星的启发，不少地方把自己制造的所谓高产典型称为"放卫星"。

"大跃进"启动之初，工农业生产的各项指标定得都比较高，而随着"超英赶美"时间的一再缩短，各项指标也就不断提高。而且当年还搞所谓"两本账"，即规定两个指标，一个是必须完成的指标，称为第一本账，这是要对外公布的；另一个期成的指标，称为第二本账，是内部掌握的。中央有"两本账"，地方也搞"两本账"，且地方的第一本账以中央的第二本账为基数。由于层层都搞"两本账"，指标也就越提越高。当一些不切实际的高指标提出来后，曾引起部分干部和群众的抵制，结果这些人被指责为右倾保守思想作怪，扣上"观潮派"和"秋后算账派"的帽子，并对其展开辩论和斗争。这样一来，纵使明知那些高指标无法完成，但持有不同意见者也不敢讲话。高指标无法实现，就只好搞虚报浮夸。在这种气候下，浮夸风、"放卫星"进一步泛滥起来，并且愈演愈烈。

在放高产"卫星"的同时，还出现了许多豪言壮语，诸如"只要我们需要，要生产多少就可以生产出多少粮食来"，"人有多大胆，地有多大产"，"不怕做不到，就怕想不到"，这些今天看来荒唐可笑的话语，还堂而皇之地刊登在《人民日报》上。尽管当时人们对所谓的粮食亩产万斤未必相信，但相信这年全国粮食超正常"增产"的大有人在。1958年8月北戴河会议上，在一大堆的文件中，还有一份特殊的文件，即由化学工业部党组提供的《粮食多了怎么办？（参考资料）》。文件的第一段话就是："今年粮食大丰收，薯类已经显得过多，今年即使少种薯类，我们的粮食也是吃不完用不尽的，因此，利用多余的农副产品来发展化学工业在我国就具有现实意义和广阔的前途。"

1957年全国粮食产量为3700亿斤。1958年天公作美，风调雨顺，但粮食产量实际上也只比1957年略为增产，后来经过核实，全年粮食总产量为4000亿斤，比1957年增产300亿斤。然而北戴河会议时中共农业部党组报告说，1958年的粮食产量将超过8000亿斤，比1957年增产1倍以上。会议宣布我国粮食产量1958年将达到6000亿斤到7000亿斤，比上年增长60%到90%。这年10月中旬，华北和东北九省市在西安召开农业协作会议，据各省自报：陕西、北京比去年增产1倍以上，山西、河北增产1.5倍左右，河南、山东增产2倍以上；东北三省显得保守一些，只增产了42%。

既然粮食如此大丰收，已经达到了吃不完的地步，实行"吃饭不要钱"似乎也是情理之中的事了。这也是当时实行供给制的重要依据。中共苏州地委在总结江阴县马镇人民公社实行伙食供给制的经验时，列举了可以实行供给制的四条理由，其中一条就是有粮。怎么个有粮？答案在于："今年是大跃进的一年，粮食增产是肯定的，如果全社水稻达到估产数每亩3500斤，就比去年增加了好几倍。""按照全社每人每年食用650斤计算，可供全社社员吃几年。"[1]供给制就是建立在这样的牛皮大话之上的。

---

[1] 中共苏州地委农村工作部：《吃饭不用钱，人人心里甜——江阴县马镇人民公社实行粮食供给制的经验》，《群众》1958年第6期。

四、"放开肚皮吃饭"

人民公社运动后兴办的公共食堂,是与供给制捆绑在一起的,没有公共食堂这个载体,供给制就不能顺利推行,而不实行供给制,公共食堂也难以几乎没有什么阻力就迅速普及。既然粮食已经多得吃不了,那么,"放开肚皮吃饭"也就顺理成章了。当时人们还算了一笔账,一个人放开肚皮吃一年大约需要500斤的粮食,仅尚未收获的薯类和晚稻产量,全国人民每人平均可有550斤,仅此一项,全国人民放开肚皮吃,一年也吃不完。[1]

1958年国庆节前后,多少年来一直为吃喝发愁的中国农民,忽然间在公共食堂过上了一段不但吃饭不要钱,而且还可以"放开肚皮吃饭"的好日子。

安徽舒城县舒茶公社是较早实行"放开肚皮吃饭"的地方之一。该社的火箭大队的食堂在这年的秋收秋种期间,实行的是吃饭定量的办法,但有些肚量大的单身汉和大人多小孩少的户,反映有时吃不饱,经大队领导研究后,决定取消原来的定量办法,实行吃饭不定量,让社员放开肚皮吃饱。开始时,有些干部对这个办法感到踌躇不安,觉得放开肚皮吃饭好是好,但吃粮不受限制,会不会吃过头粮。这个大队的大队长是主张放开肚皮吃饭的,虽然他对吃饭不定量后是否会超过定量标准心中也没有底,但认为要让社员发挥干劲生产,就要让社员吃饱,粮食不够,可以多种萝卜、白菜和杂粮。于是,在实行吃饭不定量的前两天,

---

[1]《把丰收的果实全部拿到手》,《人民日报》1958年10月12日。

全大队突击种了 18 亩萝卜。

1958 年 9 月 18 日这天，火箭大队正式实行吃饭不定量的办法。全大队在食堂吃饭的共有 402 人，当时因有 28 人去铁厂做工，实际吃饭人数 374 人，其中男女劳力 227 人，小孩 117 人，老人 27 人，病人 3 人。按过去每人每天 1 斤零 5 钱的定量标准，本应吃大米 385 斤，大队长考虑到第一天敞开吃饭社员食量必定增加，特地关照食堂仍按 402 人做饭，比定量标准多加了 35 斤米。吃饭时，全食堂开了 50 桌。有的社员因吃饭不定量，怕人家说自己吃得多，吃得特快。一个社员还带来个大瓦盆，装得满满的，本来他只吃 4 碗饭，这顿却吃了 6 大碗。别人问他，为什么带这么大的碗，他说："这一顿尽吃，下一顿还尽吃吗？干一碗是一碗。"结果，这顿饭虽然比平时加了不少粮食，却被吃了个精光。

第二天，在食堂吃饭人数与头天一样，下的米也同样多，晚上结账，比过去定量标准又超过了 30 斤。一些小队干部心里开始发慌，担心这样吃下去，多少粮食也不够吃，但大队长并不这样认为，说社员吃饱了干劲大，明年就能够增产，吃饭不定量的办法一定要坚持。结果到了第三天，社员的饭量开始下降，第四天则节余了 20 斤大米。据称这个食堂实行吃饭不定量一个月下来，每人每天 1 斤米下锅，已足够吃，而且还有节余。[1]

江苏江阴县的马镇人民公社的"放开肚皮吃饭"，是在 1958 年的国庆节前开始的。马镇之所以搞"放开肚皮吃饭"，主要是"今年水稻获得大丰收。除去征购粮、种子粮和饲料粮以外，全

---

[1]《饭菜尽吃饱，干劲鼓得高》，《安徽日报》1958 年 11 月 29 日。

社按每人一年六百五十斤口粮计算,可吃一年零十个月"。由于"有了丰足的粮食",所以能够做到吃饭不要钱、不定量。对于放开肚皮吃饭,社员自然是高兴的。62岁的贫农尹积福,子女多,劳力不强,过去吃饭很担心,老是不敢吃饱,怕吃过头要超支,开始吃饭不要钱时,尹积福还有点不敢相信,开头两天不敢吃足,怕最后还要算账,听了有关政策的宣传和鸣放辩论后,心里踏实了。他激动地对家人说:"我们真是到了天仙佛国了,共产主义才沾点边儿,好日子还在后头哩。"[1]

江苏淮安县联盟公社联盟大队的公共食堂被称为"幸福食堂"。社员到食堂吃饭时,自己吃饭自己装,要吃多少装多少,既不要钱,也不限量,这是一个实行供给制的无人管理食堂。"这个食堂吃饭方便,坐下就吃,不要排队。饭前不需订饭,饭后不需报账。吃饭不要钱,吃菜也不要钱,社员来客,开饭前两个钟头通知,可以加菜,客人吃饭也不要钱,只有加菜时才要钱。"[2]

当然不只是联盟大队的食堂社员来客吃饭不要钱,河北省安国县伍仁村,是元代大戏剧家关汉卿的家乡。公社化之后,有当代关汉卿之称的著名剧作家田汉到该村参观,他在参观后的一篇短文中写道:"我们尤其欢喜公社食堂的一种符合中国人民好客精神的制度。社员的亲戚朋友被认为是大家的亲戚朋友,第一天吃得好些,第二天到第五天当自己人看待。第五天以后才要粮票。这真是合情合理的制度。"[3]

---

[1] 古平:《吃饭不要钱以后……》,《人民日报》1958年10月8日。
[2]《共产主义的第1面旗帜》,《新华日报》1958年10月23日。
[3] 田汉:《关汉卿难认旧家乡》,《人民日报》1958年10月13日。

在提倡"吃饭不要钱"和"放开肚皮吃饭"之后,不少公共食堂只管盯着"吃饱""吃好"的目标办,倾其所有,倾其所能,不但吃饭上不限量,就是吃菜上,也强调"一个星期不重样""半个月不重样",大吃大喝,穷吃海吃。1958年11月,中共江苏省常州地委在武进县寨桥公社召开农村食堂现场会议,提出办好食堂的八条标准,在全区3万多个食堂中开展竞赛,其中一条竞赛标准就是饭菜多样化。具体要求是吃菜天天不同样,逐步达到七天、半月不同样,吃饭有几样菜,并定期有荤菜,增加营养。[1]而现场会议所在的寨桥公社的贝桥食堂,则是每天一干二稀,吃饭放开肚皮吃,早晚各两个菜,中餐三菜一汤。这个食堂10月份一个月就吃过5次面条、2次饼子、3次团子、2次馒头,赤豆烧粥更是经常有;荤菜方面吃了3次肉、13次鱼,素菜是半月不同样,这个食堂的口号是"一年赶上马福兴,二年超过德秦恒"。而"马福兴"与"德秦恒"都是常州市内著名的菜馆。[2]

要知道,尽管新中国成立以来农村的生产力水平有了一定的发展,但农民的生活水平仍是很低的,农民一年中难得见几次荤菜。贝桥食堂的这个水平,已大大超过了公社化前一般富裕中农的生活,这也就决定了这种"放开肚皮吃饭"是不可能持久的。

这段时间,不少公共食堂还开起了"流水席",社员随到随吃。河南开封市十二祖亩街大队的公共食堂除了规定的开饭时间外,还设有流水席,"无论来得早晚都能吃上热腾腾的饭菜"。

---

[1]《常州区三万食堂开展竞赛》,《新华日报》1958年11月22日。
[2]《菜好饭香,干劲洋溢》,《新华日报》1958年11月22日。

1958年12月3日《河南日报》还特地报道了这个食堂的事迹。有些地方还给过往行人大开方便之门，仿照汉末张鲁设义舍的办法，五里设一凉亭，十里设一饭铺，行人来了就吃，吃了就走，人家不吃，还劝人家，说是反正吃饭不要钱。

1958年10月底，中共广东省委向全省各人民公社建议：全省食堂实行粮食无限量的供给制和社员吃饭吃菜一律不要钱的伙食供给制。广东省委的考虑是：今年粮食问题已经解决，早稻是大丰收，晚稻特大丰收也成定局，全省今年每亩平均亩产预计可达1500斤左右，每人平均拥有粮食1700斤左右。加上全省农村已经实现了公社化，90%以上的农民加入公社的公共食堂等条件，应该使农民吃饱吃好。此外，广东省委还建议所有公社的食堂，自11月起实行青菜管饱、逢一（每月初一、十一、二十一）吃荤的吃菜供给制。[1]

当年人们曾对"吃饭不要钱"大唱赞歌。江苏江阴马镇人民公社实行"吃饭不要钱"后，编出了一套"吃饭不要钱"的好处的快板词。词曰："自从实行吃饭不要钱，农村风气大改变；男的听到吃饭不要钱，浑身干劲冲破天；女的听到吃饭不要钱，做活赶在男人前；老的听到吃饭不要钱，不服年老也争先；小的听到吃饭不要钱，勤工俭学成绩显；鳏寡听到吃饭不要钱，满面春风开笑颜；病人听到吃饭不要钱，毛病顿时轻一半；懒汉听到吃饭不要钱，连声检讨就改变；做活想到吃饭不要钱，一分一秒都争先；睡觉想到吃饭不要钱，越想心里越是甜；为什么心里越想越是甜？共产主义快实现！人人干劲足，个个齐向前，明年定有

---

[1]《广东省人民公社食堂全部实行伙食供给制》，《今日新闻》1958年11月14日。

更多的不要钱。"[1]

一位著名诗人为"吃饭不要钱"特地赋诗一首,发表在《人民日报》上,诗中说:"吃饭不要钱,几曾听说过?吃饭不要钱,哪里看见过?自古所没有,世界也从无。哪能有这事?怕是说梦话。吃饭不要钱,谁知是真的!就在咱公社,菜蔬也免费。说来不相信,饭菜进了肚。想起从前事,不觉心酸苦。从前生活难,天天做苦工,顿顿吃不饱,牛马都不如。烈士流鲜血,浇出胜利花。粮食庆丰收,办起大公社。生产翻几番,粮食吃不完。吃饭不要钱,梦想要实现。消息传出去,世界要震动。东方一片红,万岁毛泽东。"[2]

提倡"吃饭不要钱""吃饭不定量",广大生活困难的农民最支持。他们对这种制度的态度,正如前面说及的江阴县马镇公社的尹积福那样,开始虽怀疑,接着是惊喜,最后是欢呼称颂。他们既是这一制度的最坚决拥护者,也是最大受益者。多少年来,中国农民一向为吃饭问题所累。实行供给制,吃饭不要钱,而且还可以放开肚皮吃饭,这是多少农民梦寐以求的事啊!现在办了公共食堂,不再为能否吃饱肚子而担心,农民怎么不拥护?可是,1958年的粮食产量并没有比过去成倍地增长,根本没有放开肚皮吃的条件。所以这样的好日子并没有过多久,到了1958年底和1959年初,粮食就根本不是多得吃不完,而是严重不够,农民也就开始勒紧肚皮过日子。

中国农民有广泛而深厚的平均主义思想传统,由于长期生活

---

[1]《自从实行吃饭不要钱》,《人民日报》1958年10月24日。
[2]徐迟:《吃饭不要钱》,《人民日报》1958年10月10日。

在中国社会的最底层，又使他们容易产生空想，对未来美好生活充满向往。人民公社、公共食堂这种建立在空想基础上的社会实践，并非仅仅是少数领导人一时的头脑发热就可以骤然兴起的，而是有它深刻的社会基础。当时提出"吃饭不要钱"和"放开肚皮吃饭"，除了想当然地认为中国的粮食已经极为丰富，多得吃不完这一因素外，还与主观地认为实行供给制后农民觉悟将有极大的提高有关。1958年的"大跃进"和人民公社化运动，都是率先从农村开始的，这年的许多新名词、新花样，也是最先在农村中提出的。相比之下，城市反倒比农村显得落后，甚至可以说工人阶级的表现还没有农民兄弟们出色。这样，使得中国领导人过高地估计了农民的觉悟和农村在中国社会变革中的作用，甚至认为农村可以先于城市进入共产主义，走一次新的农村包围城市道路。

在民主革命时期，农村长时间是党工作的重心，通过农村包围城市，最终取得了全国的胜利。新中国成立后，农村的土地改革和合作化运动又十分顺利，这就使得相当多的一批干部熟悉农村，处理农村问题时感到得心应手。实现共产主义将是中国社会又一次翻天覆地的变革，那么从何处着手来实现这个变革呢？于是人们又不由自主地将目光投向了农村。问题在于，一则此时我国农村的社会经济发展水平还远远不具备"吃饭不要钱"和"放开肚皮吃饭"的条件，二则农民现有的觉悟水平，也不足以防止吃饭攀比和浪费粮食的现象出现，更不足以刺激和调动农民生产的积极性。一方面，对于一部分人口多劳力少的农民来说，虽然他们从供给制中得到了好处，但他们并不认为自己所得的，有相当一部分实际上是占有他人的劳动成果，仅是笼而统之地说是共产党给他们带来的。这话自然也不错,也很堂皇,但他们中的一部分人并不会由衷地感到自己不好好劳动就对不起共产党,反而觉得共产党不会对他们的生活不管,产生了严重的依赖思想。另一方面,劳力多人口少的农民明显地感到自己吃亏,觉得干多了也是给别人干,积极性受挫。所以,不论是得好处的一方还是吃亏的一方,积极性都调动不起来。

广东新会县人民公社在发放第一次工资后出现的情况,便能说明问题。当时的供给制又称半供给制,就在于它与工资制相结合才构成了人民公社的分配方式。新会县大泽公社发放第一次工资后,出现了"四多四少"的现象。这"四多四少"是:吃饭的人多,出勤的人少;装病的人多,吃药的人少;学懒的人多,学勤的人少;读书的人多,劳动的人少。类似的现象在新会其他公社也普遍存在。

大泽公社发放工资后十天左右,出勤率普遍降低了五六成。该社礼成管理区领工资的有600人,出勤的只有300人。同时,没病装病,小病装大病,没月经假装有月经或借口照顾小孩而不出工的也大有人在。一些原来劳动态度差的人现在更差,原来劳动态度好的人也因受此影响而消极。原来每天可送200担肥的,现在只送五六十担;过去能挑100斤,现在只挑50斤;过去一个人能挑的,现在则要两个人抬。

出现这种现象的原因,就在于供给部分与工资部分的比例不合理。该县二者之间一般是6比4或7比3,供给部分占了大头,再加上其他的扣除,社员能拿到手的工资并没有多少。对社员来说,劳动少了减少不了多少收入,劳动多了也增加不了什么,多劳不能多得,干多干少一个样。他们说,"干不干,三餐饭",

"做多做少，一样吃饱"，甚至出现了"出工自由化，吃饭战斗化，收工集体化"的现象。[1]这对那些认为"吃饭不要钱"的供给制能提高社员集体主义、共产主义觉悟，不但不会出懒汉而且还能改造懒汉的人而言，无疑是一个莫大讽刺。

"吃饭不要钱"和"放开肚皮吃饭"还造成了公共食堂粮食的巨大浪费，一些社员怕自己吃少了吃亏，每餐都是死吃活撑，吃不了还偷偷拿回家喂鸡喂鸭。说"放开肚皮吃饭"能节约粮食实属无稽之谈。不少食堂人均一天要吃掉两三斤粮食。山东菏泽县马岭岗公社刁屯大队段庄小队的食堂，放开肚皮吃饭后，340人一个月吃粮1万多斤，每人一天合3斤多。[2]这并非个别现象。在有的地方，一天吃五顿饭，有的地方放吃饭"卫星"。如此一来，"放开肚皮吃饭"实行不到两三个月，多数食堂已寅吃卯粮。

到了1958年底，只得将"放开肚皮吃饭"的口号收起来。至于各种各样的供给制，除了粮食供给制在勉强维持外，伙食供给制和基本生活供给制因无力再维持，基本上不复存在。

---

[1] 中华人民共和国国家农业委员会办公厅编：《农业集体化重要文件汇编（1958—1981）》，中共中央党校出版社1981年版，第127—128页。

[2]《山东省农业合作化》编辑委员会编：《山东农业合作化史料集》（下），山东人民出版社1989年版，第143页。

毛泽东是如何发现人民公社问题的

毛泽东是建立人民公社的大力倡导者，也是较早觉察到"大跃进"和人民公社化运动出了不少乱子的领导人。1958年10中旬开始，他通过召开干部座谈会等方式，了解到人民公社化运动中出现了不少问题，有些问题还相当严重，如果不加以注意，就会影响人民公社的健康发展。在初步调查的基础上，他主持召开了郑州会议，开展了对"大跃进"和人民公社化运动中"左"倾错误的初步纠正。

一、"整天只有老头对老头，行吗？"

自从毛泽东1958年8月上旬视察河南、山东发出"还是办人民公社好"的号召后，经过8月中下旬的北戴河会议通过《中共中央关于在农村建立人民公社问题的决议》，决定在全国农村普遍建立"一大二公"的人民公社，并经此作为向共产主义过渡的桥梁，人民公社化运动势不可当，仅一个多月的时间，全国就基本实现了人民公社化。在建立人民公社的同时，各地在分配上搞"吃饭不要钱"供给制，大办公共食堂，实行农民生活集体化。一些地方还宣布人民公社为全民所有制，并搞几年时间就向共产主义过渡的试点，大有共产主义很快到来之势。

毛泽东对建立人民公社是充分肯定的，但对在如此短的时间里各地一哄而上大办公社，也隐隐约约感到其中存在一些问题。为了解公社化后农村的情况，毛泽东决定到离北京最近的河北省看一看，向地方干部们了解有关情况。10月14日，他来到天津，连续两天同中共河北省委、天津市委负责人谈话。16日和17日，他又将保定地委和徐水、安国、唐县、正定县委的负责人找来座谈。

在14日的谈话中，主要议论的是资产阶级法权问题。在这之前，时任中共上海市委宣传部部长的张春桥，在上海市委机关刊物《解放》半月刊1958年第6期上发表《破除资产阶级的法权思想》一文，认为解放之初实行的供给制，本来是一种很好的制度，但不久这种生活制度受到了资产阶级法权思想的攻击，逐渐放弃了。经过几年来的实践，证明了对"供给制""农村作风"和"游击习气"的攻击，实际上是资产阶级为了保护不平等的法权。现在，恢复了供给制，但还不能说已经做得很彻底，资产阶级的法权思想仍在影响着人们。因此，在新的条件下，必须彻底破除资产阶级的法权思想。

毛泽东对这篇文章很欣赏，他不但指示《人民日报》加以转载，而且还亲自为其写"编者按"说："张春桥同志此文，见之于上海《解放》半月刊第六期，现在转载于此，以供同志们讨论。这个问题需要讨论，因为它是当前一个重要的问题。我们认为，张文基本上是正确的，但有一些片面性，就是说，对历史过程解释得不完全。但他鲜明地提出了这个问题，引人注意。文章又通俗易懂，很好读。"[1]之后，全国引发了一场关于破除资产阶

---

[1]《破除资产阶级的法权思想》编者按，《人民日报》1958年10月13日。

级法权的大讨论。

毛泽东在天津的谈话中说：在战争时期，那时叫军事共产主义，我们只有三钱盐、三钱油、一斤半面。没有物质刺激，结果把日本人打败了。现在大跃进，也不能用物质刺激说明，不是因为提高了粮价、棉价，粮棉才增产的。欧洲一说搞社会主义，都说要出懒汉，实际上是资产阶级、社会民主党驳我们的东西。对于资产阶级法权，应该采取逐步破的方针。人民公社吃饭不要钱，就是破了嘛。过去我们实行供给制，只是一部分人的，在战争时期只是革命干部、解放军实行。现在要在社会上普遍搞，范围就大变了。在谈到人民公社问题时，毛泽东说：湖南搞人民公社，开始有30%的人不赞成，公社成立后，有些人想通了，还有10%的人不赞成。这个运动，不是我们设计的，不是中共中央设计的，是他们（指农民）自己设计的。农民搞公共食堂，集体吃饭，吃了饭就出发，军事化，一天省下一个半小时。

在16日同各县的负责人谈话时，毛泽东一开始就问县委书记们：今年种麦和去年有什么不同？

这时正值各地大放粮食"卫星"之际，于是，安国县委第一书记刘振宗说：安国东风社搞了千亩小麦"天下第一田"，火箭社搞了两万亩的"宇宙最高峰"，都是大面积高产小麦。

毛泽东说：好，明年6月上半月去看看。又问：这么多粮，有仓库没有？

刘振宗说：安国明年每人平均拿到1万斤粮，每人吃1000斤。

毛泽东问：那9000斤怎么办？

刘振宗说：一部分支持山区，如阜平、涞源，8500斤卖给国家。

毛泽东又问：没人要怎么办？

刘振宗说：安国计划1959年种一年，拿到每人1万斤粮，1960年土地休息一年，集中力量搞建设、学文化。

毛泽东对安国这个设想很感兴趣，说道：民兵可以体操了，还可以养牲口。安国去年平均亩产464斤，徐水去年平均亩产214斤，100亩才搞2万斤，日后1亩1万斤，98亩就别种了。

谈话中，徐水县委第一书记张国忠汇报了该县幸福院、幼儿园和新村建设的试点规划。当谈到夫妇住一处、小孩住一处、老人住一处时，毛泽东对此不以为然，说：太单调了嘛，也要大中小结合，老人不跟壮丁、小孩结合怎么办？整天只有老头对老头，行吗？公社造房子，只造夫妇住的，不造老人、孩子的，他们要另住在一块，群众赞成不赞成？恐怕脱离老人和孩子了，两头不喜欢，中间也不喜欢。

当张国忠谈到徐水是全民所有制时，毛泽东说：徐水叫全民所有制，你和鞍钢有什么不同？机械化、生产能力不如它，你的产品是不是由国家调拨？你在徐水讲全民所有制，可以；你在全国讲，同鞍钢还是有差别的，还有所不同，贡献不同。[1]

在17日的谈话中，毛泽东再次谈到了徐水的全民所有制和供给制问题。他说：徐水还是全县人民的所有制，还不是六亿人口的所有制，徐水叫大集体所有制也好，就本县说叫全民所有制也好。在谈到徐水的供给制时说：供给制是可靠的保证，还是比

---

[1] 中共中央文献研究室编：《毛泽东年谱（1949—1976）》第3卷，中央文献出版社2013年版，第467页。

较的可靠,天有不测风云,你遇到大水、大旱、连旱三年怎么办? 遇到瘟疫怎么办? 在谈到徐水的幸福院时说:我就不愿进你的幸福院,幸福要有点分析,幸福中有不幸福就不好。鳏寡孤独进幸福院可以。但是幸福院作为一个生活单位,一天净是见老人,看不见青壮年,是不是好? 要训练保育员、小学教员,对待别人的孩子要同自己的孩子一样,要了解孩子们的心理。母亲就了解孩子,她打过、骂过、看过,了解他们。保育员对那么多孩子,全了解吗? 我看是一个问题。

当然,毛泽东此时对形势的估计还比较乐观,对人民公社和供给制也是充分肯定的。在谈话中,他说,苦战三年,基本改变农村面貌,在武汉开会时我说是否改为初步改变,现在看右倾保守了。他们当时拿了很多证据,看了看,不能叫初步改变,是基本改变,说服我了。在实践中,是逐步认识客观世界的。[1]

尽管如此,毛泽东通过此次天津之行,还是感受到在人民公社化运动中,许多人"急急忙忙往前闯",有一大堆混乱思想,必须引起高度重视。

谈话结束时,毛泽东指示河北省委派调查组去了解徐水的情况,然后向他汇报。

二、"要了解各种人的真实想法"

在此之前,毛泽东曾派了中共中央办公厅机要室的 18 名工

---

[1] 中共中央文献研究室编:《毛泽东年谱(1949—1976)》第 3 卷,中央文献出版社 2013 年版,第 468 页。

作人员到徐水进行劳动，并实地考察徐水"大跃进"和人民公社化的情况。10月18日，中办机要室下放人员将他们在劳动中的所见所闻向毛泽东作了报告。报告说，今年9月中旬，他们去徐水县商庄人民公社前所营村参加秋收种麦劳动。这次下去，完全是和当地群众同吃、同住、同劳动，群众反映很好。报告还说，一穷二白，干劲冲天，对明天充满希望和信心，是这里群众的显著特点。这个地区往年常遭水旱灾，人民生活很苦。去冬今春，全县人民在县委领导下，大搞水利建设，实现了"满天星、葡萄串"的水利化，人民生活有了显著提高。这里的劳动组织完全按军队那样编成连和营，劳动是军事化、战斗化，纪律很严，为突击秋收种麦，还组织了一个"野战部队"，在地里吃饭宿营，是劳动中的一支突击力量。这个村还建立了食堂、幼儿园、幸福院、缝纫组、洗衣组、俱乐部、土化肥厂、供销部、粮食加工厂等，实行供给制，受到社员们的拥护。这个村自公社化后，一切自留地、房屋、零星果树都归公社所有，彻底割掉了私有制的尾巴，加之劳动大协作的锻炼，使农民的思想觉悟有了飞跃提高。

报告又说，他们在劳动中也看到一些问题，主要是：

（一）目前各营（即原来的村）的耕作区仍是公社化前的原有耕作区，很分散，社与社之间互相交叉的地很多，不便于耕作与组织劳动协作。建议各公社的耕地重新划分，打破原来各小社的地界，以适应新的劳动形式的需要。

（二）主观主义和强迫命令现象在局部地区依然存在。由于有些干部政治思想水平低，只强调军事化、纪律性，而忽视对社员的思想工作，他们在布置生产任务时，都是以简单的命令下达，遇事很少和社员商量，特别在处理劳动不积极、思想落后等问题时，往往采取简单粗暴的工作方法。

（三）存在一些虚假现象。据公社干部反映，由于县里布置任务都是又急又多，下面的干部感到压力太大，因此工作中的虚报现象不少。县里和各公社对于粮食的预产估计也多半大于实际产量。

（四）鸡鸭的饲养问题。公社化以后，自留地没有了，吃饭也都在食堂吃，个人不再喂养鸡鸭，而这里又没有组织集体饲养，长此下去就会吃不到鸡鸭和鸡蛋。应组织幸福院的老人们集体饲养鸡鸭，以解决这个问题。

（五）几个值得研究的口号。在商庄人民公社庆祝国庆的大会上，公社党委书记在报告中提出了这样的口号："一九六〇年建成社会主义，一九六三年建成共产主义"，"到那时候，吃什么有什么，穿什么有什么，要什么有什么"。这些口号公开在社员大会上宣布是有些问题的，因为有些口号不够实际，有的则在提法上就不够确切。喊出去，到时候实现不了，会给群众造成不好影响。过去这个县就曾宣布1958年9月争取成为文化县，而现在文盲还是不少，实际上没有实现。[1]

看了这个报告后，坚定了毛泽东对"大跃进"和人民公社化运动中存在的问题进一步调查研究的决心。10月19日上午7时，他致信陈伯达，要他与张春桥前往河南遂平嵖岈山卫星公社进行调查，信中说："想了一下，你和张春桥同志似以早三天去河南卫星公社进行调查工作为适宜，不必听廿一日刘子厚同志的

---

[1]《建国以来毛泽东文稿》第7册，中央文献出版社1992年版，第523—524页。

报告。集中精力在卫星公社调查七天至十天,为杭州会议准备意见,很有必要。""如同意,请告叶子龙同志,为你们调一架专机即飞郑州。"过了半小时,他又给陈伯达写了一封信,谈到此次调查的注意事项:"去河南时,请把《马恩列斯论共产主义社会》一书带几本去,你们调查团几个人,每人一本,边调查、边读书,白天调查,晚上阅读,有十几天,也就可以读完了。建议将胡绳、李友九都带去,练习去向劳动人民做调查工作的方法和态度,善于看问题和提问题。""我过了下星期就去郑州,一到,即可听你们关于卫星社观察所得的报告,在四省第一书记会议上予以讨论。"[1]按照毛泽东的指示,陈伯达一行很快就出发了。

在毛泽东从天津返回北京的第二天,即10月18日,中共河北省委立即组织了一个工作组,由省长刘子厚率领,到徐水进行了三天的调查。10月21日中午,刘子厚等人就调查了解到的主要问题,去北京向毛泽东作了汇报。

汇报开始时,刘子厚谈到调查方法和群众情绪问题。毛泽东说:不论什么官,你们都住在老百姓家,好嘛。一片叫好声,群众叫好也是有理由的,有一利也有一弊,听不到群众意见,有缺点。要让张国忠他们注意这方面的问题,注意这个方法,不要总听叫好声,听不到群众意见。有个框框,那就发现不了问题了。

汇报中,刘子厚说:徐水实际上还是集体所有制,不是全民所有制,他们已经公布了说是全民所有制,究竟如何提法为好。毛泽东说:实际上是集体所有,他们说全民所有,也不一定公开改,马虎下去好了。你们把这个问题弄清楚了好。是徐水全民所

---

[1]《建国以来毛泽东文稿》第7册,中央文献出版社1992年版,第463—464页。

有，不是全国的全民所有。它和过去合作社不同，和国营工业也还不同。公社要从两个方面发展，一方面大范围的内部调拨要发展，另一方面社会主义市场、社会主义商业要发展，还是货币交易。必须多产经济作物，好交换，国家好供应，不然就没有交换的东西了。粮食可以交换一部分，即统销的那一部分。要大修铁路，运输紧张得很。在谈到徐水的供给制问题时，毛泽东说：对供给制，真正赞成的占百分之三十至四十，要分析一下。要从发展生产中解决问题，明年发展生产一年，消费不要增加，就可消灭赤字。要有生产资金，要积累一部分，还要储备一部分，食堂也要储备一部分。有的户劳动不积极，他觉得吃亏了，别人把他的劳动占有得太多了。要把劳动力多的户的积极性调动起来，使他们收入多点，工资多点，不要平均主义，多劳多得还是社会主义原则。徐水应有清醒的头脑，知道事情有正面，还有另外的反面。

对于公社化运动中出现的"共产风"问题，毛泽东说：家具不归公，这是一部分生活资料。吃饭集体，衣服、床、桌椅等等，不能归集体。对私人间的债务问题，一风吹，把人家的拿过来，不是借是侵占了。劳动人民内部的，还了它好不好？自己还不了，将来盖了大工厂，由公家替他还了。要调查统计一下，看社员之间的债务究竟有多少，能不能还得起？劳动人民的劳动所得，把它吹掉不好。

汇报中，刘子厚谈到徐水有假报产量的现象。毛泽东说：虚报不好，对虚报的人要进行教育，进行辩论，不要讲假话，是多少就是多少。在谈到家庭问题时，毛泽东说：要大中小结合，阴阳五行还要讲嘛。幸福院不幸福，老人们住在一起，见不到自己的儿女。老的去了不舒服，就活得短了，不如跟子女在家，多活些年嘛。

刘子厚等人还谈到，徐水有些干部工作方法粗暴，打人、捆人的现象时有发生。毛泽东对此提出了严肃的批评，指出：有捆人、打人的事就是还有封建残余嘛。一方面有社会主义全民所有制的因素，有共产主义因素，一方面又有资本主义残余、等级制，还有封建主义残余。事前不谈，辩论县长，这就不是正常地对待同志的方法。解决人民内部的矛盾，不要用压服嘛。一捆、二打、三骂、四斗，不是解决人民内部矛盾的方法，还是对敌我界限及人民内部的相互关系没有搞清楚。管制劳动，不是对待反革命的吗？县委要通过支部、小组跟群众商量。群众路线问题就包括反对强迫命令，划清敌我界限。[1]

通过这次河北省委对徐水情况调查的汇报，使毛泽东认为，对于人民公社出现的问题，有进一步了解的必要。10月23日，他再次致信陈伯达，要调查组花一个星期的时间调查卫星公社及所属的大队和生产队的各项问题，然后找遂平县委的领导座谈，研究全县的各项问题。

1958年10月，山西、河北、山东、河南、陕西、辽宁、吉林、黑龙江、北京九省市秋季农业协作会议在西安召开，重点讨论人民公社问题。会后，谭震林、廖鲁言等向毛泽东汇报了会议的情况。在听取汇报的过程中，毛泽东表示，同意农村人民公社在以农业为中心的前提下，工农业并举，一般县的县委第一书

---

[1] 中共中央文献研究室编：《毛泽东年谱（1949—1976）》第3卷，中央文献出版社2013年版，第470—473页。

记中心抓农业。要强调公社发展多种经营，发展经济作物，单搞粮食，除了吃饭以外，工资也开不出。不要过分强调公社自给，什么都自给，是不行的，交换一万年也是有的。大面积高额丰产田的做法，才是真正的精耕细作，过去所谓的精耕细作，实际上还是广种薄收。大面积高额丰产田搞成了，就不必种那么多地，劳动力可以节省。五亿人搞吃饭的局面要想法改变。谈到公社分配问题时，他同意供给和工资各占一半，指出：今年有些社除了吃饭，一个月只能发几毛钱，有的开不出工资，这要从增产增收来改变。吃饭不要钱，是供给制，工资还是要按劳取酬。现在就不要按劳取酬了，那也不行；工资差别太小了，也不妥当。同样，干部工资像过去差别很大，那不行；但是一下子搞得太小，没有差别，那也不行，不能持久。实行供给制，劳力多人口少的户收入减少了，估计有百分之二十五左右，有没有那样多？能不能不让他们减少收入？托儿所、公共食堂，这是大事，一定要办好。[1]

10月26日，毛泽东又找新华社社长吴冷西和秘书田家英谈话，要他们各带几个助手，分别去河南的修武县和新乡县七里营，进行为期一个星期的调查，了解公社化后的情况。

谈话中，毛泽东说：你们这次下去调查，要带两本书，一本是《马恩列斯论共产主义社会》，一本是斯大林的《苏联社会主义经济问题》。出发前要把这两本小册子通读一遍，至少把《马恩列斯论共产主义社会》看一遍，要你们的助手也这么办。不是

---

[1] 中共中央文献研究室编：《毛泽东年谱（1949—1976）》第3卷，中央文献出版社2013年版，第474页。

要你们搞本本主义，按图索骥，对号入座，也不是要你们照本本去宣传，而是想使你们对马、恩、列、斯关于共产主义说过什么有个大致的了解，下去调查中面对眼花缭乱的实际情况能够保持冷静的头脑。特别当记者的，不能道听途说，人云亦云，要深入实际，调查研究。实事求是，心中有数，头脑清醒，做冷静的促进派。下去调查时不要各级领导作陪，要找生产队长就只找生产队长，不要公社书记、大队长参加，要找群众谈话就不要找干部参加，要找县委书记也只请他本人来谈，因为人多了谈话就有顾虑。找群众谈话要有各个阶层的人物，尤其要注意中农的态度。还可以找下放干部谈话，他们可能顾虑较少。总之要了解各种人的真实想法。下去不要张扬。[1]

这次谈话后，吴冷西和田家英即各率领一个调查组，分别前往河南修武县和新乡县进行调查。

三、"这个革命可革得厉害"

1958年10月31日，毛泽东自己也离开北京，准备前往郑州主持召开中央工作会议，在途经河北的石家庄地区、邯郸地区和河南的新乡地区时，他不断找人谈话，了解人民公社建立后的情况，详细询问社员的生产和生活问题。

在当天晚上同中共石家庄市委负责人谈话时，毛泽东一开始就想了解农业生产的情况，询问这年的麦子种得怎样，每亩下了

---

[1] 中共中央文献研究室编：《毛泽东年谱（1949—1976）》第3卷，中央文献出版社2013年版，第478页。

多少种，土地深耕了多少，是否具备搞大面积丰产田的条件，等等。毛泽东说：人民公社搞得怎么样？只是搭起架子吧。食堂办了没有？是在一起吃饭，还是打回家吃，打回家去不冷了吗？食堂里做不做菜？你们这里食堂有办得好的吧。一个食堂，一个托儿所，两个事要注意搞好。搞不好影响很大，影响生产，饭吃不好就生产不好，小孩带不好，影响后一代。保育员要像母亲那样关心孩子，你们有没有人管这个事情？这个问题很值得研究，对小孩子一叫一闹就打，不好，要叫孩子吃得好，穿得好，玩得好，睡得好，要了解他们的心理状态。每个人民公社都要种商品作物，如果只种粮食那就不行了，那就不能发工资。山区可以种核桃、梨，可以养羊，拿到外面去交换。他还提出，要给劳多人少的多发点工资，"不然，他们就不舒服。一家五口四个劳力，一家五口只一个劳力，这两家就是不同了，恐怕要照顾一下劳力多些的。现在是社会主义，价值法则还是存在的"。[1]

11月1日下午，毛泽东来到邯郸，又同中共邯郸地委的领导谈话。他一开头就问当地干部：群众对大跃进有什么不满意的吗？地委负责人说，群众反映一个是累，一个是吃不好，对此有些意见。毛泽东建议给社员一个月放两天的假，让他们能好好休息一下。接着又问今年的粮食产量是多少，明年计划生产多少。当地干部告诉他：今年亩产202斤，明年计划亩产1000斤。毛泽东说，亩产800斤也就好了。

毛泽东还着重谈了带小孩、吃饭和休息的问题，要求把这几

---

[1] 中共中央文献研究室编：《毛泽东年谱（1949—1976）》第3卷，中央文献出版社2013年版，第481页。

件事办好。他说：托儿所一定要比家里好些，才能看到人民公社的优越性。这是一个大事。每个省、地、县都要注意后一代的问题，我们再干几十年，总要他们来接替吧！要把占人口百分之二十五的娃娃带好。再就是吃饭，一是吃饱，二是吃好，吃不好就没有劳动力。要不吃冷饭，吃热饭，要有菜，菜里要有油有盐，要比在家庭、在小灶吃得好，这样农民才欢迎吃大锅饭。把这个当成个大事。再就是休息问题，下个命令，要休息，要睡够。现在不是军事化吗？下个命令睡觉，至少睡六个钟头，睡个午觉。冬天睡觉在地里太冷了，春、夏、秋可以。不让休息，人民会不满意的。要吃好、睡好，把小孩子带好。省、地、县委第一书记要抓这个关系人的事情。总之，要把劳动组织得更好些。又完成任务，又吃得好，休息得好。应当发展经济作物，每个社都应当种些有交换价值的经济作物，发工资不是一元、二元，应当多一些。[1]

当天晚上，毛泽东到了新乡，并同新乡地委和部分县委的负责人谈话。参加座谈会的有中共河南省委书记处书记史向生，河北省委书记处书记张承先，新乡地委第一书记耿起昌，新乡市委第一书记张苏斌，以及获嘉、安阳、内黄、济源、修武、温县的县委负责人。

毛泽东首先询问了新乡钢铁生产的情况，接着又问种了多少亩麦子，一亩下了多少种，是去年下得多还是今年下得多。当地的干部回答说：去年每亩下种 10 斤左右，今年都在 30 斤左右，

---

[1] 中共中央文献研究室编：《毛泽东年谱（1949—1976）》第 3 卷，中央文献出版社 2013 年版，第 484 页。

还有下了几百斤、上千斤的。毛泽东表示,下得太多了,麦苗会挤不出来。有人回答说:是分层种的,像楼梯一样,麦子在楼梯上站着。听到这里,毛泽东忍不住笑了起来。

毛泽东又问:食堂办得怎么样?社员能不能吃上热饭,有没有菜,有没有油,有没有肉吃?地委负责人都一一作了回答。当问到有没有人民公社发不出工资时,新乡地委第一书记耿起昌回答说都能发,毛泽东表示不相信,认为靠不住,并且说:不出经济作物的地方,只产一点粮食,哪里有钱发工资?接着又问有没有信心办好公共食堂,食堂有没有垮台的?耿起昌回答说:没有垮台的,许多妇女办食堂决心很大,把小锅砸了。毛泽东说:这个革命可革得厉害。

接着,毛泽东又问:"你们的幸福院究竟幸福不幸福?有没有不愿意去的?老人在幸福院做活不做活?"史向生回答说:"有人照顾的不去幸福院,没人照顾的才去幸福院,有的老人闲不住,自动地做点轻活。"毛泽东还询问了社员睡觉的情况,再次表示一定要让社员睡够六小时,在这个问题上可以搞点强迫命令,这样的强迫命令老百姓会欢迎。[1]

11月6日,分别前往修武、新乡调查的吴冷西、田家英等人在郑州向毛泽东汇报了调查了解到的情况。在汇报中,吴冷西谈道:修武县委书记虽然说一县一社是全民所有制,但他认为公社和国家的关系不同于国营工厂和国家的关系,公社的产品不能全部由国家调拨,国家也不能供给公社需要的所有生产资料和生活资料。因此,这位县委书记提出,如果公社实行同国营工厂一

---

[1] 林英海主编:《毛泽东在河南》,河南人民出版社1993年版,第85—86页。

样的全民所有制，那么，有两个问题他担心不易解决：一是遇到灾年，国家能否跟平年一样拨给公社所需的生产资料和生活资料；二是遇到丰年，国家能否全部收购公社的产品。吴冷西还谈到修武县委书记怀疑他们实行的低标准的供给制能否叫做按需分配的问题。

毛泽东详细询问了县里同国家的经济关系，互相间进行哪些交换。吴冷西汇报说，修武县同国家的经济往来主要有两种：一是纳税，主要是农业税即公粮，工商税不多；二是交换，主要是向国家交售统购的粮、棉、油料等农副产品，和向国家购买生产资料和生活资料，这两种交换都是商品交换、现金结算的。

毛泽东又询问有关供给制的情况，并详细询问了田家英了解到的新乡县七里营人民公社的"十六包"（人民公社化运动中，七里营曾提出公社包社员的衣、食、住、行、生、老、病、死、学、育、婚、乐、理、浴、缝、电等）供给制的具体内容。田家英认为，七里营的"十六包"只能说是平均主义，不能说是"按需分配"，更不能说是已经进入共产主义社会。

在调查组汇报的过程中，毛泽东不断插话。在谈到修武一县一社时，毛泽东指出：一县一社恐怕太大了，县委管不了那么多具体的事，而且全县各地生产水平很不平衡，平均分配会损害富队富社的积极性。我们现在还是搞社会主义，还是要按劳分配。凡是有利于发展生产的就干，一切不利于发展生产的就不要干。供给制只能搞公共食堂，而且要加强管理，粗细粮搭配，干稀搭配，农忙农闲不同，要学会勤俭过日子，不能放开肚皮大吃大喝，那样肯定维持不下去。其他只搞些公共福利事业，不要采取"包"的办法，量力而为。延安时期的供给制，是属于战时共产主义的办法,是不得已而为之,不能作为分配方式的榜样,所以全国解放后就改行工资制了。

谈到修武的全民所有制问题时,毛泽东说:修武不同于鞍钢,产品不能调拨,只能进行商品交换,不能称为全民所有制,只能叫作集体所有制,千万不能把两者混同起来。修武县委书记提出的问题,表明他实际上是不赞成搞全民所有制的。县里的产品不能全部调拨给国家,不可能也不必要。他作为一县之长,不能不慎重考虑。尤其是国家对于县,在平常年景也不能完全保证按照县里的需要调给生产资料和生活资料,遇到灾年更加不能保证,这也是明摆着的。他提出的问题使我们想到:如果生产力没有高度发展,像北戴河会议关于人民公社的决议中指出的,产品极为丰富,工业和农业都高度现代化,那么,生产关系上从集体所有制过渡到全民所有制,分配方式从按劳分配过渡到按需分配,是根本不可能的。这两种所有制的接近是一个很长的历史过程。

当调查组汇报说有些公社搞集体住宿时,毛泽东很生气,明确表示,那种搞法不是给国民党对我们的诬蔑帮了忙吗?凡是这样胡搞的地方我都支持群众起来造反。这些干部头脑发昏了,怎么共产党不要家庭呢?要禁止拆散家庭,还是一家人大、中、小结合为好。

在谈到群众大炼钢铁的干劲很大,地里庄稼没有人收时,毛泽东说,1070万吨的指标(北戴河会议宣布1958年全国钢产量要比1957年的535万吨翻一番,达到1070万吨)可能闹得天下大乱。从北戴河会议到年底只有4个月,几千万人上山,农业可能丰产不丰收,食堂又放开肚皮吃,这怎么得了?这次郑州会议要叫大家冷静下来。[1]

通过半个多月的调查研究,毛泽东发现,"大跃进"和人民公社化运动中存在大量问题,必须使全党对此高度重视,以便使"大跃进"运动健康发展,使人民公社得以巩固。在调查研究的基础上,1958年11月2日至10日,毛泽东在郑州主持召开有部分中央领导人和部分省市委负责人参加的中央工作会议,提出要区分集体所有制和全民所有制两种界限,批评了取消商品生产和商品交换的错误观点,由此开启了半年多时间的纠"左"工作。

---

[1] 吴冷西:《忆毛主席——我亲身经历的若干重大历史事件片断》,新华出版社1995年版,第100—103页。

人民公社化运动中的"共产风"及其初步纠正

1958年的人民公社化运动,是社会主义建设进程中的一次严重失误。在建立人民公社的过程中,以"一平(平均主义)二调(无偿调拨)"为特征的"共产风"一度在全国农村盛行,严重地挫伤了广大农民的积极性。

一、人民公社化运动中"共产风"的举隅

1958年8、9月间,在未经试点的情况下,全国一哄而上,大办人民公社,仅一个月的时间就基本实现了人民公社化。人民公社是由原来的农业生产合作社合并而成的,组成人民公社的各个农业社,由于自然条件、社队干部领导能力等各异,贫富程度是不同的。可是,人民公社建立后,在"发扬共产主义精神"的大原则下,原来农业社之间的贫富差距被拉平,社员之间的收入差别也被消除,等于是穷队"共"富队的"产",贫穷的社员"共"较富裕的社员的"产"。

不但如此,因为人民公社是工农商学兵(民兵)样样齐全,又号称农林牧副渔全面发展,公社建立后搞起各式各样的"大办",如"大办工业""大办交通""大办水利""大办公共食

堂""大办教育"等,还纷纷建立所谓共产主义新村,这些"大办"所需的人、财、物都只能从原农业社无偿地调拨,甚至从社员手中强行收来,形成社、队"共"了社员的"产","一平二调"的"共产风"由此刮起。

河南省三门峡市郊区公社成立后,公社、大队、生产队各级共占用民房3085间,积肥移村时拆毁房屋464间,平调家畜5367头,家禽938只,机械21部,农具9295件,灶具22436件,木料54922件,收废钢铁277140件。社办工业调用各大队劳动力3071人,劳动日267881个,牲口194头。[1]

人民公社化运动中,各地刮"共产风"可谓名目繁多,形式多样。公社要办农场就调土地,办猪场就调猪苗,办工厂就调劳动力、原料,搞试验田就拆房子做肥料,办公共食堂就收自留地和调炊具、家具,办托儿所、幼儿园、幸福院就占用社员住房,炼钢铁就收社员家的铁器,等等。总之,公社需要什么就平调什么。广东省新会县大泽公社在建酒厂时,要求每户出1个酒坛;建猪场时,每户"献"75公斤木料;建学校时,每户交30块砖;建鸡场时,每户交3只鸡;建水库时,每户摊派投资5元。据对广东新兴、高鹤等12个县20个公社的不完全统计,各级刮"共产风"的现金及实物折款,每社平均66万元,每户平均72元,每人平均18.8元。其中最多的两阳县春城公社,每人平均高达59元。[2]

---

[1] 中共河南省委党史研究室编:《河南人民公社化运动》,河南人民出版社2005年版,第331页。

[2] 广东省地方史志编纂委员会编:《广东省志·政治纪要》,广东人民出版社2001年版,第209—210页。

虽然在人民公社化时，各地都规定生活资料仍归社员个人所有，但这些规定很多地方没有认真执行。河南省郾城县大刘店公社党委宣布："反正现在啥都是大家的了，有衣服都得拿出来，谁需要谁穿。"于是在全公社推行收衣服的办法。这个公社的5个党委书记中，只有第三书记是本社人，结果拿出了7件衣服公社党委还不满意，别人责问他："你当了几年干部只有这几件？"郾城县委组织部部长老家在该公社，回家时他父亲说："叫拿衣服咋办呢？"组织部部长说："拿就拿吧，咱得带头！反正停二三年都要换好衣服了。"这个公社收来的好衣服全给队以上干部穿了，坏衣服则给了群众。安阳县的一些公社则提出，人民公社就是共产主义啦，一人只留一条被子，多余的交公社。该县县委农工部的一个干部回家时发现被子比平时重了许多，感到奇怪。他爱人解释说，听说共产主义一人一条被子，就把5条被子缝到一块。[1]

安徽凤阳县在人民公社化运动中，在小队与小队、大队与大队、公社与公社及公社与大队、大队与小队间无偿调拨的现金2157365元，粮食3038188斤，棉花32584斤，劳动力348200个，耕畜2391头，农具2486件，肥料1958049担，种子2858682斤，生猪2889头，山芋4499648斤，胡萝卜8727089斤，草308000斤。这年冬天，县里抽调劳动力参与津浦铁路复线的修建，共得工资35万元，这些钱并没有采取按劳分配的方式分给各生产队，而是用"刮富济贫"的办法，由县里统一给了板溪、小溪河、

---

[1] 中共河南省委党史研究室编：《河南人民公社化运动》，河南人民出版社2005年版，第169页。

总铺三个公社。[1]

　　对于广大农民来说，人民公社化运动中的"共产风"带来的最大危害，莫过于他们的房屋被"共"了"产"。1959年4月，开封地委在给河南省委关于社员住房问题的报告中说："去年大刮'共产风'的时候，公社在搞工业、搞集体福利事业、搞学校四集体、扩大仓库、扩大社队办公室等借口下，或者错误地企图改造落后村，比较普遍地发生了'动员'并村、强制群众整户、整社的搬家腾房子的严重问题。"据该地区虞城、商丘、睢县、夏邑等15个县市的统计，搬出住房的社员共有218111户，占总户数的13.6%。由于强制群众并村、搬家，搞集体住宿，造成群众有的一房住好几家，有的一房住好几代，有的一家分散住几个村子里。在搬家的时候，有的只准带床、桌、柜这三大件，有的连这三大件也不让带，给群众生活造成了极大的不便。[2]

　　人民公社化运动过程中，刮"共产风"最为典型的是湖北省当阳县跑马公社。1958年11月17日，跑马公社召开扩大干部会议，由于公社党委第一书记率领大部分劳动力上山大炼钢铁去了，留下党委第二书记张某主持公社工作。在这天的会议上，张某宣布："今天是社会主义的尾，明天是共产主义的头，共产主义社会已经到了。"又说："共产主义要消灭私有制，消灭家庭，除了老婆以外，什么也不私有了。"

　　会上，该公社紫盖大队群联生产队的会计，还总结出了"共

---

[1] 王耕今等编：《乡村三十年——凤阳农村社会经济发展实录（1949—1983）》，农村读物出版社1989年版，第178页。
[2] 中共河南省委：《批转开封地委办公室关于解决社员住房问题的文件》，1959年4月25日。

产主义已经到了"的四条理由：一是1958年大大增产了，粮、棉、油已经吃不尽用不完，有了丰富的物质基础。二是群众有了高度的共产主义觉悟，劳动不计报酬，实行了军事化，一切听指挥。三是通过扫盲，社员文化水平提高了。四是三大差别消灭了，表现在队队设立了小卖部，什么东西都可以买到，消灭了城乡差别；大办钢铁，农民成了工人，消灭了工农差别；干部参加劳动，种试验田，老师和学生半工半读，消灭了体力劳动与脑力劳动的差别。

会后，公社管理委员会所在的半月街上，贴出了许多欢呼进入共产主义的标语，诸如"人类最美好的社会——共产主义已经到了""不分你我，各取所需"之类。随后，不分集体国家、不分自己他人的东西任意拿、随便取的事情发生了。张某在公社召开的教师会上说："现在是共产主义，你们要文具，就到文具店去拿。"他亲自带着半月中学的事务员到街上的文具店拿走了115件乐器和球类用品。其他教师听说东西可以随便拿后，纷纷跑到半月街来，将文具店的东西一扫而光。张某又听说公社党委种的试验田需要化肥、农药，又带领群众去拿商店的这些物资。商店营业员要求过秤，他说："这都是公家的，都用到公社的田里，不用称。"有群众说，现在没有衣服穿。张某说："没有衣服穿，到商店去拿，各取所需。"听了这句话，群众争先恐后地跑到商店，将店里的11624尺布、1304件棉衣一抢而光。

该县育溪公社听说跑马公社实行"共产主义"，立即组织参观团来跑马学习其"经验"。参观结束后，该公社金年大队民建生产队的党支部书记在群众大会上宣布："共产主义到了，不分你我。"有几户社员听后怕"共产"，赶忙把自家竹园里的竹子全部砍了卖掉,并且不再参加生产。队干部见状,又警告社员说:"共产主义要搞革命,谁不参加生产就革谁的命。"吓得队里的社员不知如何是好。长坂坡公社建新生产队的干部也宣布:"共产主义社会到了,一切都要归公,都要集中。"队里的干部们还发动群众搞"向共产主义献礼",社员被迫"献出"木料123丈、板凳210条、水缸250口、铁锅50口、小型农具80余件。社员们见此,以为共产主义就是不分你我,不如先下手为强,赶紧将家里能变钱的东西卖光,能吃的东西吃光。

当阳县大刮"共产风",不但造成了社会混乱,也导致群众生产积极性受到严重挫伤。跑马公社社员的出勤率不到50%,2000多亩一季晚稻拖了20多天也未收回,全社丢掉驴106头,400多头牲畜散放无人管,3000多件农具丢失在田间无人过问。许多群众说:"共产主义这一关实在难得过!这像什么共产主义,倒像是个混乱主义。"[1]

在1959年2月的第二次郑州会议上,毛泽东对"共产风"的特点作了高度概括。他说:"公社在一九五八年秋季成立之后,刮起了一阵'共产风'。主要内容有三条:一是穷富拉平。二是积累太多,义务劳动太多。三是'共'各种'产'。所谓'共'各种'产',其中有各种不同情况。有些是应当归社的,如大部分自留地。有些是不得不借用的,如公社公共事业所需要的部分房屋、桌椅板凳和食堂所需要的刀锅碗筷等。有些是不应当归社而归了社的,如鸡鸭和部分的猪归社而未作价。这样一来,'共

---

[1] 中共湖北省委党史研究室编:《"大跃进"运动(湖北卷)》,中共党史出版社2004年版,第501—504页。

产风'就刮起来了。即是说，在某种范围内，实际上造成了一部分无偿占有别人劳动成果的情况。"[1]

二、"共产风"产生的社会历史原因

1958年的人民公社化运动中"共产风"的出现，原因是多方面的。

首先，它是人民公社"一大二公"体制的必然产物。公社化前，全国共有74万个农业社，平均每社约有170户、2000亩土地和350个劳动力。公社化后，变成了26500多个人民公社，全国平均28.5个合作社合并成1个公社，每社平均4755户、6万亩土地、1万个劳动力。还有的地方是一县建成一个大公社和成立全县人民公社县联社。建立人民公社本身就是急于实现向共产主义过渡的产物，自然是认为公社越大越公越好。

作为全国人民公社样板的河南省遂平县嵖岈山卫星人民公社简章规定："各个农业合作社合并为公社，根据共产主义大协作的精神，应该将一切公有财产交给公社，多者不退，少者不补。""在已经基本上实现了生产资料公有化的基础上，社员转入公社，应该交出全部自留地，并且将私有的房基、牲畜、林木等生产资料转为全社公有，但可以留下小量的家畜和家禽，仍归个人私有。"[2]不论是嵖岈山卫星公社的简章，还是各地关于建立

---

[1]《毛泽东文集》第八卷，人民出版社1999年版，第12页。
[2] 中共中央文献研究室编：《建国以来重要文献选编》第11册，中央文献出版社1995年版，第388页。

人民公社的具体政策，都规定将合作社的土地、牲畜、农具等生产资料和其他公共财产转归公社，社员个人经营的自留地、林木、牲畜归公社经营或归公社所有，社员多余的房屋也交归公社，目的在于消灭生产资料的私有制残余，并使小集体经济变成大集体经济，进而为过渡到全民所有制创造条件。这样一来，不但原农业社的土地、财产和公共积累变为人民公社所有，而且社员个人的自留地、家禽家畜及其他私有财产，也被无代价地"共"了"产"。

其次，人民公社在管理体制上实行"政社合一"，也为"共产风"的盛行开了方便之门。公社化前，实行的是乡社分设的体制，乡是农村基层政权，社是集体经济组织，一般是一个乡领导十数个甚至数十个合作社。1958年8月北戴河会议通过的《中共中央关于在农村建立人民公社问题的决议》明确规定，人民公社"实行政社合一，乡党委就是社党委，乡人民委员会就是社务委员会"[1]。公社下设生产大队和生产队，大队相当于原来的农业社，也有一些地方在公社之下大队之上设立管理区。对于大队和生产队的职能，各地的规定各不相同。嵖岈山卫星公社的简章提出：生产大队是管理生产、进行经济核算的单位，盈亏由公社统一负责，生产队是组织劳动的基本单位。山东《掖县先锋人民公社试行简章（草案）》规定：生产大队是社委员会的派出机构，负责监督检查和指导生产，生产队是具体组织生产的单位。[2]这

---

[1] 中共中央文献研究室编：《建国以来重要文献选编》第11册，中央文献出版社1995年版，第447页。

[2] 《山东省农业合作化史》编辑委员会编：《山东省农业合作化史料汇编》上册，山东人民出版社1989年版，第298页。

样,公社替代了原来的乡政府并成为集体经济组织兼基层政权组织,生产大队的规模相当于原来的高级社,但没有生产经营和产品分配自主权。原有的村级组织被取消,其职能为生产大队所取代。

公社化前的农业合作社作为集体经济组织,在国家计划的指导下独立进行生产经营。公社化后,生产大队和生产队都变成了组织管理生产的单位,如果将公社比作一家大工厂的话,那么,大队就成了这个工厂下的一个没有生产经营自主权的车间,生产队就成了车间的一个工段。一切生产资料和劳动力统归公社调配和使用,工、农、林、牧、副、渔等一切生产建设事项,统归公社决定,并由公社统一制定各种生产建设计划和决定收益分配。生产大队和生产队既没有生产资料的所有权,也没有生产资料和劳动力的支配权,公社就成了既是基层政权组织,又成为农村集体经济组织,人、财、物大权集于一身。因为公社掌握了人、财、物的统一使用和调拨权,搞"一平二调"就可通过行政命令的方式来进行。所以人民公社的建立过程,也是刮"一平二调"的"共产风"的过程。

再次,中国传统文化中的平均主义思想的影响。中国社会中的平均主义思想可谓历史久远。古代典籍《礼记》中说:"大道之行也,天下为公。""货,恶其弃于地也,不必藏于己。力,恶其不出于身也,不必为己。是故谋闭而不兴,盗窃乱贼而不作。"这固然反映了先民对"大同"理想的向往,但也带着深刻的平均主义烙印。老子在其《道德经》中有关"损有余而补不足"的主张;孔子关于"有国有家者,不患寡而患不均,不患贫而患不安"的议论,也都不无绝对平均主义的因素。中国农民平均主义的思想同样根深蒂固,历次农民起义无不是为了实现"均贫富,等贵贱",这既是农民英雄们追求的目标,也是他们揭竿而起的动力。太平天国运动提出的"有田同耕,有饭同食,有衣同穿,有钱同使,无处不均匀,无人不饱暖",可以说是这种思想发展的极致。当年人民公社化运动的发动者、组织者和参与者,都无疑受到这些传统思想的影响。这从毛泽东1958年12月在八届七中全会上为印发《三国志》中《张鲁传》所写的批语中可以看得出来。他说:"道路上饭铺里吃饭不要钱,最有意思,开了我们人民公社公共食堂的先河。""现在的人民公社运动,是有我国的历史来源的。"[1]平均主义思想作为一份历史遗产,在生产力不发达,商品经济发展不充分的情况下,是难以彻底根除的,而这些平均主义的东西,似乎又与共产主义社会有某些相似之处,结果将平均主义当作共产主义,并认为要实现共产主义就必须先"共产",刮"共产风"也就势所必然。

最后,对战争年代军事共产主义的留恋。在过去革命战争年代,由于物资极其匮乏,不得不实行平均主义色彩浓厚的军事共产主义。革命胜利后,一些人对于实行工资制、搞按劳分配,在思想认识上存在偏差,认为这是资产阶级法权的残余,于是反过来对战争年代的军事共产主义十分留恋,觉得还是战争年代的那种等级不分明、上下比较平等的供给制好,而供给制与共产主义的按需分配又有相通的地方。毛泽东在1958年的北戴河会议上就说过:农村作风好,游击习气好,供给制具有共产主义的性质,过供给制的生活是马克思主义的作风,与资产阶级的作风是

---

[1]《建国以来毛泽东文稿》第7册,中央文献出版社1992年版,第627—628页。

对立的。进城后改供给制为工资制是一种倒退。在这样的思想认识支配下，在人民公社建立后，分配上实行的是所谓工资制与供给制相结合的分配制度。所谓供给制，通俗的说法就是"吃饭不要钱"，甚至以为这就是共产主义。既然这样，自然也就没有必要在生产资料和生活资料上再分你我公私了。

人民公社虽然被认为是向共产主义过渡的最好的组织形式，是通向共产主义大同社会的"金桥"。但何谓共产主义，怎样才能进入共产主义，当时实际上没有弄清楚，可有一点却是明确的，就是对于公有制与社会主义、共产主义的关系，认为公有制程度越高，就越接近共产主义，自然也就认为公有制程度越高越好、越纯越好，也就是"产""共"得越多、越彻底越好。于是把实现共产主义简单地理解为"共产"，各地大刮"共产风"。正如邓小平后来所总结的，我们过去对于什么是社会主义，怎样建设社会主义和发展社会主义的认识，"不是完全清醒的"，"并没有完全搞清楚"。对于什么是社会主义和如何建设社会主义都没有搞清楚，更遑论什么是共产主义和如何实现共产主义这样的问题了。

三、对"共产风"的初步纠正

1958年人民公社化运动中大刮"共产风"，其后果是十分严重的。它造成了农村人力物力的巨大浪费，例如：一些地方为了搞所谓"生活集体化"，就把社员原有的住房扒掉，用其材料去建"共产主义新村"，结果"新村"未盖成旧房子被拆除而社员无房可住；为了大炼钢铁，就将社员家里的铁器作废铁全都收走,将木料拿去作燃料;分配上实行供给制,搞"吃饭不要钱"、"敞开肚皮吃饭",大吃大喝,穷吃海吃,很快把家底吃光;农业生产搞"大兵团作战",将农村主要劳动力集中起来修路、炼钢、办水利,由于大量的人员被抽调去从事非农业生产,致使这年秋收大忙季节却没有劳动力去收割快要到手的粮食;社员的自留地被没收,家禽家畜归了公共食堂,家庭副业不复存在,造成生活困难;等等。

"共产风"引起了广大社员的强烈不满。1958年12月31日,中共中央批转了《北京郊区人民公社社员有十五个不满的反映》。其中前五个"不满"是:(一)对大协作不满,什么工作都要大协作,抽调了劳动力,打乱了生产计划;(二)对有些干部不参加劳动不满;(三)对公社向社员要东西(如砖、瓦、木料等)不满;(四)对常常苦战几昼夜不满;(五)对食堂粮食不加限制不满。这些不满的产生,都与"共产风"有着密切的联系。

毛泽东是人民公社化运动的积极推动者,也是最早察觉人民公社问题的领导人。1958年10月全国实现人民公社化后,他感到,在人民公社化运动中,许多人"急急忙忙往前闯",有一大堆的混乱思想,有必要为此做一番调查研究。通过对情况的进一步了解,在他主持下,从1958年11月第一次郑州会议起,开始对"大跃进"和人民公社化运动中存在的问题进行纠正。此时开始至1959年7月庐山会议前半年多时间的纠"左"过程中,"共产风"的问题逐渐受到重视并得到一定程度的遏制。

在1959年2月27日至3月5日召开的第二次郑州会议上,毛泽东对平均主义和过分集中两种倾向作了尖锐的批评。他指出:所谓平均主义倾向,就是否认各个生产队和各个个人的收入应当有所差别,而否认这种差别,就是否认按劳分配、多劳多得的社会主义原则。所谓过分集中的倾向,就是否认生产队的所有制,否认生产队应有的权利,任意把生产队的财产上调到公社来。这些就不能不引起各生产队和广大社员的不满。毛泽东强调,在分配中要承认队与队、社员与社员的收入有合理的差别,穷队和富队的伙食和工资应当有所不同。工资应当死级活评。在这次会议上,毛泽东还多次讲到所有制、"共产风"和瞒产私分的问题,认为要提高农民的生产积极性,改善政府和农民的关系,必须从改变所有制入手。要承认三级所有制,重点在生产队所有制,"有人斯有土,有土斯有财",所有人、土、财都在生产队,严格按价值法则、等价交换办事。

第二次郑州会议后,毛泽东决定用算旧账的方式来解决人民公社"一平二调三提款"的"共产风"问题。他于3月30日在中共山西省委第一书记陶鲁笳《关于山西各县人民公社问题五级干部会议情况的报告》的批语中说:"旧账一般不算这句话,是写到了郑州讲话(即1958年11月第一次郑州会议毛泽东的讲话——引者注)里面去了的,不对,应改为旧账一般要算。算账才能实行那个客观存在的价值法则。这个法则是一个伟大的学校,只有利用它,才有可能教会我们的几千万干部和几万万人民,才有可能建设我们的社会主义和共产主义。否则一切都不可能。对群众不能解怨气。对干部,他们将被我们毁坏掉。有百害而无一利。"[1]

4月3日,毛泽东看了中共湖北省委书记处书记王延春关于

---

[1]《毛泽东文集》第八卷,人民出版社1999年版,第34页。

麻城县万人大会的情况的材料后，又在批语中说："算账才能团结；算账才能帮助干部从贪污浪费的海洋中拔出身来，一身清净；算账才能教会干部学会经营管理方法；算账才能教会五亿农民自己管理自己的公社，监督公社的各级干部只许办好事，不许办坏事，实现群众的监督，实现真正的民主集中制。"[1]

这里讲的算账，主要是算两方面的账。一是县和社两级向生产队清算过去几个月"一平二调"的账，解决大集体与小集体的矛盾；二是算生产队干部和生产小队干部及社员的账，解决生产队干部与生产小队干部、全体社员群众间的矛盾，也就是解决小集体与社员的矛盾，其中也包括一些干部的贪污多占问题。算账其实就是算"共产风"的账。这说明，毛泽东已下决心要解决"共产风"问题。

第二次郑州会议一结束，各省、市、自治区立即召开各级干部会议，要求人民公社认真做好算账和退赔工作。湖北省麻城县就是一个例子。在传达第二次郑州会议精神的过程中，麻城召开了为期5天的五级干部大会，除县里的干部外，参加会议的有300名公社干部，600名管理区干部，2500名生产队干部，5600名生产小队干部，还有一部分社员代表，共计1万人。大会开始后，县、公社和管理区三级党委，层层作检讨，承认错误；接着算账退赔，县和公社当场兑现，拿出现金320万元，分别退还给相关生产队；当场办手续，退回刮"共产风"时从各生产队刮来的拖拉机8台，抽水机5部，动力机49部，其他小机器143部，各种运输车子744部，各种小农具2697件，耕牛1025头，生猪

---

[1]《毛泽东文集》第八卷，人民出版社1999年版，第35页。

9019头，小家畜3589只，蜜蜂2192箱。该县城关公社五四一队，原来只有900人出勤，退赔的第二天，就增加到1700人，其中278个妇女，是公社化以来一直不出工的。[1]

麻城召开万人大会算账的情况，中共湖北省委第一书记王任重报送给了毛泽东。毛泽东感到，麻城算账的经验在全国很有示范作用，并指出："（麻城的）办法很好，县、社两级该退还的，迅速地退还给生产队了，一身清净，然后进而解决队与社员的矛盾，公社就可以大大地发展起来。"他还要求各县、社"都应仿照办理"。[2]

按照毛泽东的指示，各地在整顿人民公社中都开展了算账工作。算账开始时，有些社队干部觉得算账麻烦，或者担心会把自己贪污多占的东西算出来，对算账态度不积极甚至有抵触情绪。有的说，算账把"共产主义因素全都要算掉了"。也有的说，"这笔糊涂账，怎么算得清，把账算清了，一无粮，二无钱，也找不清，现在算账还会影响生产"。但生产小队、社员对算账的积极性很高。人民公社化运动中，群众最反感也是最挫伤他们积极性的，就是"共产风"。因此，算账也最受群众欢迎。吉林永吉县口前公社通过算账，挖出现金17.2万元，分给各管理区。该公社的红旗管理区主任把钱带回去后，社员喜出望外、奔走相告。社员们说："共产党说到哪里，就办到哪里，以后永远要听党的话。"[3]四川资中县在算账退赔后，有的社员激动地说："我57年

---

[1] 黄道霞等主编：《建国以来农业合作化史料汇编》，中共党史出版社1992年版，第545页。
[2]《建国以来毛泽东文稿》第8册，中央文献出版社1993年版，第187—188页。
[3]《中共吉林省委关于重算1958年分配账的报告》，1959年4月17日。

还分了几十块钱，58年不但没有分钱，猪、鸡、鸭都被赶跑了，毛主席真英明，要来算账兑现，有搞头了。"[1]江苏江宁县东山公社的社员说："只要旧账算得清，道理讲得明，心里就痛快了，生产就来劲。""五八年大丰收，粮食没有多吃，这个账非算不可，算不到也可以出出气。"[2]河南东明县通过算账，据7个公社的统计，共向社员兑现了现金276130元，银圆76748元，自行车2辆，手表1块，金银首饰222件，猪3577头，皮棉238斤，布2323尺，衣服1360件，被子31床，树1326棵，梁檩3953条，铁8213斤，铜39斤，锅711个，砖瓦114831块，桌子40张，柜子33张，板凳11510条，房子2347间，其他物资99432件。群众说："想不到这时又来个算账，今后好好干哩！"[3]

通过算"共产风"的账，各地群众生产积极性大增。山西运城县在给原高级社退回464万元现金、58部动力机械后，该县北景公社阎家庄管理区立即将钱发给群众，结果全部劳动力除病、产者外，全都出了勤。山西平陆县退回群众50余万元现金，退回抽调去的劳动力9000余名，全县出勤率从60%提高到96%。[4]

遗憾的是，正当"共产风"得到进一步纠正的时候，这年7月的庐山会议中断了纠"左"的进程，会议后期开展了对彭德怀所谓"右倾机会主义"的批判，随后又在全党范围内开展"反右倾"运动。在"反右倾"的声浪中，又急于搞由集体所有制

---

[1]《中共四川省委关于资中县五级干部会议情况的报告》，1959年4月22日。
[2]《中共江宁县委关于东山人民公社算账大会情况的第一次报告》，1959年4月12日。
[3]中共东明县委：《关于整社算账工作的报告》，1959年6月12日。
[4]黄道霞等主编：《建国以来农业合作化史料汇编》，中共党史出版社1992年版，第543页。

向全民所有制的过渡，人民公社再次大办工业，纷纷建立"万猪场""万鸡场"，一度解散的公共食堂又重新开张，可当时多数公社一无资金，二无场地，要实现各种"大办"，唯一的办法就是再刮"共产风"，把各种物资从大队（管理区）、小队乃至社员手中刮到公社来。这种情况，直到1961年制定《农村人民公社工作条例》即"农业六十条"时才得以改变。

"大跃进"运动的是非得失

对于 1958 年"大跃进"运动的起因,学术界的评价是基本一致的,认为它在发动与组织过程中体现出"急于求成"的思想,其结果是欲速则不达,造成了严重后果,成为 1959 年至 1961 年国民经济连续三年出现严重困难的主因。但是,对于怎样看待"大跃进"期间工农业建设所取得的成就,学术界却有不同的看法,有研究者认为在承认"大跃进"运动存在失误的同时,应看到"大跃进"运动在工农业生产等方面也取得了重大成就。那么,究竟怎样看待"大跃进"运动的是非得失,笔者试图就此作一点简要的探讨。

一、对"大跃进"运动的不同评价

对于"大跃进"运动,1981 年中共十一届六中全会通过的《关于建国以来党的若干历史问题的决议》是这样评说的:"一九五八年,党的八大二次会议通过的社会主义建设总路线及其基本点,其正确的一面是反映了广大人民群众迫切要求改变我国经济文化落后状况的普遍愿望,其缺点是忽视了客观的经济规律。在这次会议前后,全党同志和全国各族人民在生产建设中发挥了高度的社会主义积极性和创造精神,并取得了一定的成果。

但是，由于对社会主义建设经验不足，对经济发展规律和中国经济基本情况认识不足，更由于毛泽东同志、中央和地方不少领导同志在胜利面前滋长了骄傲自满情绪，急于求成，夸大了主观意志和主观努力的作用，没有经过认真的调查研究和试点，就在总路线提出后轻率地发动了'大跃进'运动和农村人民公社化运动，使得以高指标、瞎指挥、浮夸风和'共产风'为主要标志的左倾错误严重地泛滥开来。"[1]

胡绳主编的《中国共产党的七十年》和中共中央党史研究室编写的《中国共产党的九十年》对"大跃进"和人民公社化运动的评价，其基本精神与《决议》是一致的，该书认为，"大跃进"和人民公社化运动是党在探索中国自己的建设社会主义道路过程中的一次严重失误。"1960年粮食产量为14385.7万吨，棉花产量为106.6万吨，均跌落到1951年水平，油料产量为194.1万吨，比1949年还低。轻工业生产急剧下降。党和人民面临建国以来最严重的经济困难。1960年同1957年相比，城乡人民平均的粮食消费量减少了19.4%，其中农村人均消费量减少23.7%。植物油人均消费量减少23%。猪肉人均消费量减少70%。许多地区因食物营养不足而相当普遍地发生浮肿病，不少省份农村人口死亡增加。由于出生率大幅度大面积降低，死亡率显著增高，据正式统计，1960年全国总人口比上年减少1000万。突出的如河南信阳地区，1960年有九个县死亡率超过100‰，为正常年份的好几倍。原本希望快一些让人民群众过上较好的日子，结果却出现这样令人痛心的事实。这是'大跃进'和人民公社化运动失误的最

---

[1]《关于建国以来党的若干历史问题的决议》，《人民日报》1981年7月1日。

严重的后果和教训。"[1]

中共中央党史研究室编写的《中国共产党历史》(第2卷)则认为,"大跃进"运动的最大失误是在建设速度上急于求成,人民公社化运动的最大失误是在所有制关系上盲目求纯。两者的共同教训,归根到底,是限于当时对社会主义的认识,脱离了中国社会生产力发展水平的现实,违背了经济和社会发展的客观规律。"大跃进"运动虽然在某些方面取得了一定的成果,但为此付出的代价却是巨大的。"大跃进"运动和人民公社化运动,对社会生产力造成了极大破坏,给国家和人民带来了灾难性的损失。这是党在领导全面的社会主义建设、探索自己的建设社会主义道路过程中的一次严重失误。[2]

作为"大跃进"运动中一系列重大事件的亲历者,薄一波在《若干重大决策与事件的回顾》一书中认为:"1958年到1960年,在我国历史上习惯称为'大跃进'的年代。发动'大跃进',是我党在50年代后期工作中的一个重大失误。连续三年的'大跃进',使我国经济发展遭遇到严重的挫折,教训非常深刻。""1958年下半年发动的以钢为纲、钢产量翻番,以粮为纲、粮食产量翻番为中心内容的'大跃进'运动,超越了客观的可能,违背了有计划按比例发展的规律,结果事与愿违,钢、粮产量不但没有翻上去,反而使社会生产力遭到很大破坏,群众

---

[1] 胡绳主编:《中国共产党的七十年》,中共党史出版社1991年版,第420、437页;中共中央党史研究室:《中国共产党的九十年:社会主义革命和建设时期》,中共党史出版社、党建读物出版社2016年版,第511页。

[2] 中共中央党史研究室:《中国共产党历史》第2卷,中共党史出版社2011年版,第503页。

的积极性受到严重挫伤,造成工农业生产和整个国民经济的大滑坡。"[1]

对于"大跃进"和人民公社化运动的总体评价,学术界的观点基本是一致的,认为"大跃进"运动是"得不偿失",人民公社化运动是"急于求成",造成了极为严重的后果,是造成1959年至1961年国民经济严重困难的主因。

当然,也有一些网络博文提出了不同的看法。例如,一篇题为《"大跃进"所取得的成就》的博文,详细列举了"大跃进"期间工业建设方面所取得的12个第一:第一台半导体收音机制成、第一套电视发送设备试制成功、第一台40匹马力柴油拖拉机出厂、第一台最大的平炉在鞍钢建成出钢、第一个最大的炼钢厂武钢炼钢厂开工兴建、第一台内燃电动机车试制成功、第一艘由苏联设计中国制造的排水量2.21万吨远洋货轮"跃进"号下水试航、第一台138吨交流电力机车试制成功、第一座重型拖拉机厂建成投产、第一台液力传动的内燃机车试制成功、第一座大型氮肥厂试制首批氮肥、第一台1.2万吨压力自由锻造水压机制成,并且认为"工业方面的12个第一,为钢铁、机械制造、交通运输、电力、电视及航海事业的发展,奠定了初步基础"。

该文还指出,"大跃进"期间,兰新、宝成、黔桂、鹰厦、包兰五条铁路全线通车,改善了西南、西北和中南内陆交通,对这些地区的经济发展发挥了重要推动作用。1958年6月,第一座实验性原子反应堆开始运转,同时建成回旋加速器;1959年9

---

[1] 薄一波:《若干重大决策与事件的回顾》下卷,中共中央党校出版社1993年版,第679、第883—884页。

月，中国第一台每秒运算 1 万次的快速通用电子数字计算机试制成功，中国发展尖端科技迈出了重要的一步，为国防事业的发展奠定了基础。在水利建设上，动工修建了北京十三陵水库；海河拦河大坝合龙使华北五条内河的淡水不再流入大海，并使海水不再倒灌内河；黄河三门峡截流工程全部结束、刘家峡水库胜利截流、青铜峡水库拦河坝合龙截流，自刘家峡、青铜峡和三门峡水库的建成，黄河未发生大灾、大险，基本上被征服了。此外，随着各地大大小小的水库的建成和疏浚渠道的兴建，各省都建立了一定的保收田，人民口粮（低标准），基本得到了保障，靠天吃饭的局面有一定程度的改善。总之，"大跃进""也有巨大成就"。

二、应区分"大跃进"运动与"大跃进"时期

如何看待"大跃进"运动期间工农业建设所取得的成就，笔者认为，必须分清"大跃进"运动与"大跃进"时期这两个不同的概念。

1957 年 9 月扩大的中共八届三中全会之后，在贯彻《一九五六年到一九六七年农业发展纲要（修正草案）》精神的过程中，一些地方纷纷召开会议，开展对"右倾保守"思想的批判，修改原订的发展计划，提出了许多高指标。随后，各地农村开展了大规模农田水利建设和积肥运动，虽然取得了一些成绩，但也开始出现盲目蛮干和虚报浮夸现象，这标志着"大跃进"运动拉开了序幕。1957 年 11 月，毛泽东前往莫斯科参加十月革命胜利 40 周年庆典和在此间召开的各国共产党、工人党代表会议，明确提出中国将用 15 年左右的时间使钢铁及其他主要工业

品的产量赶上和超过英国。之后又先后在1月的南宁会议、2月的中共中央政治局扩大会议、3月的成都会议上，对1956年的反冒进一再提出批判。在这个过程中，一些地方纷纷提出脱离实际的跃进计划，浮夸之风亦由农业领域蔓延到各行各业，"大跃进"运动实际上已波及全国。这年5月，中共八大二次会议通过了"鼓足干劲、力争上游、多快好省地建设社会主义"的总路线。会议期间，从中央部门到地方的一些负责人，纷纷提出各自部门和地区的高指标，会后全国迅速掀起了学习、宣传、贯彻社会主义建设总路线的热潮，"大跃进"运动也进入了高潮。

"大跃进"过程中，全国人民以迅速改变中国贫穷落后面貌的信心和决心，发挥出了前所未有的干劲。但是，"大跃进"是以高指标、"放卫星"为主要特征，以发动全民大炼钢铁为中心内容，严重脱离实际，违背了客观经济规律，助长了瞎指挥和浮夸风，最直接的后果是由于搞"以钢为纲"，严重影响了农业生产，导致国民经济比例严重失调。

受高指标和浮夸风的影响，在"大跃进"进入高潮后，一些人又想当然地认为我国生产力已经有了惊人的发展，要求有更高形式的生产关系与之适应。在未进行认真试验，未做广泛调查研究的情况下，全国农村一哄而起，大办"一大二公"的人民公社，并实行所谓供给制加工资制的分配方式，鼓吹"吃饭不要钱"，使"共产风"盛行，严重挫伤了农民的积极性。

1958年底，中共中央和毛泽东对"大跃进"及人民公社化运动中出现的问题有所觉察，经过两次郑州会议和中共八届六中、七中全会，"共产风"受到了一定的遏制，一些过高的指标被降了下来，"大跃进"运动以来的"左"的错误得到了初步的纠正，形势正在向好的方面转化。

为了进一步总结经验教训，1959年7月，中共中央政治局在庐山举行扩大会议。会议过程中，中共中央政治局委员彭德怀为会议未能彻底解决前一阶段中存在的问题而忧虑，给毛泽东写了一封信，在肯定1958年成绩的基础上，指出了"大跃进"以来工作中的严重问题及其原因。彭德怀的出发点是好的，内容实事求是，做法也符合组织原则。但由于这封信对"大跃进"的批评超过了毛泽东所能许可的限度，引起了他的严重不满，进而决定召开中共八届八中全会，开展"反右倾"运动，错误地将彭德怀、黄克诚、张闻天、周小舟等人打成"反党集团"，并决定在全党范围内开展"反右倾"斗争。庐山会议在政治上使党从中央到基层的民主集中制遭到严重损害，经济上打断了纠正"左"倾错误的进程，使错误延续了更长的时间。

庐山会议之后，又开始新一轮的"大跃进"，以高指标、浮夸风、"共产风"和瞎指挥为主要标志的"左"倾错误再度泛滥起来，加之从1959年起，我国农村连续三年遭受较严重的自然灾害，粮食产量连年下降，国民经济遭到了前所未有的困难，人民生活水平也大幅度降低。

要使国民经济摆脱困境，就必须下大力气进行调整。1960年9月30日，中共中央批转了国家计委党组《关于一九六一年国民经济计划控制数字的报告》。强调必须更好地贯彻执行"两条腿走路"的方针，把农业放在首要地位，使各项生产、建设事业在发展中得到调整、巩固、充实和提高，争取国民经济在更加牢固的基础上更好地继续跃进。这个报告第一次完整地提出了"调整、巩固、充实、提高"八个字，并将之作为调整国民经济的重要指导思想。1961年1月，中共八届九中全会正式批准对国民经济实行"八字方针"，并且指出：1961年应当适当地缩小基本建设的规模，调整发展的速度，在已有胜利的基础上，采取巩固、充实和提高的方针。随着"八字方针"的提出，历时三年的"大跃进"运动被终止。从1961年起，国民经济进入调整阶段。

"大跃进"运动给中国的经济发展和人民生活造成了极为严重的后果，直到1965年国民经济调整任务完成时，各项主要的经济指标才恢复到1957年的水平。这就意味着"大跃进"运动并没有达到实现国民经济和社会跃进式发展的目的，反而延缓了中国社会主义建设的正常进程。当时开展"大跃进"，原本是希望通过这种方式迅速发展社会生产力，迅速增强中国的综合国力，提前建成社会主义，让老百姓早日过上共产主义的幸福生活，但事与愿违，欲速则不达。"大跃进"这种结局的产生，应当说是"大跃进"被发动之初人们始料未及的。

1958年至1960年这三年时间，可以称之为"大跃进"时期。"大跃进"运动以高指标为主要特征，采取的是群众运动的方式进行各项建设；而"大跃进"时期是一个历史过程，大致时间是1958年至1960年，这个时期的主要特征是开展"大跃进"运动。

三、"大跃进"运动总体得不偿失

"大跃进"运动曾对经济建设造成很大的破坏和浪费，同时也要看到，工业建设、科学研究和国防尖端技术的发展，以及农田水利建设和农业机械化、现代化发展的许多工作，都是在"大跃进"时期开始布局的。从新中国建立到1964年，重工业各主要部门累计新建的大中型项目中,有三分之二以上是在三年"大跃进"期间开工的。这三年新增的炼钢能力占从 1949 年到 1979 年新增炼钢能力的 36.2%,采煤能力占 29.6%,棉纺锭占 25.9%。尤其难能可贵的是,在"大跃进"运动之初,全国人民抱着迅速改变我国经济文化落后状态、把我国建成一个强大的社会主义国家的强烈愿望,以极大的热情投入生产工作之中,各项工作一时确实出现了很大的改观。遗憾的是,由于当时用群众运动的方式开展各项工作,以高指标为主要特征的"大跃进"违背了客观经济规律,人民群众的这种热情不但未能得到有效保护,而且由于高指标而导致浮夸风、强迫命令风和瞎指挥风盛行,严重挫伤了人民群众的积极性。

笔者认为,"大跃进"时期取得的成就,并非"大跃进"运动直接或必然的产物。前文所提及的一些经济建设和科技工作成果,确实是"大跃进"时期所取得的,而且这些成果对后来经济建设和科技事业的发展起了很大的作用。但是,如果不用"大跃进"运动的方式,不打破正常的生产工作秩序,不使国民经济的比例关系遭到严重破坏,经济建设必然会取得更大的成绩。因为这几年毕竟是和平时期,而且经过新中国成立以来近十年的努力,已经打下了较好的发展基础。"大跃进"运动对经济建设所造成的影响,主要是片面地提出"以钢为纲",全民大炼钢,加之在"大办工业"的口号下,从中央到地方盲目上马一大批基本建设和工业项目,导致与人民生活密切相关的农业和轻工业生产上不去,致使国民经济比例严重失调。

众所周知,"大跃进"运动是在农业领域率先发动的,起端便是 1957 年 9 月扩大的中共八届三中全会后在农村开展的大规模农田水利建设和积肥运动。如何看待"大跃进"运动中农田水利建设方面的是非得失,学术界存在不同的意见。有研究者认为,1957年冬至1958年春的水利建设运动"取得了相当成就"或"空前成就","为农业生产的发展创造了有利条件,也为此后水利建设打好了基础";但也有研究者持相反意见,认为"大跃进"运动中的农田水利建设是有得有失,但"失大大地超过得,最终是得不偿失"[1]。

应当说,"大跃进"期间农田水利建设虽然取得了一些成就,但付出的代价很大。据统计,1952年全国有效灌溉面积为29938万亩,1957年为41008万亩,1962年为45818万亩,1965年为49582万亩,1970年为54000万亩。即是说,1957年比1952年增加11070万亩,平均每年增加2214万亩;1962年比1957年增加4810万亩,平均每年增加962万亩;1965年比1962年增加3764万亩,平均每年增加1255万亩;1970年比1965年增加4418万亩,平均每年增加883.6万亩。[2]这说明,"大跃进"时期有效灌溉面积的增加数,实际上与正常的年份差不多,恐怕很难说这几年水利建设取得了"空前成就"。

"大跃进"运动的三年,我国粮食产量连年下降,1958年总产量为4000亿斤,1959年为3400亿斤,1960年为2870亿斤。减产的原因,主要是"大跃进"和人民公社化运动严重挫伤了农民的生产积极性,同时也由于"以钢为钢""大办工业"导致农

---

[1] 关于这方面的研究状况,参见王瑞芳:《大跃进时期农田水利建设得失问题研究述评》,《北京科技大学学报(社科版)》2008年第4期。
[2] 农业部计划司编:《中国农村经济统计大全(1949—1986)》,农业出版社1989年版,第318页。

业生产劳动力减少，亦与1959年以来遭到较为严重的自然灾害有关。1958年是比较正常的气象年份，这年全国耕地受灾面积为46444万亩，其中成灾面积11732万亩，占34%；1960年全国耕地受灾面积80374万亩，其中成灾面积34495万亩，约占43%。在这两年的受灾面积中，主要是水灾和旱灾。1958年受灾面积分别为6419万亩和33541万亩，其中成灾面积分别为2162万亩和7546万亩，占33.7%和22.5%；1960年受灾面积分别为15232万亩和57187万亩，其中成灾面积分别为7472万亩和24265万亩，占49%和42.4%。[1]也就是说，1960年的成灾总面积以及水旱灾成灾面积的比例，均要超过1958年。如果说"大跃进"中农田水利建设取得了"空前成就"，为何1960年水旱灾的成灾面积比例反而大大高出1958年？当然，1960年受灾面积和成灾面积都很大，与这年的气象条件有密切的关系，而1958年相对来说比较风调雨顺，自然灾害与往年及往后几年相比都较轻。可见，"大跃进"没有从根本上改变广大农村靠天吃饭的情况，这几年农田水利建设取得了一定进展，上马了一批大中小型水利设施，但总的成效有限。

"大跃进"期间农田水利建设虽然取得一定的成就，但人力物力的投入却远远大于正常年份。国家支农资金中用于农业基本建设的拨款，1955年为5.71亿元，1956年为13.63亿元，1957年为10.93亿元，1958年为30.26亿元，1959年为29.91亿元，1960年为45.43亿元，1961年为12.35亿元，1962年为8.67亿

---

[1]农业部计划司编：《中国农村经济统计大全（1949—1986）》，农业出版社1989年版，第354页。

元,1963年为18.48亿元。[1]"大跃进"历时三年,其间国家支农资金中用于基本建设的拨款,大大超过前三年和后三年。不但如此,这三年中用于水利建设的农村劳动力也远远多于平常年份。由于"大跃进"运动中用群众运动的方式搞农田水利建设,一些项目未经科学论证就仓促上马,有的甚至是草率上马,另有一些工程设计规模超过了当时的建设能力,遇到严重经济困难时不得不中途下马。虽然当时水利建设遍地开花,大中小项目一起上,但真正建成的不多,实际发挥效益的更少。与此同时,由于在"大跃进"中片面提倡"共产主义大协作""大兵团作战",在水利建设中盛行瞎指挥、浮夸风和"一平二调"的"共产风",造成了人力物力的大量浪费。在1962年6月2日的中共中央华东局会议上,曾经大力倡导农田水利建设搞群众运动的华东局第一书记柯庆施承认:1958年以来,国家投资22.8亿元,修大型水库20多座,中型水库300多座,小型水库2000多座,占用耕地2600万亩,移民近2400万人,已迁237万人,但不少工程不配套,现在还不能发挥效益。有些工程打乱了原来的排水体系,加重了内涝和盐碱化。我们花的钱和器材不少,而事情却没有办好,有些甚至办坏了,许多钱被浪费了。[2]柯庆施在"大跃进"运动结束后讲的这番话,一定程度上对"大跃进"运动的是非得失作了注解。

---

[1] 农业部计划司编:《中国农村经济统计大全(1949—1986)》,农业出版社1989年版,第364—365页。
[2] 薄一波:《若干重大决策与事件的回顾》下卷,中共中央党校出版社1993年版,第711—712页。